杏坛论道

高玉峰 著

河北大学出版社

图书在版编目（CIP）数据

杏坛论道 / 高玉峰著 . -- 保定 ：河北大学出版社，2017.10

ISBN 978-7-5666-1230-4

Ⅰ . ①杏… Ⅱ . ①高… Ⅲ . ①中学教育－文集 Ⅳ . ① G63-53

中国版本图书馆 CIP 数据核字 (2017) 第 242336 号

XINGTAN LUNDAO

杏坛论道

出 版 人：耿金龙
责任编辑：胡素杰
封面设计：杨艳霞
责任印制：靳云飞
出版发行：河北大学出版社
地址：河北省保定市七一东路 2666 号　邮编：071000
电话：0312-5073033　0312-5073029
邮箱：hbdxcbs818@163.com　网址：www.hbdxcbs.com
印　　刷：保定市北方胶印有限公司
开　　本：185mm×260mm　1/16
印　　张：21.25
字　　数：420 千字
版　　次：2017 年 10 月第 1 版
印　　次：2017 年 10 月第 1 次印刷
书　　号：ISBN 978-7-5666-1230-4
定　　价：38.00 元

序　一

受玉峰校长的委托，为《杏坛论道》写序。作为教育研究者，我认真拜读了全文。玉峰校长的著述对教育理念、师资队伍、德育及教学、学校管理进行了深入讨论且有独到的见解。教育学家朱永新在《我的教育理想》一书中，对理想校长的概述即“理想的校长应该是一个不断追求人生理想与办学理念，具有独特办学风格的校长；应该是一个具有海纳百川的宽广胸怀，具有极强的感召力和凝聚力的校长；应该是一位善于协调上下左右关系，调动一切可以调动的力量以促进学校发展的校长；应该是一个重视教育科学研究并能成为学校教育科学研究工作出色的组织者和身体力行者的校长”。《杏坛论道》这本著述呈现出一位优秀校长的教育实践思想精髓。

苏霍姆林斯基说过：“校长对学校的领导首先是教育思想的领导，其次才是行政的领导。”《杏坛论道》在教育理念及学校管理篇章中，重点阐述了校长观。校长既是一种行政职务，也是一种担负重要社会责任和承担历史责任的职业。校长的责任不仅仅是管理好学校，教育的迟效性还决定了校长要有一种历史责任感，要为未来负责。优秀校长，不是“官”，不是“老板”，不是“外交家”，不是“管家”，而是引领教师、管理学校的“行家里手”、创建和谐校园的“能手”、教育科学研究的“强手”、把握学校方向的“舵手”、学生成长的导师。学校的发展不仅体现在硬件环境上，更重要的是体现在教师的教育观念和校长的办学追求上，一个优秀的校长善于捕捉代表时代发展和前进方向的新思想、新观念，善于用批判的眼光、理性的思维去分析教育的问题，能够预见教育的未来，能够以自己先进的教育思想和教育价值观去影响教师，促使教师教育观念和教学行为自觉地转变。优秀的校长要努力建立一种鼓励创新、允许失败、公平竞争的评价机制，注重从教育观念、基本素质、教学能力和敬业精神等多方面对教师进行综合评价。

建设好教师队伍。教师素质的高低，直接决定了学校的教育教学水平和质量。因此，建设一支师德高尚、学识渊博、视野开阔、思想活跃、治学严谨的教师队伍，是每个校长的重要任务。校长应鼓励教师通过多种形式提高学历层次；通过继续教育和岗位培训，提高业务素质；通过教研教改等活动提高教育教学能力。只有全面提高了教师素质，教育教学质量才会得到根本保证。

关于德育，《杏坛论道》提出生命教育的本土概念，精辟地阐述了生命教育是以人为本的教育，是创造和谐的教育，是体验感悟的教育，是回归生活的教育。生命教育作为价值追求和终极目标，是指导学生认识生命，尊重生命，珍爱生命，发展生命，超越生命，学会化解危机。

教学是核心，教学质量是学校一切工作的生命线。要牢固树立质量意识，学校的一切工作都要围绕提高质量进行，把质量意识转化为教师、家长、学生的意识，并使之成为他们的自觉行为。要深入教学第一线，抓好教师的教育教学计划及备课、上课、作业批改和下班辅导，要求教师脑中有纲，胸中有本，目中有人，心中有数，手中有法。要优化课堂教学，向课堂教学要质量，以教兴研，以研促教。教与研在教学实践中是相互统一、相互促进的，要创造良好的教研氛围，通过听课、评课、教学比武、专题研究等途径开展好教研活动，以教研促教学，向教研要质量。

在科学管理篇中，玉峰校长特别阐释当好校长的关键管理中的“管”有约束的意思，具有刚性；“理”是“疏导”的意思，具有柔性。好校长应该实行科学管理，民主治校，做到刚柔相济，“管”与“理”有机结合。制度管理是保障，人本管理是基础。校长要明确教师的双重身份，既是被管理者，又是学校的管理者。校长应彻底改变权力支配和硬性服从的“家长制”管理方式，让教师参与学校的管理和决策，充分尊重教师，相信教师，把广大教师看成合作伙伴，最大限度地发挥教师参与管理的作用。情感管理是手段，情感是人际沟通的桥梁，校长应以理服人，以情动人，充分发挥科学管理的管理效应，真正实现民主治校。在日常工作与生活中，校长应及时与教师进行交流，应教师之所想，察教师之所虑，亲教师之所爱，为教师之所需，做教师的贴心朋友，无微不至地关心每位教师，利用情感驱动教师的工作热情，从而提高管理绩效。

著名的教育家陶行知说："一个好校长就是一所好学校，校长是学校的灵魂。"

玉峰校长有与时俱进的教育理念、科学规范的管理方法，勤于思考，善于研究，将"道"与"术"完美结合，相信母校邯郸市一中在玉峰校长及其团队的带领下，将乘风破浪，济挂沧海。

北京大学邯郸创新研究院院长
北京大学马克思主义学院副院长
邯郸市一中校友
刘红燕博士
2017 年 4 月于邯郸

序　二

我与高玉峰校长相识已经23年，见证了他从一个客观、理性、睿智的优秀物理教师成长为一个洞察人性和生命成长规律的智慧校长的成长经历。

《杏坛论道》是继高玉峰校长《杏坛问道》和《杏坛悟道》之后的又一力作，也是对他16年校长工作的全面总结。

“办学之道”是什么？一个学校如何“从优秀到卓越”？如何做一个优秀的校长？在提高学生成绩的同时，怎样全面提升学生的素质？在面向全体实施教育的同时，怎样满足学生个性化的需求？这些困扰我和很多校长的问题，高玉峰校长在《杏坛论道》中都提出了崭新的见解，让我眼前一亮。这是一套能让一个学校走向卓越的智慧理论和解决方案，对每个希望获得成功和幸福的校长和教育工作者而言，都具有很好的指导意义。

一、校长应该是站得最高的教师

一个学校从优秀走向卓越，需要一流的教育思想作指引，需要一流的教师队伍作保障，需要一流的生源和办学条件。更重要的是，在具体办学过程中，需要校长具有制高点的智慧。

校长对学校的领导首先是教育思想的领导。

高校长把“校长应该是站得最高的教师”作为自

己的奋斗目标，不断激励自己勤于学习、勇于实践、反思总结，实现持续超越自我，向教育的制高点不断攀登。相对于那些满足于现状的人，这是一种非常难能可贵的品质。

高校长紧紧地抓住了生命教育这个核心，从“为了学生的幸福成长”这个基本目标出发，提出了办学“以师为本”，教学“以学生为中心”。学生五大核心品质的提出和培养、教师的三项核心师德的论述和强化，要求老师创造有生命力的课堂，要确立为学生发展服务的理念，要确立教材为学生发展服务的理念，要树立教案为学生成长服务的理念。在教学过程中，要求老师要维护学生参与的权利、质疑的权利、出错的权利、越轨的权利，让教育的过程成为师生心灵感应，共沐人性与科学光辉的精神之旅。构建了一个学校从优秀走向卓越的基本路径和操作方案。

校长的教育思想、办学宗旨需要科学的课程体系和丰富成熟的课程支撑，需要国家课程的校本化实施和校本课程的开发并举，需要为每一个学生提供适合的但又没有封顶的教育，《杏坛论道》均给出了精辟和详尽的论述并提供了丰富的案例。

二、理论上的几个重大突破

实践证明，办学仅仅从横向思维的角度考虑问题，别人做啥我做啥，或仅从纵向思维的角度考虑，完全依据过去的经验做事，都不能取得学校发展的重大突破和可持续性。

事实上，在学校的发展过程中，有一些关键的、棘手的问题往往制约着学校的可持续发展。这需要校长具有极强的洞察力，能够敏锐地发现这些重要的问题，同时也需要校长的智慧，能够洞察问题的本质，找到解决问题的思路和方法，突破自己的理论修养和学校发展的瓶颈。《杏坛论道》就体现了高校长的独到见解。

（一）以师为本

为了学生的幸福成长，最根本的保障是什么？

很多学校提出“为了一切学生，为了学生一切，一切为了学生”等“以生为本”的办学理念，但是都忽视了或没有考虑一个最根本的问题：以生为本的基础或前提是什么？

我们经常要求老师要爱学生，但是你的课不能让学生喜欢，你的人格不能受到学生的尊重，那么，你对学生的爱只能是“单相思”。

同样的道理，“以生为本”也是有条件的，为学生服务是需要条件的，没有一个优秀的教师队伍，你的“三个为了”也只是空洞的口号而已。没有优秀的教师，怎么成就学生？怎么实现“学生的幸福成长”？

高校长提出：“办学只有‘以师为本’，老师才能‘以生为本’，学生才能幸福成长。”“办学最重要的保障是建设一支优秀的教师队伍。”

如何提高教育教学质量？关键是落实“以师为本”的办学思想，为全体教师的幸福生活和终身发展服务。一方面我们要全心全意地为教师的幸福生活奠定基础，另一方面，我们要对教师的成长和发展提供保障。“以师为本”是高玉峰任校长以来一直践行的信条。一个学校如何“以师为本”，他在《杏坛论道中》指出：校长要有“以师为本”的情怀，尊重老师的地位，倾听老师的诉求，满足老师的发展需要。“以师为本”的理念贯穿教师培训、考核、评价、表彰及干部选拔、晋级晋职等各个方面。幸福的教育需要“以师为本”的情怀，需要校长通过“科学管理、精细推进”，引领教师不断超越自我。他带领老师认真践行“爱心、责任、敬业”三项核心师德，提出了“不做教书匠，努力做研究型教师，创造不凡的教育人生，争做教育家，做党和人民满意的好老师”等，不断引导全体老师树立教育的理想，并提出了明确的努力方向。

“以师为本”是“以生为本”的基本前提。

“以师为本”，这是一个理论上的重大突破！

（二）健康第一

全面发展最底层的基础是什么？就是一个健康的身体。以前我们讲“德育为先”，我们把很多事情的顺序搞颠倒了。没有健康的体魄，人的心灵怎么进化，怎么升华？

人要成长为人，首先需要健康的生命、阳光的心灵。因此，学校教育应该把体育、把学生的健康放在优先的位置。灵魂要栖息在健康、强壮的身体上，一个健康、强壮的身体才能栖息一颗高贵的魂灵。学校一切教育的开展都不能以妨碍人的生命健康为前提和代价，体魄强健应成为学校教育的首要序列与标准。强健的体魄，美好的心灵，只有不断地用知识去滋养，用智慧去丰盈，才能成就卓越人生。

高校长《杏坛论道》中的有关论述，体现了他的“一切为了学生的幸福成长”办学理念，对于很多学校以摧残学生健康为代价的急功近利的思想无疑是一种批评，在高校长带领下的邯郸一中用连续多年的优异成绩证明，开展丰富多彩的体育活动仍然可以保持优异的高考成绩。

（三）素质教育和应试教育并不是“鱼和熊掌”

很多学校总是在素质教育与应试教育之间进退维谷，或者用极端思维的观点看待素质教育和应试教育。其实，我们完全可以在全面提升学生素质的同时，提高学生的学习成绩，为学生的终身发展和幸福奠定基础。正如高校长所说：我一直推崇素质教育和应试教育并举，我坚信高中办学应该成就学生考上理想大学的梦想，但更要成就学生的幸福人生。高校长通过目标的整合，将素质教育和应试教育统一在“一切为了学生的幸福成长”的办学目标上，使得应试教育、素质教育的两难问题得到突破，体现了高校长整合的智慧。

21世纪必然是一个大融合、大整合的世纪。目前世界的状况，犹如中国春秋战国时期，一方面是大混乱、大撞击，一方面是大整合。不同领域知识的交融，各种思想、文化的碰撞，技术的冲击，都给新的教育智慧和教育方式提供了新的机遇与可能。这时，能够取得最大成就的，往往是那些具有大整合智慧的“集大成者”。在《杏坛论道》中，高校长运用大整合的智慧，采用了系统化的思维方式，很好地解决了很多学校困惑的两难问题。

针对大班额教学与满足学生个性化需求的矛盾，高校长指出：适合的教育才是最好的教育。怎样才能适合？这就需要学校不仅要提供适合学生共性需求的教育，又要提供适合不同学生个性需求的教育。怎么提供？面对全体学生，高玉峰校长通过教育实践提出：一是课程学习的选择性；二是学习方式的灵活多样；三是学习评价的多元化和多角度。他在书中给读者提供了详尽的做法和很多可行的方案。

邯郸一中创新人才培养模式，通过“五年一贯制”实施初高中连读（初中两年、高中三年）、“十年一贯制”实施小初高连读（小学五年、初中两年、高中三年）的教改实验，为高中学校培养创新型、拔尖人才的英才教育提供了很好的模式和经验，并取得了骄人的成就。

“以师为本，成就学生”，“为了学生的幸福成长”，这是高校长办学的核心理念。读者可以看到，它像一条红线，把邯郸一中的各项工作连接和整合在了一起，给我们提供了切实可行的范例。

写到这里，我不由想起爱因斯坦写给5 000年后人类的那封信来。这是每个对人类命运关切之人的必读之物。爱因斯坦总结了科技进步对人类的贡献，同时也对人类存在的问题进行了批评，我特别重视他一针见血的分析：

“所有这一切（问题）的原因，都是由于大多数人的才智和品格，较之那些对社会产生真正价值的少数人的才智和品格，是十分地低下。”

这一提法，也许大大刺伤了大众的自尊心，甚至还会被人误会为一种巨人的傲慢。但请注意：爱因斯坦本人，尽管取得20世纪最突出的科研成果，但对自己的评价，却经常是以普通人自许。那么他这番话的言下之意是什么呢？也许就是：人类要发展，必须让那些“对社会产生真正价值”的人，从少数变为多数！

教育要发展，就必须让那些对教育发展有深刻认识和有效行动的人，从少数变为多数。

《杏坛问道》《杏坛悟道》《杏坛论道》，也许可以让教育家从少数变为多数。

晋冀鲁豫苏浙六省名校联谊会秘书长　李根保

2017年3月26日

目录

XINGTANLUNDAO

第五部分　教学篇

第一部分　理念篇

用幸福的教育成就幸福的人生

尊敬的各位领导、各位同仁：

上午好！

非常荣幸能够在这样一个特殊的日子和大家进行交流。我18岁走上讲台，35年的教育生涯，近30年的一中经历，十几年的校长岗位，可以说，教育是我的生命，而一中就是我事业、精神和生活的家园。身在神圣的教育战线上，我一直在思考和追求教育的终极目标。今天，我以“用幸福的教育成就幸福的人生”为题和大家分享自己的教育心得。

幸福的教育需要“以师为本”的情怀。原清华大学校长梅贻琦先生曾说：“所谓大学者，非谓有大楼之谓也，有大师之谓也。”几十年的从教和管理经历，使我深刻地体会到学校可以无大楼，但不可以无大师，办学只有“以师为本”，老师才能“以生为本”，学生才能幸福成长。这要求校长要有“以师为本”的情怀，尊重老师的地位，倾听老师的诉求，满足老师的发展需要。因而，“以师为本、励志博学、成就学生、追求卓越”就成为邯郸市一中的办学理念，“以师为本”也成为我任校长至今一直践行的信条。在一中，“以师为本”的理念贯穿教师培训、考核、评价、表彰及干部选拔、晋级晋职等各个方面。为此，我们构建了“3＋4＋3”激励机制，即举办“三节”——班主任节、教师节、教科研节，弘扬优秀教师的高尚精神，营造尊师重教的氛围；实施“四大工程”——功勋教师、名师、优秀青年教师、教坛新秀评比，为各层面教师树立发展目标，激励教师成名成家；开展“三评”——最受学生喜爱的教师、优秀干部、优质服务标兵评选，增强教师的责任感。这一系列措施培养了教师的成就感，增强了事业的归属感和职业幸福感，促使教师保持对教育事业的热情与干劲。

今天，在我的身边，有11名特级教师、27名省市名师、82名省市骨干教师、30余名“全国模范教师”“全国优秀教师”“全国师德先进个人”获得者。走进他们，走进一中教师这个群体，您一定能感受到优秀教育者身上所绽放出的博大爱心和敬业精神。就在前天，一位今年毕业的学生的母亲给我送来了感谢信，她在信中写道：“我为孩子能有机会接受邯郸市第一中学三年的高中教育而感到骄傲和自豪！孩子入学时英语成绩很差，老师不嫌不弃，耐心地一点一滴地帮助他，从培养英语的学习兴趣入手，不厌其烦地辅导，一遍遍分析试卷，一次次总结经验，一步步提高成绩。今年高考孩子英语考了135分，较高一入学时提高了50多分。是老师们、是一中铸就了孩子成熟的性格和幸福的成长。一中的教育真不愧是河北省重点中学的优质教育啊！”字里行间充满着对一中教师的尊敬和感激，蕴藏着老师们对学生的悉心呵护和无悔付出。我为自己是这个优秀团队的一员而感到庆幸，我为自己是这个优秀团队的服务员而感到光荣。

幸福的教育需要“成就学生”的追求。教育的作用，往大处讲是为国育才，从小处看事关人的成长。作为校长，我们办学一直面临着素质教育和应试教育的抉择，在生源激烈竞争导致办学更加艰难的今天，这一问题愈加突出。但我一直推崇素质教育和应试教育并举，我坚信高中办学应该成就学生考上理想大学的梦想，但更要成就学生的幸福人生。因此，“为人生铸基，为历史开篇”成为我的办学箴言。为了引导学生养成良好的学习和生活习惯，我们倡导“管理从严”的理念，规范班规班约，建立“三位一体”教师值班制度，组建学生纪律和生活监督员；为了引导教师精心研究教学，构建师生互动的高效课堂，我们确立“两导一点三自主”课堂教学理念，严抓“一课一研”，构建学案、课间餐、“一课一练”、周练月考“四位一体”教学及评价体系；为了让学生在紧张的学习之余，能够充分感受青春生命的成长韵律，我们发挥全员寄宿管理的优势，合理划分和充分利用学生的在校时间，在严抓学习的同时，组建丰富多彩的学生社团，开展研究性学习，举办周末专场文体活动和每月一次的“名师大讲堂”；为了成就学生的大学梦，我们在高三备考阶段强化年级任务，健全激励机制，做实三轮复习教学规划，深化备考研究，开展励志教育，开发校本试题资源等，严格管理，精心操作，实现了 2015 年高考的新突破。

一中所做的这一切，为学生的全面发展搭建起广阔平台，让学生的习惯、道德、品质在高中三年得到了良好的培养，为今后进一步成长奠定了坚实的基础。当模拟联合国社团的同学们笑傲河北省模联大会时，当 7 名同学获得赴京参加哈佛大学中美学生领袖峰会资格时，当女足队员们在为收获四个国家级赛事冠军而欢呼雀跃时，当两名新高三同学提前获得北京大学 2016 年降一本线录取资格时，当一中获得“中学毕业生清华成长奖”“全国自主招生百强校”第五名两个重量级荣誉时，我真切地感受到来自社会各界对一中学子优良素质的褒奖，我深刻地体会到学生成才所带来的荣耀和幸福，也更加坚定执着地追求着“成就学生”的梦想。

幸福的教育需要科学管理的智慧。管理是一门艺术，它能左右人的情感，进而影响人的行为。科学的管理理念和方式能把关系理顺，化繁为简，使教职工心情舒畅，把工作做到极致。学校是育人的殿堂，管理是育人的需要。把学校办好，办成幸福的教育，需要校长有科学管理的智慧。任校长以来，随着办学规模的逐步扩大，我在不断探索并实践科学管理的有效举措，并向先进兄弟学校学习，借鉴、吸收他们成功的办学实践。今天，我校推行的管理层级分为决策层、服务层（中层部门）和执行层（年级）。我们将管理的重心放到年级执行层上，以年级为实体，明确年级和处室的管理权限，加强年级干部和干事的配备，赋予年级更多的自主权，实现教育、教学、群团、宣传、宿舍、卫生等具体事务的下放，便于年级自主管理，减少管理内耗，提升运转效能。我们推行校级领导承包年级制，实施“走动式”管理。从我做起，校长以身作则盯班上课，激励全体干部做到教一科、管一线、包一级，在上好课的同时，参加“一课一研”活动，认真完成听课任务，以更好地了解年级工作的需要，倾听教育教学一线的声音，推动年级管理走向有序、高效，实现教育教学质量的稳步提升。

办好幸福的教育是我的追求，我和一中的广大师生一直在坚持不懈地努力。有困难，我们冲破了；有艰辛，我们挺住了。也许早上 6 点离家，晚上 11 点入眠的工作状态让我们和家人减少了交流；也许备课、上课、听课、教研、辅导、批阅作业、盯自习让我们的身体早已处于亚健康状态；也许有太多的也许，但我对教育的初心不改，我们一中“以师为本，成就学生”的理念不变，我们一中教师这个坚强的团队对教育事业的满腔热忱将永远不变。

今年是邯郸市一中建校七十周年。七十年风雨兼程，我们一直在为办好高质量的、幸福的教育而孜孜以求。她不仅成就了追求教育理想、扎根三尺讲台的一代又一代老师，而且成就了数万名一届又一届青春勃发的莘莘学子，更是成就了我的教育梦想。我享受着幸福教育之梦，感恩于党和政府的正确领导，感恩于当前良好的教育环境，以杨华云局长为首的市教育工委、教育局一班人，真抓实干，大力提升教育教学质量，千方百计办好人民满意的邯郸教育，为学校的事业发展增添了无尽的动力；我感恩于一中深厚历史底蕴的积淀和影响，感恩于历届同事、校友及教育同仁的鼎力支持。如同我开头所说，教育是我的生命，献身教育是我的理想，服务老师是我的情怀，成就学生是我的追求。我愿意继续奋战在教育战线上，为一中的发展壮大，为邯郸教育的全新崛起倾心尽力，鞠躬尽瘁。

谢谢大家！

（本文为 2015 年 9 月 9 日在全市教师节庆祝大会上的发言）

如何做一名优秀校长

要当好一名校长，首先是要定位好自己的角色，知道自己该干什么，不该干什么；能干什么，不能干什么。知道自己是什么，不是什么。我认为：

一、校长不是什么

（一）校长不是“官”

学校是一个学习型组织，教师的劳动具有高度的自主性，对教师的领导靠权力指挥是不能解决根本问题的（比如“课改”）。

因此，从这个意义上讲，校长不是官。校长更不要以官自居，居高临下，对教师指手画脚、行政命令。否则，你在教师的心目中将失去威信，你的命令也将是无效的。

（二）校长不是“老板”

老板的着眼点是赚钱，是按职责的大小、贡献的多少、岗位的重要性给员工付工资的。校长则不然，校长的着眼点是育人。

学校的教育不但要促进学生的发展，同时也要促进教师的发展。教师的工作周期较长，他们的贡献不能仅仅以升学率的高低来衡量，他们的职责也不能仅仅以职务的高低来界定（班主任未必不如校长责任重大）。

老板经常考虑的是企业的投入和产出，校长就不能用“投入”和“产出”去衡量老师的工作，校长要舍得在教师队伍建设方面，特别是在教师业务进修、素质提高方面加大投入。显然，这是很难立竿见影的。

（三）校长不是“外交家”

外交家的特点是“一致对外”，广泛交际，周旋于各种关系之中。虽然学校无法脱离社会，校长也必须面对各种复杂的社会关系，但校长的屁股必须坐在校内，坐在教学上，否则，就会迷失自我，就很难引领好一所学校。学校的外交应该由“班子”成员各负其责，校长点到为止。

（四）校长不是“管家”

管家的工作事无巨细、面面俱到，管家的职责包罗万象、无处不在。校长如果陷在学校的事务堆中，买几把扫帚也要向你请示，买几本书也得你拍板，那你就没有时间深入课堂，就没有时间思考学校发展的大事。这样下去就会没有人替你操心，就会一天到晚把你累得精疲力竭，所有的矛盾也会集中到你的身上，使你出力不落好，越管越乱套。

二、校长应该是什么

（一）校长应该是最了解、最关心教师的人

清华大学原校长梅贻琦先生在就职演说中讲：“所谓大学者，非谓有大楼之谓也，有大师之谓也。”“名校”是靠名师铸就的，“品牌”是靠质量树起来的。

每一名老师，影响的都是一群学生，都承载着学校的荣誉与形象。老师是刻在学生心灵上的丰碑。所以，学校的历史也是由老师们写就的。对于校长而言，教师永远是第一位的。校长的办学思想应该“以师为本”，教师的工作应该“以学生为本”，这是不同层面上的两个问题。

校长应该是最了解老师、最关心老师的人。校长要把自己定位是老师的服务员、公仆，真心实意地帮助他们解决困难，关心他们的成长，鼓励他们，严格要求他们，平等地甚至谦卑地对待他们，使他们从内心感到受尊重，有尊严，工作有价值，生活有意义。对老师个人的大事，校长要做到能到必到，关怀备至，以情动情，以心换心。

（二）校长应该是站得最高的教师

校长除了用思想引领学校的发展外，还有一个重要的职责是辅导教师的成长，建设好教师队伍。

人大附中校长刘彭芝说：“一流的学校要有一流的办学思想、一流的教师队伍、一流的生源和一流的办学条件。”教师队伍建设应是校长工作的头等大事。

为此，校长要比老师站得高，要能为教师的专业成长指一条路子。具体而言，要为每一位教师、每一门学科指出明确的努力方向。

校长必须常听课，会评课，能上课。无论事务多忙，在校都要力争天天深入课堂，并具体、清晰地为讲课教师做出点评，必要的时候自己也要开一两节“公开课”，供老师们评析。

（三）校长应该是学校管理的“行家里手”

学校管理不外乎人、财、物、时间、空间、信息六个方面，主要是“管人”。人是真、善、美和假、丑、恶的统一体，在不同的环境中会表现出不同的侧面。

管理的任务就是要营造一个好的环境和氛围，使教师真、善、美的方面充分发挥并不断强化，逐渐提升每个人的思想认识水平和职业道德水平。

人的管理应重在“理”，“理”在前，“管”在后。校长要经常反思、分析，把人际关系理顺，把气理顺，把一碗水端平，把老师的利益放在第一位；以自己高尚的人格和品质，以日常工作、生活中的严于律己，为老师们做出表率。校长能做到严于律己，教师能做到严谨治学，学生能做到严格守纪，学校能做到从严管理，即“四严”，这所学校就办好了。

校长小事上可以做“和事佬”，大事上必须是非分明，必须敢于批评，敢于负责，树起正气。校长只要一身正气，充满智慧，学校管理工作中最难的“管人”工作就能做好。

（四）校长应该是创建和谐校园的“能手”

教育思想是办学的灵魂，教育质量是办学的生命，教育管理是办学的关键。一所学校，提高教育教学质量仅靠几名骨干教师是不行的。校长必须明确依靠全体教师提高办学质量的思想。为此，必须努力构建和谐的校园。

和谐校园包括学校班子的和谐、教师队伍的和谐、干群关系的和谐、师生关系的和谐、同学关系的和谐、家校之间的和谐等。首先是学校领导班子的和谐问题。

校长是学校的灵魂，是班子的“班长”，但绝不是学校的“独裁者”。班子的和谐关键在民主，遇事让大家充分发表意见，谁说得对就照谁的办。用制度保障经常通气，使班子成员之间既有分工，又能合作。有些事情在难以取舍的情况下，校长要大胆“拍板”，勇于负责。成功了归于大家的努力，失败了自己担起责任，不揽功，不诿过。

和谐的“班子”是构建和谐学校的基础，而干群关系的和谐又至关重要。校长要大胆举贤、知人善任，绝不搞任人唯亲。把那些教学最优秀的人提拔到教学管理岗位上来；把那些班主任工作、学生教育管理工作做得最好的人提拔到德育管理岗位上来，这样的人才能让老师服气。同时，还要加强教育和管理，使他们谦虚谨慎，讲究工作艺术，与校长一起为老师们服好务。

（五）校长应该是教育科学研究的“强手”

教育、教学的创新有赖于教育科学研究，学校提升教育、教学水平的基础取决于教育科学研究，教师素质提高的关键在于教育科学研究。

可以说，教育科学研究是一所学校内涵发展的必由之路，校长就应该是这条路上的带头人、领跑者。一所学校的教科研课题应从本校的实际出发，以解决影响学校建设发展的问题为归宿，绝不能“空对空”，搞“假科研”。

为此，校长要有发现问题的敏锐目光，要有概括问题的科学方法和能力。同时，要有不断学习、进取的习惯，在教科研方面为老师们做出榜样。

（六）校长应该是把握学校方向的“舵手”

当今，我们的社会正处于变革时期，各种政策、法规总是滞后于现实问题，学校的生存和发展经常面临许多困惑和挑战，校长经常陷于“两难”问题之中：不做不行，做也不可。校长这位本来应该倾心尽力教书育人的“学者”不得不充当商人、社会活动家、建筑师，等等。然而，无论如何，校长都不能迷失方向，都应该时时把学校这艘汪洋大海中的小船牢牢地把握在社会主义的办学方向上。这就是我们的国情，这也是我们中国校长的“伟大”之处。

社会主义的办学方向：首先，基础教育是公益性的。即学校不能以营利为目的，不能想着法子收钱，不能什么钱都收。

其次是全面贯彻教育方针，使学生德、智、体、美全面发展。不能考什么教什么，不能以牺牲孩子的健康为代价追求所谓的“高质量”。

其三是平等、民主。即师生在人格上是平等的，在关系上是民主的。不能搞“师道尊严”，不能体罚或变相体罚学生，任何时候都不能剥夺孩子受教育的权利。

最后，教师不是学校的雇员，要充分尊重他们的主人翁地位……总之，学校不能在政治上、政策上、方向上犯错误，而校长的“舵手”作用是任何人都替代不了的。

（七）校长应该是绘制学校蓝图的工程师

校长不仅要把握好学校发展的方向，而且要确定长远的办学目标，绘制好学校未来的蓝图，为全校教职工树起一面理想之旗，以凝聚人心、鼓舞士气，使大家团结一致朝着共同的目标奋进。

要做到这一点，校长就必须对学校的历史和现状有深刻的了解和把握；对学校的优势和不足有科学的评估和清醒的认识；对当前学校发展的环境和教育政策的走向有实事求是的分析和预测。在此基础上提出学校发展的规划草案，交教代会讨论，通过广泛的民主渠道充分发挥教职工的主人翁作用。制订切实、合理、科学、可行的学校中长期发展方案，并采取有力的保障措施，分阶段逐年落实到位，确保学校沿着预定的科学轨道健康发展。

（八）校长应该是学生成长的导师

在学生的心目中，校长应该是一个博学、睿智的人，是一个和善可信的人，是真理的化身、做人的标准、崇拜的偶像。

可以说，校长与班主任一样，是学生成长过程中极其重要的人。如果学生不知其校长为何人，这既是学生的悲哀，也是学校的悲哀，更是校长的耻辱。

一名优秀校长，应该走上讲台能讲精深的专业课，能阐释做人的道理，能抚慰学生的心灵，能指导学生的生涯规划，能帮助学生摆脱困境……

因此，校长应该经常深入到学生中间听课、讨论、座谈，尽可能地参加学生的各种活动，经常性地对学生进行集体教育和个别指导。校长不但要让学生经常看到自己，还要轻轻地走进学生的世界，感受学生的喜怒哀乐，给学生凛然的正气、做人的标准和浓浓的书香味道，使学生的思想渐趋深刻，行为更文明，做人更自律，学习更自觉。校长应成为学生成长过程中的导师、引路人。

我认为，这样的校长才是一名优秀校长！

校长的课程领导力

课程领导力主要指校长领导教师团队创造性实施新课程，全面提升学校教育教学质量的能力。在校长的诸多职责和能力要求中，对课程的领导力应该是校长的首要能力，是所有能力要求中的核心能力。这是由校长岗位和学校管理的特殊性所决定的。尤其普通高中实施新课程之后，校长课程领导力的重要性更加凸显。下面我谈三个问题。

一、高中优质化程度不仅取决于其硬件设施，更取决于其课程的丰富性和科学的体系

新课程包括了国家课程、地方课程和校本课程。在实施过程中，一所学校如何校本化、有特色、高效益地实施国家课程和地方课程，能够开发出多少种有价值的校本课程，能否形成科学系统的课程体系，为学生的个性化、特长化发展提供课程支持，将成为体现这所学校优质化程度的首要指标，将成为莘莘学子选择高中学校的最重要依据。新课程背景下理想的高中学校，不再是一个只能提供固定“套餐”的餐馆，让千差万别的学生吞咽下同一份“饭菜”，使不对胃口的人没有食欲，深感痛苦，甚至使消化不良的人恶心、呕吐。理想的学校应该像一家能依据学生兴趣和需要，搭配不同“套餐”的饭店，为每一个独特的个体

提供他喜欢的口味，使其学习动力来源于内在兴趣。我认为：理想的学校应该整洁、美观、绿树成荫，四处充满鸟语花香；理想的学校应该有漂亮的教室、宽敞的走廊，使学生们都有一个明亮的学习环境；理想的学校应该有舒适的办公场所、先进的教学设施，使老师们能够宽松地备课，随时讨论问题，方便地应用各种手段实施教学；理想的学校应该有足够的足球场、篮球场、田径场等运动场所和休憩的地方，使同学们能够尽情飞奔、对抗、释放青春的能量，同时有交流、密语、心灵接触、倾听天籁的羊肠小道、圆桌、长凳与荷塘。然而，这都不是最重要的。理想的学校，最重要的是要有科学的课程体系和丰富而成熟的课程，有勃勃的精神、理想与追求，师生都在做自己喜欢的事情，都能感受到幸福与希望！在这样的学校里，学习从兴趣出发，学生可以选到自己喜欢的课程；教书育人从热爱开始，每一天的讲台和课堂都充满激情与梦想；在这样的学校里，俗人所说的清苦是一份宁静，庸人所说的付出是一种价值，凡人所有的不幸都被成长的幸福所淹没。这样的学校，是精神的圣殿，是灵魂的天堂！

二、校长课程领导力的基本内涵

校长对课程的领导力，主要体现以下几个方面：

1. 规划学校新课程实施方案；

2. 建立和健全学校课程开发组织；

3. 确立激发教师的内在机制，促进教师在课程开发的过程中实现专业发展、水平提升；

4. 建立选课指导委员会，帮助学生认识自我、科学选择，促进学生全面而有个性地发展；

5. 建立科学的评价机制，使课程建设成为师生成长的需要，成为学校建设的基本内涵。

新课程的核心和灵魂是人才培养目标——具有创新精神和实践能力、全面而特长突出的人。它既是教育方针的具体化，又是整个新课程的出发点，是课程结构、课程内容、课程实施、课程评价等改革的基本依据，也是制订课程计划、课程标准和编写教材的内在标准。国家课程是国家培养目标的主要实现途径，是国家意志体现的重要载体。这对我们是一项庄严的使命，要求我们认真地贯彻、忠实地执行。国家课程的权威性、指导意义和强制要求并非排除课程应有的因地制宜的可选择、可创造的空间。不同学校、不同教师和不同学生对国家课程在准确领会精神的前提下的不同理解和实施，才使国家课程呈现它的丰富内涵和多元价值，呈现它的教育魅力和弹性空间。国家课程的校本实施过程，是一个再创造的过程，再创造的水平决定着学校教育教学质量的高低。

国家课程的校本实施与校本课程的开发与实践是两个不同的概念。校本课程是对国家课程的一种个性化补充、拓展、延伸和丰富。校本课程强调的是在具体实施国家课程的前提下，根据学校的办学思想和培养目标，通过对学校教育教学资源和本校学生的需求进行客观、科学的评估，充分利用学校的课程资源和社会课程资源而开发多样性的、可供学生选择的课程。它强调的是国家课程的指导性、学校的主体性、资源的多样性和学生的选择性。

教师是课程的具体执行者，同时也是课程的创造者，其中包括对国家课程的创造性实施，也包括利用自己的专业和非专业优势，在学校的课程框架内，按课程的基本要素，为学生开发、提供可选择的教育教学资源。其实，教师作为课程资源的创造者，开发课程的过程也是他们专业水平提高的过程。

教材有着极大的资源蕴藏量，对教材利用率的高低，往往会影响教育教学的质量。教材除了具有权威性、示范性和系统性外，还具有可拓展和延伸空间。因此，它就有了被多重开发和利用的可能，是课程资源开发所不能忽视的。

学生是课程开发的受惠者，同时也应该是参与者，有时甚至是执行者。如德育课程资源的开发，学校搭建平台，充分发挥学生的主体作用，让学生按课程的基本要素自主设计、组织、落实、自评、管理德育活动课程，效果往往是出人意料的。

学校课程体系的建立是校长课程领导力的重要部分。课程体系的建立首先要观念先行，要改变长期以来的教师中心、学科中心、课堂中心的弊端，要努力探索以学生的人性需要为出发点，以满足、提升作为成长中的人的需要的课程内容和形式的设计为重点，以形成将教学过程统一起来的新的教学方式为核心的学校课程体系。另外，要依据国家新课程标准和学校课程目标，构建基础型课程与拓展型课程、研究型课程的有机结合；必修课与选修课的有机结合；选修课的限定性选修与自主性选修相结合。

课程实施的最终走向是形成有学校特色的课程文化，从而让学校的所有成员获得实惠和愉悦，让学生获得体验、提高、充实和幸福，让教师获得历练和提升，改善他们的生活和生命质量，同时也让学校得到长足的发展和提升，形成学校品牌和影响力。

三、提高校长课程领导力的思考与实践

邯郸市一中课程建设的目标是国家课程的校本化实施和校本课程开发并举，最大限度地保障学生基于个人基础和兴趣的选择，体现学生的自我发展设计并保障过程中的持续发展，即真正给予每一名学生“最适合的教育”和“没有封顶的教育”，为造就具有创新精神、实践能力和国际视野的拔尖领袖人才奠基。在现有的基础上再通过五年的努力，使我校的课程体系具有以下五个显著特征，走在全省乃至全国的先进行列。

（一）层次性

无论基础水平还是学习能力，学生当中无可争议地存在着若干个层次，要使他们都能够得到适合的教育，学校的课程就必须具有层次性。我校的课程大致分为三个层次：

1. 基础课程：针对全体学生必修、必选的国家课程，学校着力进行校本化实施的研究和开发。目前，我校正在使用的全员“教学案”“学科习题本”“试题库”就是针对基础课程的高效实施而采取的措施。

2. 拓展性课程：这是基础课程的拓展和延伸，是针对我校学业水平前50%的优秀学生参加高等学校自主招生开发的预备性学习。目前，我校正在筹划、编辑校本教材。

3. 发展性课程：这是高中向大学的延伸课程，是针对我校学业水平前15%的“拔尖”学生开发的大学预备性学习。目前，我校数学、物理等几个学科已经具有了比较成熟的校本教材。

（二）丰富性

为满足不同基础和不同兴趣、特长学生的需求，一中的课程应该丰富多彩。除语文、写作、数学、外语、社会、科学等必修课程之外，体育与健康、艺术与生活、技术与生产等选修课程更要十分丰富，给所有学生提供选择的可能。如：体育课计划开设足球、篮球、排球、乒乓球、羽毛球、网球、棒球、健美操、太极拳、田径类、游泳等；艺术课开设美术、管乐、弦乐、声乐、舞蹈、艺术欣赏、艺术史等；技术与生产课开设电器维修、农业技术、编艺、陶艺、烹饪、木工、金木、机器人等供学生选择。特别是要想方设法聘请到高素质、精通本专业且教学有方的选修课教师，使选修课真正能够起到发展特长、张扬个性、激发创造、学用结合，培养创新型人才的作用。

（三）规范性

无论是国家课程的校本实施还是校本课程开发，无论是必修必选还是自主选修课程，都必须按照课程计划、课程标准在以校长为核心的课程领导小组组织指导下编写出规范的教材，强化课程的严肃性和权威性，使每一门课程都能保持在较高的水平，体现其应有的价值。

（四）国际性

复兴伟大的中华民族就要依靠具有国际视野、通晓国际法则、敢于担当的国际型人才。对此，我们高中教育责无旁贷。这在课程体系上要充分考虑、具体体现。比如要努力开设除英语外德、日、法等多门外语，开设《世界文明》《各国文化比较研究》等。同时，将不久前发生或正在发生的国际事件（如日本核电危机、利比亚战争等）作为课程资源纳入国际性课程的教学，课上让学生了解、学习甚至辩论是非，使其极具时代性和国际性，从而激发学生的国际公民意识和民族自强精神，培养学生复兴民族的责任感和使命感。

（五）发展性

理想的高中课程尽管规范、严谨、种类繁多、体系完整，但绝非固定不变、僵化死板，而是紧密联系现实生活，紧跟时代、科技发展步伐，具有开放性和包容性，能根据学生的发展需求而更新或设立新的课程，具有极强的发展性。

在课程的发展性方面，要充分挖掘高等院校和其他社会资源，可设法聘请高校知名教授或社会上某一方面的专家到学校兼课；也要设法把优秀的高中学生送到大学或研究机构跟随知名教授或工程师进行系统学习，为他们脱颖而出、出类拔萃提供动力和支持。

总之，课程是办学的基础、育人的保障，课程建设应成为高中学校建设的核心。校长的课程领导力最终要体现在以学校课程的层次性满足学生的个性化选择要求，为学生自主发展、扬长避短、人尽其才提供保障；以学校课程的丰富性，满足不同学生的兴趣要求，为学生张扬个性、追求成功体验和幸福生活提供可能；以学校课程的国际性和发展性保障培养国际公民，为复兴中华民族伟大目标的实现做出贡献。

优质学校建设的目标

一、有正确的学生观

（一）学生是人，需要平等与尊重

学生是正在成长的生命，是作为人存在的个体，无论他的学习成绩、品行、为人处事如何，在人格上与教师、干部是平等的；无论他的家庭背景如何、习惯怎样，在教师面前也应该是人人平等的。基于这一点，我们平时对待每一名学生，要坚持以下基本原则：1. 不以个人的好恶区别对待学生；2. 不以师长的尊严凌驾于学生之上；3. 不以学生的过失伤害学生的人格；4. 不以成绩的好坏作为评价学生的唯一标准；5. 表彰、处罚学生一定按规章办事。

教书也罢，育人也罢，都是师生之间的双向交流。学生有情感，有自尊，应该得到教育者的尊重，这是师生人格平等原则的内在要求。缺乏尊重的严格要求与人格平等原则是不相容的。缺乏尊重的教育是强加的、被动的教育，会使学生觉得自己处于被动挨打的地位，容易产生逆反、抗拒的心理，造成师生之间的所谓“猫鼠关系”。所以，在教育教学过程中，教师应当尊重学生的人格，以平等的态度对待学生，爱护学生的自尊心。这是一所优秀学校应有的学生观。

作为教师和干部，应该从高高的讲台上走下来，深入到学生中间去，俯下身来和学生站在同一平台上。只有这样，学生才会亲你、爱你；只有这样，才能培养出有独立人格、有健康心理、有创新意识的一代新人，这样的学校才可能被称为“名校”。

（二）学生是孩子，需要理解与宽容

我们每一个人都是从错误中成长起来、在挫折中成熟起来的。孩提时的磕磕碰碰，青春期的莽撞冲动，成年后的自以为是……作为教师，我们不能以成年人的眼光去要求学生，更不必去追求学生的绝对正确，因为他们还是孩子，思想还不够成熟，知识还不完善，阅历还不丰富……对于学生的错误，一些教师一是怒之，小错小怒，怒其不争；二是罚之，小错轻罚，大错重罚；三是告之，先告家长说孺子不可教也，后告领导说朽木不可雕也。

宽容是一种教育技巧，苏霍姆林斯基说过：“有时宽容引起的道德震动比惩罚更强烈。”对于犯错误的学生宽容地给予一个暗示的眼神远胜于大声呵斥，它可以满足学生的自尊心，给犯错误的学生一个台阶、一个机会，促其自我反省。同时，宽容能营造和谐的群体，形成民主的氛围，可以赢得学生，“宽以得众”就是这个道理。宽容意味着理解、信任。对犯错误的学生给予充分的理解与信任，给予充分的反思时间和悔过自新的机会，可以调动学生的非智力因素，使学生达到自我教育的目的。

（三）学生是学生，需要严格要求

师者，传道授业解惑也。学生带着家长的殷切希望到学校就是来求真知、学做人的。“教不严，师之惰”。我们要在遵循教育规律的前提下，在德、智、体、美、劳各方面严格要求学生。严格要求不等于惩罚学生或随意指责学生，也不是无规律、随心所欲的严，而应该做到严中有慈、严中有爱、严中有度、严中有方，使学生对教师敬而爱之。谈到“严”，为师者首先心中要有一把“放之四海而皆准”的尺子，先严于律己，起表率作用，为人师表。作业批改、辅导答疑，不能有丝毫的马虎，进而才能“严”中有道。对学生如何“严”？这就得从点滴小事做起：做人必须老老实实，做事必须踏踏实实，做学问必须扎扎实实；教师要严格督促学生认真落实学习环节；课堂积极思考，科学记好笔记；作业一丝不苟，规范整洁，有错必改等。

学生是发展中的人，“一切为了每一个学生的发展”是新课程的最高宗旨和核心理念，初、高中学生正处于身心发展最旺盛的时期，他们有无限的潜能，我们应该坚信，每一名学生都是可以积极成长的，都是有培养前途的，都在追求进步和完善，都是可以获得成功的。在他们的身上，都存在着“不完善”和

"未确定性"，我们应该把它视为教育的资源和财富加以开发和利用，把学生存在的多种潜在的可能变为现实，使人人获得多方面的进步和高考的成功！

二、有正确的教师观

百年大计，教育为本；教育大计，教师为本。办好一所学校关键是有一支优秀的教师队伍。我们在座的多数都是教师，甚至可称为教师中的优秀分子，正是因为教师工作做得好，才走到了干部岗位。但我们始终不能忘记自己是一名教师。办好我们的学校，依靠的都是每一名普普通通的教师。在新的时代背景下，对于教师，我们应该确立"朋友观"，坚持平等的原则，把教师当作自己的知心朋友看待，无所遮掩，无所顾忌，凡事首先想到教师们，维护他们的利益，把以身作则当作自然；把自己干在前面、多做多干当作使命。这样，我们才能够真正成为老师们的朋友，才能够互相信赖，互相忠诚；才能够长期友好相处，患难与共。如果你处处想着自己的利益，有利的事多干，没利的事，需要发扬风格、无私奉献的事少干甚至不干，那就不可能做到"以师为本"，而是以你个人为本，以私为本，学校的事业在你手上就不可能健康发展。

"以师为本"，就是要把老师们看成我们自己的兄弟姐妹，就是要把他们看作我们事业上的合作伙伴，就是要主动把他们纳入到组织管理系统中，使他们成为管理队伍中的一员，遇事与他们商量，听取他们合理的建议，使他们不仅是被管理者，同时又是管理者；要与老师们利益共存、责任共担，最大限度地发挥他们的管理效能，调动他们工作的积极性。

"以师为本"就要真正地确立老师们的主人翁地位，给予他们民主监督的权利，让老师们有当家做主的感受。我们全校大几千人，五百余名教职工，仅靠我们在座的几十人去管理这所庞大的学校，显然有点力不从心。只有每个人像一块磁铁，把老师们吸引到我们的身上，把责任分解到每一名老师身上，让权力在阳光下运行，让人人监督我们的工作，那样，我们的事业才会充满阳光，我们的心胸才会豁达、明亮。

三、有正确的干部观

毛泽东主席讲过："正确的路线确定之后，关键的因素就是干部。"干部是事业的带头人、群众的领路人，是事业的推动力，干部的作用发挥得好，事业就能发展得好。每一名干部，都应该树立正确的“三观”，即坚持辩证唯物主义与历史唯物主义的世界观，坚持权为师生所赋、权为师生所用的权力观和坚持为教育事业不懈奋斗、为学校发展不懈奋斗，为提高教育教学质量和管理水平不懈奋斗的事业观。刘彭芝讲：人生为一大事而来。她把教书育人的事业当作自己毕生要做好的唯一的大事来看待，是值得我们学习的、领会的。人的一生干成一件事、干好一件事就很不容易了。作为邯郸市一中的一名干部，能当好这名主任，尽到自己的职责，创造性地开展好工作，既体现了个人的生命价值，也促进了事业的发展。如果每天凑合着走，满足于过得去，不求过得硬，甚至一天到晚想着个人的利益，每干一件事都要盘算自己的得失，这样的干部就不可能赢得上上下下的信任，也不可能走多远，自己过得也不会幸福快乐，事业在他的手中不会有大的发展，可能还会受到破坏。

同志们要想清楚，既然自己当了干部，就要努力使自己有几件回忆起来无比骄傲和自豪的得意之笔，为一中的教育事业立下几块丰碑，无愧自己的教育人生。此时，个人的利益就要放在一边，放到事业的后面，这就是一所优秀学校应有的正确的干部观。

四、有严格、鲜明的“三风”

教风、学风和校风是一所学校的灵魂，是不可复制的学校的特征。充满爱心、诲人不倦、纪律严明、教之有法应该是我们邯郸市一中追求的教风；文明规范、勤奋严谨、拼搏进取、追求卓越应该是邯郸市一中每一名学生应有的作风。在当今市场经济的时代，我们的学校更要高举爱国的大旗、文明的大旗，使进入我们校园的每一个人都能感到一种洁净之风、文明之风、向上之风；这就是我们学校的魅力之所在，我们要努力造就这种优良的学风、教风和校风。

五、优良的办学成绩

学生的可塑性很大，不同的环境和教育会造就不同的结果，会给孩子们一个不一样的人生。家长和社会所追求的是孩子能考上优秀的大学，这就是他们择校的原因。优良的办学成绩从何而来？生源是关键，但更为关键的是管理和师资队伍。当前，我们的师资队伍不比任何学校差，生源也说得过去，我们最薄弱、最需要加强的地方是管理。我们管理上有许多空白之处、模棱两可之处。

我们的管理粗线条多，精细之处少；规章制度多，认真贯彻落实的少；要求的多，检查的少。因此，结果往往不如人意。管理，说到底关键就在我们每一名校务委员身上。今天的会议，就是要通过回顾我们的过去一学期乃至一学年的工作，查找问题和不足，开展批评和自我批评，分析原因，寻求解决的办法，以便明确下一步工作的思路，找到高效管理、科学管理的途径，使我们的工作迈上一个新的台阶。

让我们的教育充满理想

教育是未来的事业，未来需要我们描绘，需要富有理想，因此，我们要追寻理想的教育。就其本质和共性而言，理想的教育应该聚焦在“培养什么人和怎样培养人”上面，应该关注“如何托起明天的太阳”。我们期盼、热望我们的教育能够造就未来共和国政坛的精英、商业的巨头、科技的英才，我们更期望我们的每一个学生都能够真心地感受过邯郸市一中的教育，都能够将“诚实、勤奋、自信、责任、感恩”五项核心品格融化在自己的血液里，落实在自己的行动中，都能够感受并获取生活的幸福，都能够因为自己的存在而使这个世界更加纯净、更加美好。虽然我们的环境还不尽如人意，我们也时时受到不理解、不支持甚至打击，但我还是希望大家心怀理想，持续努力，凭着对教育的忠诚，对事业的执着，对一中的热爱，在艰难中奋起，在执着中前行，把学校的利益视为自己最高的利益，把个人的荣辱进退放在学校的利益之后。为此，我向大家提出三点希望：

一、增强责任心和使命感，积极主动，抓干并举

一名干部，最可贵的品质是主人翁意识、责任心和使命感。从大处讲，这就是忧国忧民、以天下为己任的高尚情怀；从小处说，就是在其位谋其政、兢兢

业业的负责任作风。毛泽东同志说："正确的政治路线确定之后，干部就是决定的因素。"其喻义就是把天下交给了干部，打天下靠干部，治理天下更靠干部。就我们学校而言，在座的每一名同志都肩负着学校某一方面的责任，都承载着学校某一方面的改革和发展的责任，都是学校这个庞大机器上的一个有机部分。只有每一个年级、部门良好发展，工作水平和质量不断提高，才能促进学校工作的持续发展，上水平，上台阶。反之，你那里推推动动，拨拨转转，工作不主动，合作不协调，必然降低我们的工作水平，影响学校的业绩和声誉。如果感到自己力不从心，我们就请组织另请高人；如果我们认为自己能任这份工作，我们就要不辱使命，尽心尽力，积极主动，想方设法把分内的工作干好，把团结搞好，把事业不断推向新的高度。

大家都是一线干部，必须"抓干并举"。"抓"是在正确思想理念的指导下出主意、想办法、用好人，安排布置工作，监督指导落实；"干"就是设身处地，扑下身子实际去做好具体工作。我们都是基层干部，"干"应该是基础，是第一位的，以身作则就体现在"干"字上，榜样示范也体现在"干"字上。大家都是在教育教学一线提拔起来的，都是干出来的，"干"是我们的优势，是我们的长处，是立身之本。当了干部，负责一方面的工作，实际上就是给我们干事、干成事一个更大的舞台，只有脚踏实地干好才能无愧自己的历史，才能开创更美好的明天。"抓"要有水平，有理念指导。一中是一个整体，各部分的工作都是有机部分，教育、教学及管理工作都有我们的指导方针、核心文化——也就是努力的方向和工作目标。各部门、各位主任要"抓"的就是创造性地把它们贯彻好，要"干"的就是创造性地把它们落实好。教育是"慢"的事业，是需要持之以恒、长期坚持才能出成果的"百年育人"的事业。早南夕北，听风就是雨，今天一个口号、明天学个新词的学校及干部是不成熟的。人的成长有其固有的规律，教育也有其恒久的要素，那些"百年名校"的办学思想一百年都没有枯竭，都有新的内涵，就是因为他们把握了教育的规律。我们加强学习的目的不是用别人否定自己，用今天否定昨天，而是为了更好地丰富和完善自己，也就是如何更好地"以师为本，成就学生"。

总之，每一名干部积极主动地开展工作，创造性地落实我们的办学思想，"抓干并举"地做好每一个细节，是我们事业更上一层楼的保障，是我们的未来更加辉煌的基础。

二、不断学习，增强理论修养和人格修为

随着时代的发展和进步，理论的发展也是无止境的，理论的内涵是需要不断丰富、与时俱进、体现时代特征的。我们每一个学期都面临新形势、新任务，因此，学习是永远不能停止的，学习是我们提高水平、增进修养、创造业绩、幸福生活的必由之路、必需之品。

学习的对象首先是文本，是专家的一篇篇高论、“草根”的一段段感悟。这样的学习如同找到了知音、看到了光明，它可以使我们更加自信，更加丰富，更加坚定并完善自己的道路。可见，这样学习的办法就是鲁迅先生的“拿来主义”。

学习更为重要的对象是我们服务的对象和面临的工作。这更是我们智慧的源泉、力量之所在。教务主任首先要向老师们学习教学，总结他们的优秀经验，推广他们的成功做法。指导一定要在学习之后，不然就不能服人，难以有效。希望教务处本学期能在老师们当中树立一些教学典型，要发现一些班级建设方面的优秀班主任，总结他们经验，推广他们的做法。

在向书本和实践学习的过程中，我们的心灵会得到净化，人格得到提升。在此，我希望大家加强以下几个方面的人格修为：

（一）坚持实事求是，做忠诚老实之人

实事求是是我党的思想路线，是认识世界、改造世界强大的思想武器，也是建设好我们学校的根本思想方法。实事求是就是讲真话、办实事；实事求是就要求一切从实际出发，不冒进，更不能得过且过、小成即安。大到我们新校区启用方案，小到我们的课表安排、同志们每一天的思想交流，都要实事求是，有一是一，有二是二，使跟你相处的人感到踏实、可靠、有谱、能共。我们每一名干部都要有“我可以不告诉你，我告诉你的都是真的”的勇气和作风。这样才是长久之策，才能日久让人信任、让人服气。常言道：忠诚人长久，老实人有福。特别是在我们这样教书育人的神圣之地，大家更要注重人格修为，坦坦荡荡，为人师表。

（二）搞五湖四海，不搞帮派体系

我们学校是一个团结的大家庭，是一个风清气正的地方，特别是我们的干部队伍是踏实、肯干、积极向上、奋发有为，素质很高的团队。但随着办学规模的扩大，特别是三个校区的出现，沟通难免不够，更要注重理解、宽容、互

相支持。我们本来就来自五湖四海，是邯郸市一中的教育事业把我们联系在了一起。因此，我们一定要在实事求是的基础上搞好团结，在和谐的愿望基础上搞好团结。团结出幸福感，团结出成绩，团结出正气，团结出干部。我希望大家团结的事多做，团结的话多说。反之，慎做，不说。

常言道，一个好汉三个帮。干好一件事情，需要相互帮助、齐心协力。但是，千万不要搞成团团伙伙、帮派体系。因为那样就没有了原则，没有了正义。没有了团结的大局，恐怕都不会受益。

三、不断总结和反思，提升能力

毛泽东同志说他战争年代的制胜法宝就是两个字：总结。一件事干过之后，不可能十全十美，成功在什么地方，不足在什么地方，失误又在什么地方——只有及时反思、总结，才能提炼出经验，悟出改进的方法，避免再蹈失败的覆辙；才能不断进步，不断提升处理更为复杂问题的能力。

能力是多方面的，有些能力是某些人特有的，别人无法学来的。比如处理问题时动用社会资源的能力，艺术、体育天赋等。但反思、总结的能力人人都可以有，只要有意识地去运用就行。我希望大家都能够充分发挥自己的这种能力，虽然很难做到“吾日三省吾身”，但“三日一省吾身”一定能够做到！所以，做不成“圣人”，做成“伟人”还是很有希望的。

蓝图已经绘就，关键在于落实。希望大家本着实事求是、抓干并举的精神，不断反思、总结，一步一个脚印把工作落实到实处，创造出更加辉煌的业绩！

访美观感

3月14日

上午7：20从住处出发去华盛顿国际高中，因预约时间有误，正赶上学生考试，改为明天再访。司机老程带我们去参观白宫。

汽车停在了白宫的正门——此门口对面的马路旁边，我们一行八人徒步走向白宫。白宫正门前是一大片草坪，草坪外是一条10余米宽的东西大道，道的南侧是透绿的铁栏杆把游人隔开，道的北侧又是一片南北50余米、东西300余米的市中心花园，花未开，但草地开始泛青。几株颇具原始风貌的大树旁好几只小松鼠跳来跳去，惹人喜爱。我们沿着林荫道穿过草坪又向白宫西侧走去，很快来到国宾车队进入白宫、位于白宫西北角的门口，所有来访的国家元首的车队都从这里进入白宫。然而，这个门既不高大，也不壮观，普通得连一个像样的造型也没有。进入这个门道路的右侧是新闻采集台，大小摄像机均戴着外套，密密麻麻摆满了整个台子。有任务时，记者们就在那里采摄新闻，对外报道。

白宫后面的草坪就是美国总统接见各国政要的“南草坪”。南草坪仍用透绿的铁护栏与外界隔开，护栏的南侧是一片大的草坪，草坪中间凸起，上面耸立着纪念美国开国总统华盛顿的“方尖碑”。据说这座碑从1848年一直建到1888年，中间因南北战争停建，前后历时40年才建成。这座纪念碑高169米，是华盛顿哥伦比亚特区最高的建筑物。碑的正西侧是林肯纪念堂，正南侧是杰弗逊纪念堂，这两个纪念堂之间的一片“绿洲”就是罗斯福纪念公园，美国历史上对国家做出过转折性贡献、最伟大的四位总统在这里留下了永久的纪念。华盛顿领导美国人民打赢了独立战争，从而地球上诞生了“美国”，因而他被称为“国父”。杰弗逊是美国的第三位总统，是美国“独立宣言”的主要起草者、美国联邦制度的设计者，至今美国政治制度还在他设计的大框架下运转。林肯打赢了南北战争，避免了美国分裂，他把政府定义为“属于人民的，为人民的，人民所有的”，即“民有、民治、民享”，他认为政府不是治理人民而是服务于人民的。罗斯福则领导了第二次世界大战中的美国。

在“方尖碑”与林肯纪念堂之间是一个东西向长方形的人工湖，湖的东面是二战纪念碑，西南侧是韩战纪念碑，西北侧是越战纪念碑。由19个面露惊恐之色的“联合国”士兵雕塑组成的韩战纪念碑上写着“自由是需要代价的”。美国人自己评论：这是在错误的时间，错误的地点，与错误的对手，打了一场错误的战争。越战纪念碑是沉在地下的“倒V”形纪念墙，“V”的一端指向“方尖碑”，另一端指向林肯纪念堂。墙上刻着阵亡官兵的名字。美国人说：这是一场没有打赢的战争。巧合的是，美国这两场战争的对手都与中国有关，而越战纪念碑的设计者也是华人林璎，她是著名建筑家林徽因的侄女。

在参观的过程中，到处可以看到成群结队的美国中小学生，小一点的由老师带领，大一点的自己三五成群。原来，美国中小学正在放为期一周的春假，而参观首都华盛顿则是他们假期首选的活动。从二战纪念广场上的学生乐队演奏，到低年级学生聆听教师介绍、高年级学生讨论老师发给的“作业”看来，美国的中小学教育的确是贴近生活、联系实际的。

3月15日

今天上午我们参观了华盛顿国际中学。

华盛顿国际中学位于使馆区附近的一座小山头上。据说这里原是一对富有的美国夫妇的家，其男主人做过美国驻俄罗斯大使。后来，他们捐出家产办了这所学校，至今已有40多年的历史。

华盛顿国际中学有两个校区。我们看到的这个校区共有学生450人，教师90人，以高中为主，也有初中、小学，甚至还有幼儿园大班的小朋友。接待我们的是该校国际部主任凯特（Kate）女士，她把该校以中文为第二外语的九年级（高一）六七名学生引进会客室，他们就是接待我们的使者。

五个女孩和一个男孩逐个介绍自己，他们当中只有一个纯美国人，还有一个来自广州的“中国人”，据说她 9 个月大时就被一对美国夫妇抱养过来了。所以，她的中文也和别的孩子一个水平，都说不成较长的句子。其他几个孩子的父母分别是美国人和匈牙利人、美国人和意大利人、美国人和英国人，等等。看来，美国的家庭都很国际化，这所学校更是名副其实。

在孩子们的引领下，我们参观了学校的基础设施。虽然校园不大，但功能齐全，足球场、室内外篮球场、图书馆、实验室应有尽有，而且设计上匠心独具、实用、科学。接下来安排我们听课。

第一节课是高年级的法语课，课上，一位学生用投影展示了自己制作的法文拼写动画片。老师跨坐在讲台上，和大家一起欣赏学生的作品，边看边发出会心的微笑。学生展示结束，这节课就结束了。

第二节课是中文课，全班共 4 个六年级选学中文的学生，课上正在学习时间的表达：昨天、今天、明天。教他们中文的李老师 40 多岁，精明干练，来自中国人民大学影视传媒学院，在这个学校工作已经 8 年了。

第三节课是科学课，学习自然界的物质形态——固体、液体和气体。老师首先让学生动起来，表演固体中分子的形态及液体、气体分子的运动情况，十分形象。之后开始实验，2—3 人一组，把冰块捣碎放在玻璃杯中加热，观察温度变化。有几点值得借鉴：①安全至上。实验前学生都戴上保护眼睛的视力罩，而且针对平时戴眼镜的学生有专门的视力罩，防止学生实验过程中伤着眼睛。另外，他们的点燃装置是靠摩擦划出火花的带柄帽，有效地防止学生点火时发生意外。②自由探究。老师没有讲实验步骤，注意事项，仅发给学生一份说明书，其背面是要求学生记录实验数据的表格。学生开始实验后各自为战，记录的数据也各不相同，操作过程也不够规范，也没有得出标准的答案。但对于六年级的学生来说，有什么比激发兴趣、保护兴趣更重要的呢？至于规范和精确，随着学习的深入自然就会逐步解决。③教师指导少，干扰少。学生自己就是主人，实验过程中学生很少问老师，都是阅读说明书，互助研究解决问题，教师也很少指导，结果使每名学生自己能感到自己是一个成功者。

三节课听下来，有三点感悟：

1. 以学生为本。因材施教是需要有条件和代价的。这所学校选学中文的学生一共 10 人，却有两名中文母语高水平教师。其中教高年级中文的闫老师是北京第二外国语大学毕业生，在美国读的英语教育硕士，素质很高。该校开设多门外国语课供学生选修，外国语教师要求一定来自母语本土。

2. 优质教育的班额是不能太大的。这所学校规定，超过 15 个人必须分班。

我们听的三节课中，最大的班容量是六年级科学课，14 名学生；最小的班容量只有 4 名学生。在这样的课堂里，不可能有边缘学生，每个人都在教师的视野下，都积极参与课堂教学活动中。

3. 学生很少被教师否定，每个人都感觉自己是成功者。即使学生读错了，教师最多让他再读一遍，或引导他正确的读法，很少批评和否定。这样的氛围里，教师不是正确的代表，而是学生学习的帮助者。因而，学生个个自信，把学习当作快乐的事情。

中午，经王殿军校长联系，中国驻美国大使馆教育参赞尤先生请我们吃饭，地点在使馆不远的“华府”餐馆，丰盛而亲切。饭后又参观了大使馆。

中国驻美国大使馆刚启用不久，是由贝聿铭先生设计的，整个建筑既有中国长城的元素，又颇具现代形象。建材档次很高，内部装饰考究。楼上、楼下两个会见厅现代与传统辉映，到处是中国的名书画，的确一派大气、典雅。有些明、清时代的画卷，据说来自故宫。目前，这里是华盛顿一景，不少美国人，特别是学生申请参观。我们出来的时候，就有几个美国家庭在门口等待进入。

尤参赞的一席话，使我们感慨良多：过去，我们都是去拜访人家，求人家办事，现在经常是人家找到我们门上，主动要求与我们谈。这些年祖国的发展变化、不断强大，我是亲历者！

的确，只有祖国强大，我们才有尊严！

3 月 18 日

使评价更具严肃性。

康州的纽顿中学（Newtown High School）对教师的评估值得借鉴：由副校长、教务主任、学科组长等学术专家们组成的听课小组每年对新入职教师听课 6 次，给出 4 项书面评价，并请教师本人签字认可，装入教师的业务档案。对一年来工作没有明显改善者给予解聘或不聘处理。

我们的许多评价形式上都有，但不具体，不严肃，不落实到具体人、具体事上面，这就使得评价大打折扣。看起来，评价教师首先要目的明确：促进教师成长。评聘教师的依据、过程要设计好，程序要明确而便于执行，使谁负责评价、怎样评价、评价的结果如何与教师见面和起什么作用等都必须设计好、程序化；结果要严肃、庄重，起到应有作用。

使管理更加现代化。

纽顿中学的校长助理随时可以用手机查到每一名学生的综合素质评价情况。比如某一位同学的出勤情况、违纪情况、成绩状况等。他要与哪一名学生谈话，随时可以调出该生的资料。

班主任对学生的评价记录要坚持时时记录、事事记录，并做到每周将记录的结果传至学生管理中心，学生管理中心及时打包，使有关管理人员能够及时掌握数据、了解情况，使管理更及时、科学、高效。此项软件可作为学校课题开发。

3月19日

一切为了生命健康成长。

教育的终极目的是什么？哥伦比亚大学教育学院终身教授莱维尼认为：教育是为了使人们过上更加美好的生活。在中学阶段的基础教育，我认为应该是一切为了生命的健康成长。“生命并不只是一份工作和职业而已，生命是极为广阔和深奥的，它是一个伟大的谜，在这个浩瀚的领域中，我们有幸生为人类。如果我们活着只是为了谋生，我们就失去了生命的整个重点。”（印度著名的哲学家克里希那穆提：《我们需要怎样的教育》）教育应有之义，就在于关注人的生命。

一切为了生命的健康成长，就要求我们的教育服务学生的成长，课程设置是这样，课堂教学也应该是这样。树立幸福的观念，激发探究的欲望，使师生相处成为生命愉悦的过程，课堂教学成为师生幸福的殿堂。苏霍姆林斯基曾这样说：“在教学大纲和教科书中，规定了给予学生各种知识，但却没有规定给予学生最重要的东西——这就是幸福。理想的教育是：培养真正的人，让每一个从自己手里培养出来的人都能幸福地度过自己一生。这就是教育应该追求的恒久性、终极性价值。”为此，就要求我们的教师不但能够通晓学科专业知识，还要通达幸福的寻求之路，自己首先成为一个幸福的人、视工作为乐趣的人、视学生为儿女的人。这样，教师的生命才能健康成长，学生的生命才能健康成长。

“名师”首先是明白之师。

调查发现，教师表现出来的关注点，远比他内心的关注点更能对学生产生至关重要的影响。比如，一名教师十分关注学生的学业水平发展，但他总是把纪律放在第一位，认为纪律是学业的保证，表现出来的总是十分关注纪律，强调纪律，那么，他的学生就会把纪律看得很重。尽管学生们达不到教师要求的纪律性，但当要这些学生评价怎样才是一名好学生时，他们往往毫不犹豫地把纪律作为评价指标的第一条。

这个结果告诉我们，怎样评价学生，往往就会产生出怎样的学生来。这就是评价的导向作用。即使教师没有一个预设的、统一的评价体系，他日常的关注对学生的成长也是至关重要的，尽管这与教师的内心期望未必一致。

一名教师，即使怀揣伟大的教育梦想，比如要把学生培养成诚实、勤奋、自信、责任、感恩的人，如果他日常表现在学生面前的并非如此，他对学生评价的方面并非如此，那么他的理想与现实就可能相差甚远。这就是说，伟大的教育梦想与日常教育活动的关注点、评价侧重点一定要一致。因为，教师表现出来的远比他内心的想法对学生的影响更大。

因而，要成长为“名师”，首先就要成为“明白之师”，即明白自己的教育目标，明白实现这些目标在日常教育活动中应该关注的焦点、应该评价的内容，而不是深陷日常琐碎之中。比如，学生迟到一次就抓住不放，一次没有考好就反复谈话，学生之间的一次纠纷就处理好几天；而把真正应该关注、评价的东西忽略了。“不畏浮云遮望眼”，教师一定要在日常的工作中不迷失目标，不被琐事纠缠。

任何一个人的价值观念都要靠行动来证明，无论多么高尚的思想只埋在心底是没有用处的。教师一定要把对学生的最根本的期望在日常教育活动中尽可能表现出来，让学生看到、感受到！

教育：为了生命的幸福成长

一、教育中生命的缺失

在经济飞速发展、文明高度发达的今天，令人痛心的事件却屡屡发生，如刘海洋泼熊事件、马加爵杀人事件、红领巾自杀事件、药家鑫杀人事件……最近网上又爆出西安未央区第一实验小学学生被分两类：好学生戴“红领巾”，差学生则戴“绿领巾”。有网友评论，上海、北京、武汉一些地方也曾出现过“绿领巾”，小学差生被戴“绿领巾”，老师称为激励其上进。那么，丈夫被戴“绿帽子”，妻子是否可以说激励其上进？领导被戴“绿帽子”，人民是否也可以说激励其上进？这些令人震惊的事件使我们不得不思考：究竟是哪儿出了问题？是什么原因致使这些人不尊重生命，视生命如草芥一般随意践踏？

（一）社会的功利

马克思说，人是社会关系的总和。个人与社会相互依存，每一个生命体的存在与发展离不开社会，社会必然影响到生命体的未来走向。视生命如草芥的个体，首先是价值取向出现了问题。

现今的中国处于改革期、转型期，不可避免地出现较多的社会问题，如官员腐败、食品安全、诚信危机以及就业难、上学难、看病贵等。一方面反映出社会发展到一定程度迫切需要新的改革来自我完善，另一方面也反映出社会的功利性倾向，即利己和实利主义，存在着片面追求经济利益而忽视社会效益、追求物质享受而忽视精神发展的不良现象。这势必影响甚至是诱使个体在突发时刻失守心理防线、越过道德底线去践踏生命。

（二）教育的误区

社会的功利在各行各业均有表现，教育亦不例外。长期以来，在市场竞争和片面追求升学率的负面影响下，部分学校在探索中走进误区，表现为：办学价值取向发生偏差，心态浮躁，急功近利，教育“利益化”现象严重，在某种程度上助推了“择校热”现象，致使地区之间、学校之间陷入生源恶性竞争；表面高举素质教育大旗，暗处进行应试教育更甚从前，致使教师的教育行为失当，只重视智育，偏爱优生、歧视差生的现象较为突出。更有甚者，为了提升高考成绩，不惜损害学生的健康，搞所谓的“精神特区”“封闭管理”，把学生训练成了考试机器，学校被学生和家长称为“监狱”，以致存在把下一代教育成“有知识无智慧，有智商无情商，有目标无信仰，有规范无道德，有欲望无理想”的潜在危险。比如中央电视台记者在我省某所全国知名的高中学校采访一名学生，这名学生无论走到哪里，跑操、吃饭都带一个小本本，口中念念有词。记者问他：“你为什么这么用功，难道就不能停一停休息一下吗?”这名学生回答：“不能，高考时我多考一分，就能干掉 1 000 多名考生!”这样的孩子眼里只有分数，心里只想超过别人，他们情感淡漠，心灵扭曲，真不知道未来该如何生活！（我校高三学生董××今年高考近 600 分，但他没有被心仪的大学录取，就慕名到上面那一所高中补习。结果一节课上没有好好听，课后老师把他叫到走廊上问他为什么上课不专心，他说这些我都会了。没想到老师伸手就是一巴掌，把他的眼镜从五楼打飞到一楼。这名学生国庆节跑回来找到他的班主任痛哭流涕，坚决要求回来！班主任追问他说：看你不是一个受屈的主儿，怎么挨了打也没见有什么反应？董同学说：“我一进校门手机就被收走了，校园封闭，不可能出来，没办法与外界联系，找谁说去!”）这样的学校教育对于生命的成长来说是百害而无一利，这也正是现今教育迫切需要解决的难题。

（三）对生命的漠视

无论是社会的功利，还是教育的误区，二者在表现上不同，但在本质上却犯了同样的错误。社会的功利湮没了生命存在的真正价值；教育的误区背离了生命的成长规律。这都是对生命的曲解、漠视，必将导致践踏、摧毁生命行为的出现。当今许多学校偏离了“生命”这个基点，以粗暴取代爱心，以严格管理代替思想教育，只教学生“何以为生”的本领，放弃了“为何而生”的思考，培养的学生有知识，有理性，但无爱心，无情感，甚至心理问题严重等。要防止甚至是杜绝类似问题或是惨剧的发生，需要政府政策引导，当然更离不开教育的努力。

因此，作为承担为国育才使命的教育工作者，我们不得不思考：教育是为了什么？是培养出一批批只会应考的机器，还是按照成人的标准“克隆”出整齐划一的“高智商”产品？按应试教育模式培养的学生虽以高分进了大学，将来究竟能为社会做多大的贡献？他们在中学阶段因升学高压而造成的某些素质、能力的缺失以及核心价值观的扭曲能否在高校或者今后的道路中弥补、纠正？若能，所需的代价究竟为何？教育究竟应该为学生的今天负责还是明天负责？由此我们进一步发问：作为承载学生成长重要经历的高中学校究竟应该何去何从？也许，把生命教育融入学校的教育之中才是站在教育的角度解决上述问题的根本之策。

二、生命教育的校本探索

生命教育研究在我校起步较早。20 世纪 80 年代我校开始探索心理健康教育，1993 年开设心理讲座，1995 年成立心理咨询室，1997 年承担省级课题“重点高中心理健康教育实施途径研究”，2005 年承担教育部“十五”规划课题“中学生命教育实践模式的研究”，2009 年承担教育部“十一五”重点课题“高中学校彰显生命教育的全面育人实践模式的研究”。近年来，我校提出“创建彰显生命教育特色的全面育人的省内一流、国内知名品牌学校”的发展战略，把生命教育作为发展特色，走内涵发展之路，办特色优质高中。

经过近 20 年的实践，我校生命教育研究取得了阶段性成果，已初步构建了以“启迪生命智慧，开发生命潜能，提升生命质量，绽放生命光彩”为基本教育理念，以课程建设为根基，以课堂教学为主渠道，以生命教育专项活动为有效载体，面向教师、学生、家长三大群体实施的工作机制。逐步把生命教育融入教育管理、课程开发、课堂教学、德育实践等各个层面。学校凭借在这方面的成绩被教育部全国教育科学规划办、中央教科所评为“全国百所特色高中建设项目示范学校”，并被宋庆龄基金会命名为“全国十大生命彩虹·优秀示范学校”。

通过研究与实践，我认识到：生命教育是一种全人教育，其主要特点是以生命为基点，把生命的本质、特征和需要体现在教育过程中，不仅包括对生命的关注，而且包括生存能力的培养和生命价值的提升。学生同成人一样，渴望得到尊重和理解，盼望得到赏识与信任，希望与他人平等地交流与对话。因此，从实施生命教育的角度来理解，学校应该以幸福的教育培养幸福的人。

三、教育——为了生命的幸福成长

（一）教育与生命的关系

人的生命包括生理生命、心理生命和社会生命三个层次，与之相应的是“活着”“活好”和“活出价值”。上述“三维”生命观对生命进行了层次性的解读，符合马斯诺的需要层次理论，“活出价值”应当成为生命的终极追求，但在今天却难以成为个体的共识。解决这一问题，需要借助教育的力量。

生命是教育的原点，生命使教育成为可能，变得丰富与不可思议。因此，关注生命、尊重生命理所应当成为教育的第一要义，而敬畏生命则是教育的伦理起点，也是教育的价值归依。教育之于生命，如同黑夜里亮起一盏明灯，照亮人生的前行。让每一个鲜活的生命由“活着”走向“活好”进而升华至“活出价值”，仅靠生命个体的单一努力难以实现。教育应关注人的生命、关注人的价值，应引导个体去感知、理解、珍惜、升华生命，这是社会赋予教育的神圣使命。

基于上述理解，我校把生命教育作为特色学校建设的核心内容，倡导“一切为了生命的幸福成长”的学校精神，提出“以师为本，励志博学，成就学生，追求卓越”的办学理念和“学会做人，学会做学问”的校训，并以此为指引，制定教育、教学、管理服务、文化建设四大工作指导方针，构建邯郸一中办学思想体系，从宏观上引领学校事业又好又快发展，走出一条将生命教育与全面育人融合并行的特色办学道路。

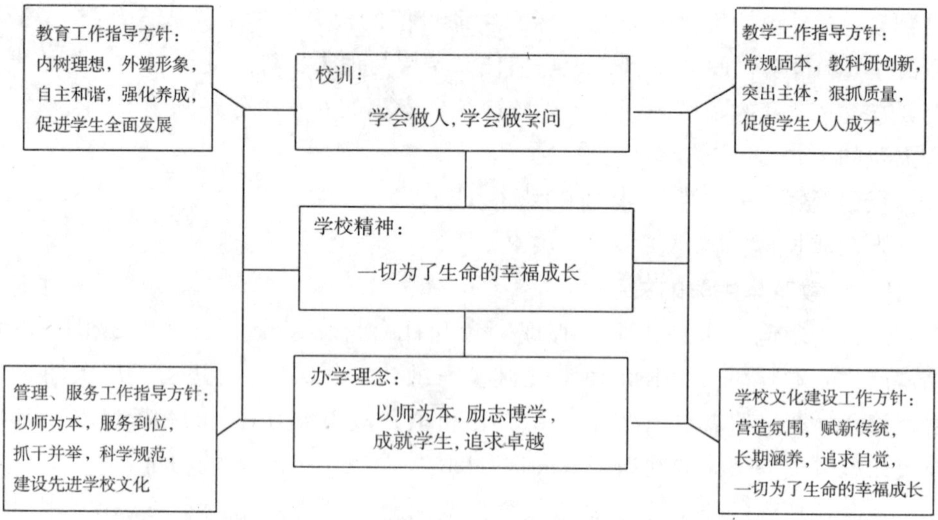

（二）生命中的幸福与痛苦

幸福与痛苦共处于生命体中，相互依存，相互转化。幸福是一种心满意足的心理状态，诸如归属感、自尊感、成就感、安全感、满足感等都可能带来这种心理状态。而痛苦是一种相反的感受，不能回避，但可以通过有效途径促使其向幸福转化，其重要的推力则来自教育。

如何才能让教育发挥出应有的功能即如何在学校的办学中通过实施生命教育来促进师生的幸福成长？我想能做到这一点的学校应当是我们心中理想的学校。那么，理想的学校是怎么样的？

我认为，理想的学校应该整洁、美观、绿树成荫，四处充满鸟语花香；应该有漂亮的教室、宽敞的走廊，使学生们都有一个明亮的学习环境；应该有舒适的办公场所、先进的教学设施，使老师们能够轻松地备课，随时讨论问题，方便地应用各种手段实施教学；应该有足够的足球场、篮球场、田径场等运动场所，使同学们能够尽情飞奔、对抗、释放青春的能量，同时有交流、密语、心灵接触、倾听天籁的羊肠小道、圆桌、长凳与荷塘。然而，这都不是最重要的。理想的学校，最重要的是要以全面育人作为学校发展的首要任务，以师生的幸福成长作为教育的追求；要充满对生命的珍爱、理解、关怀和尊重并形成传统的学校文化，有勃勃的精神、理想与追求；要有优秀的教师队伍、敬业奉献的领导集体、科学的课程体系和丰富而成熟的课程。在这样的学校里，师生都在做自己喜欢的事情，都能感受到幸福与希望；学习从兴趣出发，学生可以选到自己喜欢的课程；教书育人从热爱开始，每一天的讲台和课堂都充满激情与梦想；在这样的学校里，俗人所说的清苦是一份宁静，庸人所说的付出是一种价值，凡人所有的不幸都被成长的幸福所淹没。这样的学校，是精神的圣殿，是灵魂的天堂！

（三）教师的发展与学生的成长

人在成长早期最易受家长和老师的影响。老师可以让孩子过得幸福或者痛苦；可以成就一个孩子，也可以毁掉一个孩子。这意味着教师要不断更新理念，提升能力，以应对发展中的生命可能出现的各种问题，引导生命健康、幸福成长。同样，通过教育不同特质的学生，教师自身的理念、业务素养也能得到检验和提升。教师的发展与学生的成长相辅相成，相互促进。站在教育的高度来看，是教育促进了师生生命的幸福成长。

那么，在具体操作上学校应当首先关注的是教师的发展还是学生的成长？这一问题把二者放到了对立面。其实，“教学相长”是教育的永恒真理，在成就学生的同时，教师也在成就着自己。育人是学校的首要职能，培育身心健康、品质健全、具有创新实践能力的优秀青少年，即促进生命的幸福成长是学校的追求，而教师是实现这一目标的关键力量。因此，学校要有“教师第一”的管理理念和智慧，应当想尽办法，从制度、文化、课堂等层面创新实践，积极为教师的情感体验、价值追求创造机会，给教师最适合的舞台，使教师不断增进职业幸福感，从而给学生最适合的教育，使学生能够幸福成长。

（四）贯彻“以师为本”办学理念

深入贯彻“以师为本”办学理念，从教师核心文化建设、制度规范、考核评价、表彰激励等方面入手，努力为教师专业化发展提供广阔平台。

1. 教师核心文化建设。学校文化建设的核心是构建核心价值体系，即学校的核心价值观，它是一所学校长期秉承的一整套根本原则。因此，建设面向教师群体的核心文化至关重要。我校在干部、教师、学生和家长等层面就教师文化的内容进行广泛征集意见，并对意见进行充分讨论、丰富、提炼，确定了邯郸市一中“三、四、五”教师核心文化（三项“核心师德”、四大“职业素养”、五种“敬业精神”）。这是凸显一中教师职业特色的核心价值体系，是一中教师的精神底色。

2. 制度引领。制度的建立涉及教师的切身利益，制度的实施会影响到教师的思想情绪和工作状态。过于刚性的制度，只能制造出平庸的、标准化的教师。因此，制度的建立应注重其引导性，既结合实际又要以前瞻性的目标激励引导教师的发展。

(1) 规范职业行为。教师职业道德规范应遵循国家的政策法规，要让所有教师清楚，哪些可以做，哪些不可以做，哪些对他们发展有利，哪些对他们不利。我校逐步建立了涵盖聘任、考勤、请销假、职业道德、常规教学、业务考核、违纪处理等一系列制度。

(2) 促进学习研究。重视对先进理念和教学技能的学习，开展教育研究，是教师成“名”成“家”的必备因素，学校必须高度重视。我校坚持把提供教师学习进修机会作为最大福利，把开展教育科研作为基本要求，一方面在保障经费、资助教师购书、加强阅览室建设的基础上，积极探索教师校本培训和外出学习制度，如针对新分配教师推行的岗前培训、拜师结对、岗位见习等制度；另一方面，通过制定《校本教研要求》《汇报课、研究课、示范课评分标准》《教育科研制度》《科研经费管理办法》等，引导教师从经验型向学习型、研究型转变。

(3) 重视总结反思。美国学者波斯纳曾提出一个教师成长的简要公式：经验+反思=成长。教师只有通过不断的反思、实践，才能使自己从“教书匠”逐步成长为“研究者”。重视教师的教学反思，实质就是努力唤醒教师的自觉性和创造性。我校推行四种反思制度：一是课前集体备课制度，即教师依据学案，在集体备课的基础上深入推敲、斟酌，形成适应师情学情的个性化教案；二是课后教案补充制度，即就教学中得到的启发、灵感、困惑等反思记录下来；三是阶段性总结制度，即教师人手一本教学随笔，随时记录工作中的精彩片段、典型案例，写下教学随想、教学故事等；四是学期终结反思制度，通过撰写学期教育教学工作总结，反思自己工作的优势与不足，以便扬长补短，不断提升。

3. 评价激励。建立和完善教师评价制度有助于促进教师的专业发展，提高学校的办学质量。我校把学生、家长、教师、学校四大主体纳入教师考核体系中，构建了以“学生评教、家长评教、教师互评、学校考核”为形式的“四评”机制。如通过学生座谈会、青年教师指认学生、“最受学生喜爱的教师”评选等活动，注重学生的情感需求和意见反馈，实现学生评教；通过教学开放日、校际“同课异构”教学交流、家长委员会、家长学校等渠道，征求家长和社会层面的意见，实现社会评教；通过学科组内述职以及组内说、听、评课等活动，实现教师互评；通过制定包括功勋教师、名师、优秀青年教师、教坛新秀等近40个项目的评选办法、《课堂教学评价办法》《“3211”教学质量考评办法》等，做好学校考核，以此培养教师的成就感，增强他们专业成长的动力，激励教师走向成功。

4. 节日欢歌。任何集体都需要依靠榜样的力量来带领整个团队朝着既定目标全力奋斗。我校2007年在全省首创班主任节和教科研节，与教师节一并成为一中教师的三大节日。

(1) 创办班主任节。我校将每年五月份设立为邯郸市一中班主任节。节日期间，开展“我心目中的优秀班主任”征文、“我们的引路人”主题班会、演讲比赛、诗歌朗诵会及“十佳班主任”“优秀班主任”“优秀见习班主任”评比表彰、文艺会演等活动。赞扬班主任老师的高尚师德，高唱我们自创的班主任之歌《最美的人》，歌颂班主任的光辉业绩，让他们的事迹成为全体师生奋勇争先的强大动力。

(2) 隆重庆祝教师节。我校把举办好教师节庆祝活动作为弘扬尊师重教优良传统、激发全校教职工积极性和创造性的重要举措。通过组织教师宣读《邯郸市第一中学教师誓词》，开展拒绝有偿家教签名活动以及校长特别奖、功勋教师、名师、优秀青年教师、教坛新秀、最受欢迎的指导教师、明星教练员等评选表彰活动，大力宣传优秀教师献身教育、精心育人的先进事迹，在全校形成比、学、赶、帮、超的良好氛围。

(3) 精心举办教科研节。我校将每年12月份确立为邯郸市一中教科研节。节日期间，开展校内“两导一点三自主”优质课大赛，优秀教案、优秀作业、优秀教学案、优秀周练试题展览，优秀教师教育教学思想研讨会等各类教育教学技能展示、交流活动，以及优秀学科组、优秀课题组等评选表彰活动。以此激发广大教师参与科研的热情，倡导教师研究教育教学及管理中的“真问题”，把教育教学的日常工作由经验上升到理性，推动广大教师育人水平的不断提升。

四、“为了生命幸福成长”的教育路径与举措

(一) 以幸福成长为主线的德育实践

我校的德育工作深入贯彻“内树理想，外塑形象，自主和谐，强化养成，促进学生全面发展”的学校教育工作指导方针，以学生全面发展和幸福成长为主线，强化养成教育和品格教育，培养品德高尚、人格健全、全面发展的“一中人”。

1. 从“十学会”开始的养成教育。学生的各种习惯是养成教育的产物，习惯一旦养成，会影响学生的一生。我校的养成教育遵循“大事必先做于细，难

事必先做于易”的理念，将对学生的长期培养目标和近期要求结合起来，细化成“十学会”，并通过德育报告会、示范班会、专题征文、文明宿舍评选、班级综合评比以及密集跑、大合唱、演讲比赛等活动进行宣传教育，使其渗透到学生的日常行为中，引导学生养成良好行为习惯。

2. 以五项“核心品格”为核心的学生文化建设。学生的品格表现与学习、成就呈正相关。学校应把品格教育当作育人的首要任务和学生文化建设的核心内容。我校通过组织以班为单位的全体学生、学生干部、班主任、老师代表、学校干部等层面就“邯郸市一中学生核心品格”进行评选，遴选出诚实、勤奋、自信、责任、感恩五项“核心品格”作为邯郸一中学生文化的核心内容，形成了体现学生本质特征、具有趋同性的价值观，并贯穿班级和校园文化建设的始终。

（1）宣传教育。主题班会是宣传五项“核心品格”的主阵地。我校将品格教育作为班会的主题，组织班主任统一命题、自主设计和宣讲，如“青春的责任，生命的意义”“自信，从现在开始”“激发青春梦想，绽放生命光彩”等。同时，构建一体化的宣传网络，通过校园橱窗、教室走廊宣传栏、班级公示栏、校园网、校园广播以及学生自办的刊物《校园采风》《语翼》等载体，对五项“核心品格”的具体内涵进行广泛宣传。

（2）榜样示范。定期开展优秀班集体、升旗班、三好优干、名校之星、寒门学子、进步标兵、十优班长、优秀宿舍长、诚实之星、勤奋之星等多种、多个层面的评选表彰活动，发挥优秀集体和先进个人的示范带动作用，促使广大学生深入学习、实践五项“核心品格”。

3. 以社团建设和主题活动为载体的德育实践。把德育依托于实践活动，以社团建设和主题活动为载体，通过丰富多彩的文体活动和社会实践，促使学生修身立德、自主发展、和谐成长。

注重社团建设。目前我校建有记者团、图书管理员协会、形象大使社团、心理学社、话剧社、演讲团、密码学社、模拟联合国、机器人运动等几十个学生社团，民乐队、管乐队、足球队、田径队、定向越野协会以及乒乓球、跆拳道、太极拳兴趣班等 10 余类艺术、体育组织，以及语、数、外、物理 OM、化学 STS 等 8 大学科兴趣小组。每周结合教育教学实际开展活动，促使学生发挥特长、激发兴趣、自我管理、自主发展。

开展专题活动。我校制定并实施“专题月”活动，每月围绕一个专题开展教育教学活动，使其成为思想道德教育和养成教育的主途径。期间，定期举办班主任节、科技文化艺术节、体育节、新年音乐会、英语周等校园重大节庆活动，并组织学生走进社区、工厂、农村，开展交通志愿者、农家采摘、养老院服务、参观气象站等活动，开展调查研究，撰写实践报告，培养学生自主自理、服务他人、交流合作、善于竞争的实践能力。

（二）以课程课堂为根本的育人模式

1. 课程建设是学校建设的核心内容。学校的教育教学活动都通过课程体系来完成，没有好的课程体系和有效的课程实施，就没有学校教育的高质量。一所学校如何校本化、有特色、高效益地实施国家课程和地方课程，能够开发出多少种有价值的校本课程，能否形成科学系统的课程体系，为学生的个性化、特长化发展提供课程支持，将成为体现这所学校优质化程度的首要指标，将成为莘莘学子选择学校的最重要依据。只有树立正确的教育观，拥有正确的课程观，科学推进课程建设，优化课程管理团队的结构，才能引领师生共同发展，促进学校内涵提升。

2. 深入推进新课堂建设。顺应新课程的实施，我市提出构建新课堂的理念，并采取措施促使各校深入推进新课堂建设。这为我市各校的课堂教学改革提供了新契机。如何构建新课堂，将学生、教师、教材三者进行有机整合，从而发挥学生主体作用，提高课堂教学效果，培养学生自主学习、学会合作、善于创新的实践能力，是现今课堂教学改革亟待解决的难题。我认为，新课堂构建的关键在于育人理念的转变和对课堂教学的把握。

我校经过探索实践，构建了以“两导一点三自主”教学理念为指导，以教学常规“五部曲”（学案式集体备课、小组式合作学习、“两导一点”双主体课堂、规范化课时作业、周练月考阶段性检测）和课堂教学“六环节”（明确目标、阅读检测、要点精讲、自主练习、归纳小结、精留作业）为主要内容的教学组织体系，其主旨在于突出“生本”核心的思想，重视学生的主体作用，以学论教，实现主动学习，着力构建师生互动、合作交流的生命力高效课堂。同时，实施“教学案一体化”，提前自编学案、习题本和周练月考卷等教辅资料，形成以学案为主线、以规范各科习题本和周练月考为巩固和反馈机制的“三位一体”高效教学保障体系。

3. 满足个性化需求的校本课程。课程建设的目标是国家课程的校本化实施和校本课程开发并举，最大限度保障学生基于个人基础和兴趣而自由、恰当地选择，体现学生的自我发展设计并保障过程中的持续发展。课程设置应体现“三性”，即层次性——满足学习能力不同层次学生的选择；丰富性——满足不同基础和不同兴趣、特长学生的需求；国际性——激发学生的国际公民意识和民族自强精神。以此真正给予每一名学生“最适合的教育”和“没有封顶的教育”。

我校成立了邯郸市一中生命教育课程研究与指导中心，在课程设置上进行必修课、选修课和发展性课程三种形式的探索。自 2005 年开始，编制邯郸市一中生命教育校本课程，老师们结合自身专业特点和特长，申报了相关课程，如《阳光生命成长训练》《潜能激励》《生活全接触——经济观察》《心理拓展训练》《体育游戏开发》《陶艺手工制作》《动画设计与实践》《多媒体的维护和维修》《高中数学拓展和探究》《跨文化交际——中西文化对比》《快乐学口语》《中医穴位保健》等。

（三）以学校文化建设为根基的价值认同

校园文化是学校发展的灵魂。健康、丰富的校园文化对于凝聚人心，激发教职工的积极性和创造力，提高学生的人文道德素养，培养跨世纪人才具有重大作用。我校以生命教育为切入点，构建引导师生生命成长的校园文化体系，并使其成为全校师生的价值认同。

1. 培育“一切为了生命的幸福成长”的学校精神。学校精神是学校凝聚力、生产力、创造力的源泉和动因，是学校文化的核心。它能反映出师生的需求、理想、情操、行为和道德水平，并宏观引导学校的建设和发展。我校坚持走生命教育特色发展道路，提炼出“一切为了生命的幸福成长”的学校精神。“生命的幸福成长”指向教师，更指向学生。教师的幸福源自对教育的尊重和热爱，并在教育的过程中体验和感悟。只有充满幸福感的教师才能全身心投入到育人事业中，进而影响和感染学生，培育珍爱生命、享受成长、追求幸福的学生。“生命的幸福成长”是一个静态目标，更是一个动态过程。生命的成长需要幸福这个目标来引导，但幸福的感受具有层次性、递进性和发展性，它会随着社会的发展、环境的变化不断地丰富其内涵。这就要求学校用发展的眼光去审视教育工作、更新教育观念、谋划发展思路。“生命的幸福成长”既是情感的体验，更是价值的提升。幸福是生命个体的主观体验，但学校的教育不是教会生命个体追求满足自我的幸福，而是教会他们通过对自我、对他人、对社会、对国家的责任担当去体悟生命意义，进而升华生命的存在价值。

2. 营造“幸福·成长”为主题的校园氛围。学校文化应当渗透到校园的每个角落，如此才能发挥出引导生命个体发展的强大力量。我校着力营造以“幸福·成长”为主题的校园文化，让师生从身边、在所到之处都能感悟到生命成长的幸福。

（1）富有创意的道路、广场名称。我校把学校核心文化的内涵融入道路、广场的命名中，有以学校精神内涵命名的“生命大道”“幸福广场”，有以办学理念内涵命名的“励志路”“博学路”“卓越路”，有以教师三项核心师德命名的“爱心路”“责任大道”“敬业路”等。

（2）365笑脸墙。我校在中华校区中心广场的两侧各设立了一块近90平方米的笑脸墙，笑脸墙上展出的是356名学校干部、师生的微笑瞬间。笑脸墙的设计旨在弘扬一种积极、乐观的人生态度，鼓励在校师生微笑面对每一天，愉快地工作，快乐地学习，幸福地成长，使校园成为一中师生的学园、家园、乐园。

（3）生命教育主题长廊。生命教育主题长廊以图文并茂的形式宣传生命教育的理念、内涵、组织机构、专题活动以及名人警句等，并重点对心理健康教育的内容进行专题性地展示。

（4）布满学校各个角落的温馨提示。在学校的教学区、宿舍、食堂、办公室等场所张贴“整容修身、法行明性”“轻声细语、举止文明”“静以修身、俭以养德”“请保持安静”“请不要大声喧哗”“消防设施请勿乱动”“你已进入监控区，请规范言行举止”等温馨提示，引导师生规范言行，文明生活。

（5）人性化的学习和生活设施、建筑、书店、超市、食堂。我校力求为全校师生的学习、生活提供人性化的服务，营造良好的校园环境。精心设计的教学楼、学生宿舍等长廊相连，内部设施方便、实用，大气明亮，使师生的生活、学习舒适、宽敞。教室内配备学生专用橱柜，方便学生存放物品；建有商品超市（师生服务社）、书店；开辟了教师临时休息区等，全力保障好师生的校园生活。

3. 构建具体有鲜明校本特色的学校文化识别系统。

（1）校名。

邯郸市一中字体标志——标准字　　题字：高玉峰校长

邯郸市第一中学

（2）校徽。

邯郸市第一中学校徽主体图案由“H、Y”字母组合图、地球简形图、数字 1945 三部分组合而成。“H、Y”指向邯郸市第一中学简称——“邯一”，意指邯郸市第一中学是我党在邯郸创办的第一所中学，具有优良的革命传统和深厚的历史文化底蕴；数字 1945 代表学校建校时间。“H、Y”相互叠加似张开双臂的人形，并置于地球简形图上方，周边是邯郸市第一中学的中、英文校名，寓指邯郸市第一中学立足国内，放眼世界，以创办国家一流、世界知名中学，培育高素质的优秀人才为目标，在教育大道上蓬勃发展，奔向美好未来。

（3）校园吉祥物。

翰翰 Hanhan　　懿懿 Yiyi

邯郸市一中吉祥物以校园内成群的吉祥鸟——喜鹊和校园内开放最早的报春花——玉兰花为原型进行创作，分别代表男生和女生形象。名字借用邯郸市第一中学校名中“邯一”二字的谐音，取名翰翰（Hanhan）和懿懿（Yiyi）。

（4）校旗。

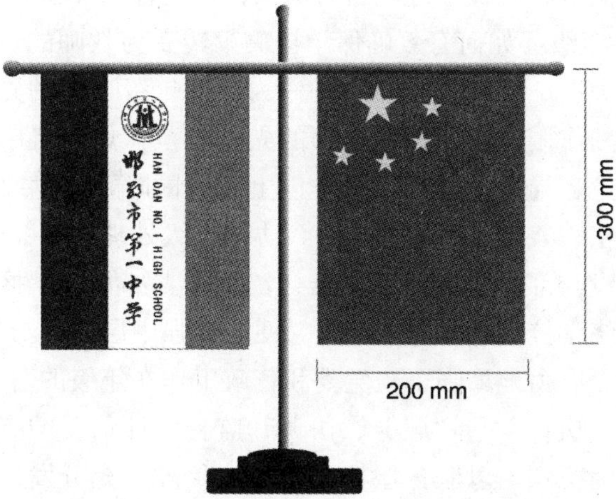

邯郸市一中校旗以学校三项“核心师德”的独特内涵为创作点，借用橙、白、蓝三色进行设计。橙色，是温暖、活力的象征，既指向“核心师德”中的“爱心”，又指向学生的“体育”，寓指教师以博大的爱心，培养身心健康、充满生机与活力的优秀学子；白色，是纯洁、神圣的象征，既指向“核心师德”中

的“责任”，又指向学生的“德育”，寓指教师担负民族责任，培育思想进步、品行端正的优秀学子；蓝色，是现代、科学和未来的象征，既指向“核心师德”中的“敬业”，又指向学生的“智育”，寓指一中学子在教师的引领下，遨游知识海洋，求知求是，励志博学。整体设计突出表达了邯郸市一中“以师为本、成就学生”的办学理念，寓指学校以学生的德、智、体全面发展为己任，在教育征途上乘风破浪、披荆斩棘，追求卓越、永铸辉煌。

每周升旗仪式上，我校安排学生升三面旗，即国旗、校旗、班旗，将学生热爱祖国的情感教育有机融合于热爱学校、热爱班集体的具体教育之中。

（5）校歌。

《邯郸一中校歌》又名《邯郸中学校歌》，由俞平老师于 1947 年夏作词，1948 年 5 月作曲，1950 年邯郸中学分为邯师、邯中两部，1956 年邯郸一中分部改为邯郸四中，三校依然同唱此歌。

（四）以扁平化管理为保障的服务体系

管理的最高成效在于通过构建有效的管理体制，促使管理对象由被动接受向自我教育、自我管理的转变。我校坚持管理即服务的理念，把学校分为决策、执行、服务三个管理层级，以年级实体建设为重点，发挥支部的战斗堡垒作用，构建了以扁平化低重心管理运行机制为基础、党政合力推动的服务体系。

1. 支部建在年级。如何有效确保学校决策转变为教师的自觉认同和统一行动是管理工作的关键。我校把支部建设作为抓好年级工作的先决条件，通过强化支部的政治引领作用、发挥党员教师的先锋模范作用，将广大教师的思想统一到落实学校决策、推进年级工作的方向上来。同时，在党政合理分工的基础上，由中层处室正职兼任年级支部书记，协调年级处理好有关问题。这一举措，既实现了支部建设与部门工作的有机结合，便于支部及时掌握部门党员和群众的实际情况，围绕学校中心开展工作，又便于加强中层部门与年级信息的沟通，提升了管理效能，有力地增强了校党委和行政工作在年级的落实力度。

2.“决案——执行”与“服务、协调、监督、评估”的有机统一。坚持以决策层科学决策为引领，以服务层协调监督为保障，充分发挥执行层自主管理的积极性和主动性，有力地实现了“决案——执行”与“服务、协调、监督、评估”职能的有机统一，确保了上级政策和学校要求在教育教学一线的高效落实。

决策层负责对涉及学校建设和发展的重大事项的民主、科学决策，通过决策来实现对学校工作的宏观把握。在决策上，实行党政联席会制度，重大事项提交学校党委会和校长办公会充分讨论、民主协商，并采取多种形式广泛征求各层面意见，确保决策符合学校的发展要求，符合广大师生员工的合法利益。

执行层是指年级实体。实行年级主任、支部书记双负责运行的工作机制。在职能划分上，将原有中层处室的部分权力下放至年级，年级主任负责年级教育教学的管理，支部书记由中层处室主任兼任，执行“111333”工作制度，负责年级教工思想政治工作、文化建设以及活动开展。二者明确分工，相互补台，减少管理层级，提升管理效能，共同推动年级工作的有序开展。

服务层是指中层职能处室。实行中层部门主任负责制。职责是全面贯彻学校“以师为本”的理念，各司其职，协调运转，为上级要求和学校决策在一线的落实创造良好环境，并着力配合决策层抓好决策落实过程的协调、监督以及落实效果的科学评估，全力服务好师生，保障好一线教育教学工作。

结语：为了生命的幸福成长，是我们基于现实对教育的追寻与领悟，是我们对教育本质的理解与追求。这，也许有偏颇，也许不够全面。但是，她已经成为我们邯郸市一中的学校精神，并将成为全校师生的教育价值观与信念。我们坚信，教育的起点是人，终点是人的幸福，而过程则应该是生命的幸福成长！

（本文系 2011 年 11 月 21 日教育部“人民教育家”论坛上的发言）

注释：

1.“三、四、五”教师核心文化：

“三”指三项核心师德：爱心、责任、敬业。

“四”指四大职业素养：容言表率、行为示范、博学专精、团结创先。

“五”指五种敬业精神：坚定理想、善待学生、学而不厌、诲人不倦、拼搏奉献。

2.“两导一点”教学理念：

学生能讲的让学生讲，学生能做的让学生做。

教师做“导演”，设计问题一系列；学生去“演绎”，思路方法尽展现。

教师来“导航”，指示目标引航向；学生去“行舟”，乘风破浪达彼岸。

学生当“明星”，自主合作展个性；教师来“点拨”，精讲赞赏促“后生”。

3. 养成教育“十学会”：

学会生存，从学会避险逃生等自我保护开始；

学会做人，从懂得感恩和责任开始；

学会学习，从学会阅读和提问开始；

学会健身，从上好“一课两操”开始；

学会做事，从做好卫生和值日开始；

学会自律，从学会遵时和守纪开始；

学会文明，从懂得自尊和尊重开始；

学会礼貌，从学会微笑和问好开始；

学会交往，从学会倾听和宽容开始；

学会追求，从确立理想和目标开始。

4.“专题月”活动：

1月民族传统文化月

2月行为规范养成教育月

3月高效课堂教学月

4月生命教育月

5月“双爱好”活动月

6月感恩励志月

7—8月社会实践活动月

9月“双学会”主题教育月

10月高效课堂教学月

11月读书博学月

12月“教”与“学”科学探究月

5.“111333”制度：

每周听一次班会，参加一次教研，每双周召开一次党员（扩大）会议；每周听三节课，找三名教师谈话，找三名学生谈心。

第二部分　管理篇

当一名优秀的干部

干部的作风决定了事业的兴衰，因为正确的路线确定之后，干部就是决定因素。新的学年，面对学校复兴的伟大使命，全体委员应该做到以下几点：

一、爱岗敬业

在座的都是干部，都是不同岗位的负责人，全校500名教职工，干部岗位并不多，我们都应该珍惜自己的工作岗位，热爱自己的岗位，在这个岗位上发挥自己全部的聪明才智，把工作做出色。我们每个人都应该敬重自己的事业，努力把自己的岗位职责发挥到极致，把自己这一方小天地建设好，干出闪光的业绩来。每个人都不要嫌自己的官小，关键是干事是否扎扎实实，分内的工作是否干到了最好！如果你当前的岗位就没有干出色，都没有多少业绩，那怎么可能再到更重要的岗位呢？我们都不要追求做多大的官，关键是要做多少事，你事业干得出色，敬业爱岗，无私奉献，自然就能够赢得大家的赞赏和领导的信任，进步的机会自然就多！所以爱岗敬业、无私奉献是对一名干部的最起码要求。

二、勇于担当

事情没有干之前，很难说清楚哪一种方法最有效。

作为一名干部，首先，眼里要看到活儿，心中要想着事，要以积极的态度开拓性地主动去工作，要选择一种方法努力把事业干好，不能畏首畏尾，左右为难，只想不动。列宁说过，一打口号不如一个行动，看到问题不解决，不敢担当就不是一名好干部，就不会干出出色的业绩。比如我们的艺术教育中心，虽然干了许多工作，在全市各种比赛中取得了不俗的成绩，但如何提高艺术课的教学水平，激出学生热爱艺术的情感；如何不断提高艺术教师的职业水平，使艺术课教学成为他们真正的“主业”，这里面就有大量的工作要做，比如开展专业的艺术课教学比武、示范课、研讨会等，调动全体艺术教师投身课堂教学的积极性，使我校的艺术教育能够发扬传统，使学生终身受益。再比如，我们成立了校友会，逯平任秘书长，这里面的工作就更多了，网上平台，广泛联系校友，在校园网上、校刊上每期介绍几位优秀校友等，做了这些工作时，就是我们的价值体现。当然，做好每一项工作都要付出艰苦的劳动，都要有开创性的担当精神，为了事业和我们的岗位职责，我们都应该勇往直前，以不枉这个神圣的岗位和振兴邯郸市一中的使命。

三、团结一心

学校是一个大家庭、大系统，每一项工作都不是独立的，都要牵连到方方面面，要干成一件事，必然需要协调、配合、齐心协力。因此，每位干部都会发生工作交叉，都需要相互配合、支持。常言道：互相补台，好戏连台；互相拆台，一起垮台。同志们一定要有大局观念，要知道每个人的工作都是学校整体工作的一部分，我们都应该主动配合，互相帮助。同时要明白，我们能在一起工作，共同为学校的建设和发展服务是一种天大的缘分，一定珍惜，要主动团结人，这样我们才能够心情舒畅，才能够展示自己心底无私天地宽的人格魅力。学校希望并要求大家工作上积极配合，团结一心，为了学校的事业不计个人和本部门的得失，齐心协力一件事一件事做好！

四、积极作为

优秀的干部总是事往前想、积极作为的。今天在座的每一名干部都是优秀的，都应该这样去做，不等不靠，追求卓越。年级工作是这样，各处室工作更是这样。由于我们的学校正在成长期、发展期，制度、办法肯定是滞后的，许多新情况、新问题都需要我们开动脑筋主动去解决、去处理，如果等、靠，错过时机，工作就会受损失。我们一直强调年级是学校工作的“执行层”，但千万不要误认为执行是被动的，安排下来的工作去完成就行了。实际上，“执行层”的含义十分广泛，更多地指向学校的教育、教学和管理等工作要靠年级来贯彻，来落实。年级是学校工作的第一线，遇到的问题最多、最具体，这些问题不可能事事请示，更多地要靠年级自己研究、自己解决。所以，年级也是具体工作的决策层，年级主任要大胆管理，事往前想。要形成年级内部主任例会制度，及时预测、研究、解决有关问题，能做到防患于未然最好，最起码要做到发现问题及时解决，切不可视而不见，小事拖大！如果我们每一名干部都能主动作为，我们的事业就有希望。

五、勤于沟通

我们都是为了共同的事业走到一起来的。因此，我们都应该有宽广的胸怀，能容纳不同类型的人和事，能与所有的同志平和相处、共同工作。特别是干部之间，更应该相互包容、求同存异、团结一心。要做到这一点，关键是要勤于沟通，使大家明白你想干什么，怎么配合你。工作中有许多摩擦都是缺乏沟通造成的，我们当中也有的同志平时忙于自己的一摊工作，不注意沟通，别人配合不上还怨人家不配合自己工作。我们每一个同志都要注意，干成一件事往往不是自己一个人能行的。当你想办某一件事情时，首先要想清楚需要哪些部门、哪些同志配合，怎样沟通，赢得支持。同时，作为下级，有事要向领导汇报，不能自己知道就行了，特别是一些可能涉及、影响全校、大局的问题，一定要向主管领导和主要领导汇报，使我们上下通气，上下一致来处理问题，形成合力来化解难题。

后勤校长的角色定位

一、学校的大管家

管家的职责无所不包，管家的足迹无所不到。管家对学校的底数最清楚：从柴米油盐到里里外外，从事事操心到处处算细账。他是学校的事事通、样样行。当好这个管家，能够让群众满意，校长放心，就要做到事事通达但不轻易决策，常常汇报但不表功揽权，一心只为事业着想，力求处处圆满无漏洞。

二、校长的参谋，是学校的外交官

后勤副校长一般分管财、物，校长的决策必须从实际出发，以物质为基础。因此，后勤副校长一定要充当好校长的参谋这个角色，做到校长想知道的家底，在你这里能得到准确的答案；校长想解决的问题，你能给他一个合理的建议；校长交代给你的事情，你能给予圆满的办理。

学校生存于社会，要适应社会的需要，要与方方面面打交道。而打交道最多的又是财政、物价等部门，这些部门一般对口后勤副校长。因此，后勤副校长要当好学校的外交官，主动工作，维护好学校的利益，为学校的发展创造一个良好的外部环境。

三、领导班子的秘书长

无论领导班子人多还是人少，都需要一个任劳任怨，面面俱到，能够诚心为大家服务，起到润滑、凝聚作用的人，这个人就是秘书长，这个人就应该是后勤副校长。无论是教学副校长还是教务副校长，他们抓的都是学校的“主业”，都是一线的指挥员，学校的质量和声誉，依赖他们的努力工作。我们做好后勤服务工作，就要想他们之所想，办他们之所盼，主动服务。替他们分忧解愁就是替校长分忧解愁，给他们支持就是对全局工作的支持。千万不能认为钱、物是自己掌握的，得让他们求自己。

秘书长对外可能代表首长，在班子里一定是一个操心的大服务员。

四、老师的知心人

老师们的感动许多源于生活上的关心，常言道：安居乐业。老师们的衣食住行应该成为学校领导关心的重点，让老师们感到生活中遇到了困难有人管，学校这个大家庭有温暖，从而产生一种家的依恋，全心全意投身于教书育人的事业之中。把学校的关心、温暖带给老师是后勤校长义不容辞的责任。为此，我们要主动接近老师，对老师们嘘寒问暖，了解老师们的困难所在，并愿意倾听老师的诉说，真心实意地帮助老师们解决一些实际问题。我们要主动工作，替校长分忧，把学校的关怀和温暖送给老师们，做老师的知心人。

五、学生的保护神

一般地，学校的安全保卫工作由后勤副校长负责。即使我们不分管学校安保工作，学生在学校的饮食、住宿等生活方面的问题也有我们义不容辞的责任。为此，我们要把学生的安全挂在心上，抓在手中，做学生的保护神，做学校的保护神，确保学校不出现重大安全问题。

六、学校资源开发的践行者，是忠诚的实干家

每一所学校都是一座待开发的“金矿”，都有自己独特的资源。开发学校资

源是为了让师生受益，是为了把学校办得更好。后勤副校长要从服务于师生、服务于学校发展的大局出发，在教学保障、生活保障、物质保障等方面积极出主意、想办法，在征得校长同意的前提下，积极实践，大胆工作，力争干成几个项目，改善某些方面的服务水平，使学校的资源得到最大限度的开发、利用，方便师生，服务教学。为此，后勤副校长要当忠诚的实干家，要做改革创新实践的践行者。

做好一名年级主任

年级主任在学校工作中起着中流砥柱的作用，面向全年级教师、学生和家长，背靠学校领导，位置关键，十分重要。可以说，年级主任的工作决定着学校工作的成败，年级主任的形象反映着整个学校的形象。

由于不同年级的工作特点和要求有所不同，年级主任必须具有独立作战的能力，能够根据具体情况制定措施，细化落实，一抓到底。从三个年级的汇报情况来看，各有特色，各有招数，考虑问题都很全面，措施也很具体，只要把落实抓好，相信我校的教育教学管理一定能够跨上一个新的台阶，取得更加辉煌的成绩。

年级主任是学校决策的执行者，学校工作的践行者，学校要求的落实者，必须具有执行意识、实干精神和忠诚老实的情怀，绝不能当两面派，绝不可消极怠工。因此，年级主任要不怕吃苦，不怕抱怨，受得委屈，勇于担当。对教师既要从善如流，又要严格要求，敢于批评，把工作贯彻到位，落实到位，争取最好的成绩。

年级主任不是一个人在作战，而是一个团队，一个强有力的核心。因此，这个团队要加强团结，用例会制度保障互相通气、坦诚相待；用明确的分工保障责权统一，都能够放手、大胆地工作。同时，又要真诚合作，用心补台。在我们的班子当中，大家互相补补台，好戏连台；互相拆台，一起垮台。建议年级主任之间分工时，每一项工作都有一名主管主任，一名协管主任，便于工作的协同开展。然而，再完美的分工也不可能没有真空地带，没有交叉、重叠的地方，因此，主任们之间又要增强主人翁意识，建立“首接首办”制度，使我们每个年级的工作事事有人管，马上就来办。

搞好年级工作要真心实意地依靠全体教师，要“以师为本”。因此，要千方百计调动教师的工作积极性。日常工作中，要处处想着老师，尊重老师，倾听老师的意见，善待每一位老师，不伤害老师。该批评的地方，一定要了解清楚情况，实事求是，不出口伤人，让人心服口服。特别是要“一碗水端平”，事事出于公心，不搞厚此薄彼，团团伙伙。要靠以身作则感染人，从严要求自己带动人，一心为公团结人。要靠自己不怕吃亏、敬业爱人的人格魅力赢得尊重和信赖，靠全体教师的力量干好事业。

给孩子最好的教育

有人说，孩子是祖国的明天、民族的未来，这句话听起来像句口号，实际上确是如此。有人说，一个人前半辈子活自己，后半辈子活孩子，这句话听起来有点儿俗，但实际上也正是这样。孩子们是我们生命的延续，是我们的明天和希望，我们理应给予他们最大的关怀、最好的教育，使他们能够健康、幸福地成长，使他们的明天能够比我们的今天更美好。因此，今天我就直升班孩子们高中阶段的学习和生活，同各位家长谈以下几个问题。

一、高中教育对人的一生至关重要

我们的孩子已经开始了高中阶段的学习，已经参加了第一次月考，在未来的三年里，他们将从现在的十四五岁的青涩少年成长为十七八岁的热血青年，他们的身高会逐步长高，他们的体重会增加很多，他们的性格也会发生很大的变化。我校将这三年的作用概括为“为人生筑基，为历史开篇”，因为我们人生的第一履历是从高中开始写起。当然这只是表面，关键是从知识上说，高中阶段是打基础的三年，高中知识是以后所学知识的基础，有的甚至达到了最高峰（文科的孩子到大学后就不再学习理、化、生学科，理科的孩子不再学习史、地、政，对于他们来说，这部分学识高中就是最高的学历）；在做人方面，高中阶段是一个人的人生观、世界观、价值观基本成形的时期；在其他方面，比如情感、性格，这一时期，学生的心灵非常敏感，需要亲情的滋养和情感的交流，不宜远离父母和家庭，另一方面，他们在心理上从依靠父母走向自立，三年之后，他们将离开父母去读大学，彼此的交流会少很多。因此，这三年也是家长与自己的孩子奠定感情基础的重要时期。总之，无论是对孩子和家长而言，或是对学校而言，“为人生筑基，为历史开篇”这句话赋予了高中三年极其重要的人生任务和生活价值，希望各位家长能够真切关注孩子的成长，能够与学校勤沟通、多交流，共同为孩子的成长打好坚实的基础。

二、让孩子接受什么样的教育

我们都希望孩子在高中三年能够接受最好的教育，能够顺顺利利、健康成长。那么，什么样的教育才是最好的教育？我想这里首先要搞清楚两个问题，即教育是什么？到底是为了什么？我认为，教育不仅仅是为了让孩子获得一定的知识，考上理想的大学，教育更是一个让人从自然人过渡到社会人的过程，是让孩子适应社会、学会生活、感受幸福的过程。孩子们在将来从事的工作也许不一样，但感受到生活的幸福却可以是共同的追求。因为，幸福和官位、权力、社会地位的高低并没有必然的关系。所以，教育不仅仅使学生获得文凭，更重要的是让学生掌握感受幸福和获得幸福的能力，这才是教育最终的追求，即为了生命的幸福成长。

什么样的教育才是最好的教育？我认为，适合的就是最好的教育。这就像我们的饮食，有的食物营养非常丰富，比如海鲜，但有些人吃不习惯，出现过敏、腹泻等症状，这对于他们来说并不是一件幸福的事情，所以说适合的才是最好的。判断学校教育的好坏，有三个方面：一是课程学习的可选择性。这就像我们进了一家餐馆，这个餐馆仅仅做配餐，对所有人都是一样的。传统教育即是如此，我们的课程都一样，对每个孩子的要求都一样，可是我们的孩子千差万别，孩子们之间的优势特征并不一样，有的人数理逻辑能力强，但他的语言表达能力并不一定强；有的人艺术形象思维能力强，但他的抽象思维并不一定强。那么，要求这些千差万别的孩子在同样的课程内容下达到同样的学习水平，这是极不公平的，这样的教育不能称为优质的教育。二是学习方式的灵活多样性。如果学习方式仅仅是老师上课讲，学生认真听，课后写作业，这样的学习再好学的孩子也会感到枯燥、厌烦。而学习方式的灵活多样，比如说课堂预习、自主研讨、社团实践，同学们小组合作、互相交流，我想孩子的学习兴趣会不断增强。三是学习成绩评价的多元化和多角度。既然孩子有不同的天分，有不同优势的智能区域，那么，评价时就不应用同一把尺子、同一个标准，虽然当前高考制度下，我们很难全面地发挥上述三个优势，但是我们学校有自己的想法，而且这些想法将会付诸实施。

三、优秀高中学生的培养模式

目前我校有六个直升班，下学期我校的计划如下。一是在保持目前六个班的编制不变的情况下，从下学期开始把孩子们按兴趣集中分成数学、物理、化学、生物、全科和文科实验班。数学、物理、化学、生物班是为对某学科感兴趣的孩子设立的；全科班是按照教学大纲安排教学进度，按部就班地开设各门功课，实现孩子的均衡发展；文科实验班是为对文科有兴趣，有文科天赋的同学设置的。分班时孩子可以报两个志愿，学校将对这些学科进行测试，并从现在的高三选聘最优秀、有竞赛辅导经验的老师任教。二是根据不同兴趣班的特点，调整课程安排，加强兴趣课程的学习，比如说，数学兴趣班的数学课程每个星期将比其他班安排得更多（某一天的下午或某两天的半天全部是数学课程的学习，其他课程一样）。这样，可以增加数学学习的课时，加快教学进程，为拓展孩子的数学视野创造条件。三是从实际情况出发，给予孩子适当调整的时间，让每个孩子找到适合自己的学习内容。第一次调整是下学期期末，比如我选择了数学班，但经过一个学期的学习，感觉到自己数理方面并没有特别大的兴趣和天分，这时我就可以调整。第二次调整是在高一结束的时候。这些调整将充分尊重学生和家长的意见，并在班主任的指导下进行。进入高二后就稳定了，不再进行调整。

四、教学竞赛统一管理，并给予孩子特殊的培养

加大教学、竞赛的管理力度，学校将安排教练员担任学科兴趣班的班主任，确保教学、竞赛辅导和日常管理的有机统一。同时，尽量安排一个老师教一个班，确保老师们能够集中精力，给孩子们提供专门性的指导。

五、科学规划自己的未来人生

2014 年高考结束后，我们这个年级将搬到新校区。进入新校区后，我们将实行集中休息、集中学习相结合的模式。以这一学期为例，目前，我们执行的是每月一大休，每次休息 4—5 天的时间。我们欢迎并安排家长在孩子上学期间的每个周、六日去新校区探望孩子，与孩子进行沟通交流，一同在食堂就餐。如何适应高中阶段学习和生活？如何为自己的将来打好基础？这需要家长和学校共同思考。在这个问题上，我校的一个特色是开展研究性学习。清明节假期，我校研究性课题为“我从哪里来”。学校让孩子们回家向自己的长辈了解自己的家族史，查阅资料，了解自己姓氏的来源、家族的来源，详细记录从爷爷辈开始的家族史，提炼自己的家族精神，以此激发孩子为自己的家族争光。五一期间的研究性课题是“生命万岁”。孩子们通过个人或小组的形式，用照片或视频记录自己对生命的理解，进而歌颂生命、赞美生命，回校后利用两次班会的时间，向同学们展示自己对生命的理解和赞美，从而促使孩子们进一步地认识生命，理解生命，尊重生命，赞美生命，珍视生命，热爱生命，提升生命的价值。6 月高考期间的研究性课题为“我的人生我规划”。此期间正是他们的学兄学姐们为了理想拼搏的关键时刻。安排这个课题在于促使他们认真思考、规划自己的人生。前不久我应邀到中国科学技术大学参加郭沫若奖学金的颁奖典礼。郭沫若奖学金是新中国成立以来第一个国务院批准的以个人名义设立的奖学金，用郭老的稿费设立，现由校友赞助。它是中科大学生的最高荣誉。王玉砚同学是 2008 年从一中“五年一贯制”少年班考入中科大少年班的，当年她才 15 岁。王玉砚同学以中科大少年班学院第一名的突出表现获得该奖学金，并被美国名列第一的哈佛大学、普林斯顿大学双双录取。在和她的大学班主任的交谈中，我了解到王玉砚的成功源于她良好的人生规划。她考入中科大少年班，第一年不分专业，第二年选择了数学，第三年选择了统计，并选择了普林斯顿大学运筹与金融专业。正是因为有明确的人生目标、科学的人生规划，她的成长之路才走得很顺畅。所以，从高中开始，引导孩子规划人生，知道自己想要什么、喜欢什么，使孩子们的人生规划从朦胧走向清晰。这对孩子的人生来说至关重要。

我相信，学校和家长是同盟军，都是为了把孩子的潜能发挥出来，使他们从优秀走向更优秀。让我们携起手来，加强合作，增进交流，共同为他们的人生奠基，为他们的历史开篇。

创新拔尖人才培养，促进优质高中与高等学校的有机衔接

《国家中长期教育改革和发展规划纲要（2010—2020年）》指出："适应国家和社会发展需要，遵循教育规律和人才成长规律，深化教育教学改革，创新教育教学方法，探索多种培养方式，形成各类人才辈出、拔尖创新人才不断涌现的局面。"培养拔尖创新人才是我国经济实现跨越式发展，缩小与世界发达国家差距的关键性因素，也是我国教育发展战略选择的重要组成部分。高中学校担负着基础教育拔尖创新人才发掘和输送的重任，高等学校承担着培养和造就拔尖创新人才的使命。如何实现优质高中与高等学校在拔尖人才培养方面的有机衔接，是我国人才培养工作面临的重大课题，也是优质高中和高等学校共同面对和亟待解决的问题。对此，结合我个人的思考以及我校在创新型人才培养方面的一些探索，就该问题谈以下几点看法。

一、探索高效课堂的构建

原清华大学党委书记陈希教授指出："拔尖创新人才应在自己的专业知识领域有很深的造诣，是勤奋学习、严谨治学的典范，应有全面、完善、合理的素质结构和知识结构，要有宽广的国际视野，能够站在科

学的前沿，跟踪世界先进水平，有很强的国际竞争意识，必须德才兼备。”这说明拔尖创新人才首先必须有深厚的专业学科知识。掌握一门知识并能有深厚造诣，需要良好的学习习惯做铺垫，而培养这一习惯的关键时期在高中就读阶段，主渠道则在于高效课堂的构建。我认为，高中学校应在课堂教学改革方面下功夫，以确立先进的理念为先导，以特色教学模式为手段，以构建一套教学运行体系为保障，构建富有生命力的高效课堂。

（一）课堂教学理念的确立

邯郸市一中在深入学习、研究、实践的基础上，提出了适应新课程要求的“两导一点”课堂教学理念，即教师是课堂教学的设计者，做好教学“导演”；教师是课堂教学的引导者，做好过程的“导航”；教师在学生小组式合作学习中适时进行“点拨”。其主旨在于突出“生本”核心的思想，重视学生对知识生成过程的情感体验，发挥教师在学生合作学习、自主探究中的引导作用，着力构建师生互动、合作交流的充满生命力的高效课堂。

（二）课堂教学模式的探索

以“两导一点”课堂教学理念为指导，邯郸市一中就课堂教学模式进行深入探索，提出了以教学常规“五部曲”（集体备课、小组式合作学习、“两导一点”双主体课堂、规范化课时作业和周练月考质量检测）和课堂教学“六环节”（明确目标、预习检测、要点精讲、当堂检测、归纳总结、作业布置）为主要内容的教学组织体系，尤其是把小组式合作学习作为构建高效课堂的有效实施途径，通过确定小组组长，引入小组基数、完成目标和小组学习效果评比的竞争评价机制，开辟自由讨论时间等措施，促使学生自主学习、合作探究，培养学生讨论、探究、表达的能力。

（三）教学保障体系的构建

全面实施“教学案一体化”，要求各学科科学把握作业的数量和质量，结合教学进度提前自编学案、习题本和周练月考卷等教辅资料，形成了以学案为主线，以规范各科习题本和周练月考为巩固和反馈机制的三位一体高效教学保障体系，有力地保障了学生课前预习、课中检测、课后巩固三大环节的有效实施，既有利于培养学生良好学习习惯的养成，又便于实现轻负担、高质量的目标。

二、强化实践能力的培养

我们教育的对象是一个个鲜活的生命，他们的成长应当符合生命的发展规律，满足经济社会和时代发展的需求。拔尖人才不仅仅是头脑发达、学识渊博的“智者”，还应该是心智健全、思想健康、具有较强实践能力的“全才”。因此，在应试教育大行其道的今天，学校在重视学生学习习惯养成的同时，尤为重要的是重视学生身心的健康成长、能力的全面发展，特别是创新实践能力的培养。学校应当尽可能为学生的成长提供平台，引导其在高中阶段能够选择性地提前发现、发展自己的特长。

在实践中，邯郸市一中提出了引领教育教学及管理工作的以“为了一切生命的健康成长”为内容的学校核心文化，把生命教育作为育人特色，作为学生能力培养的基点。

一是以教育部重点规划课题“彰显生命教育的全面育人实践模式的研究”为切入点，将生命教育融入办学思想体系、校园文化、课程开发、课堂教学、德育实践等层面，贯穿学校育人工作的始终，从而教育学生认识生命、尊重生命、珍视生命、感悟生命，促使学生身心的健康发展。

二是围绕一中学生“诚实、勤奋、自信、责任、感恩”五项核心品格，制定并实施专题月活动，如民族传统文化月、行为规范强化养成教育月、生命教育月、“双爱好”活动月、感恩励志月、社会实践活动月、“双学会”主题教育月等，定期开展主题教育活动，强化学生行为习惯的养成，促使学生历练品格，修养身心。

三是坚持“合格＋特长”的培养理念，通过成立记者团、心理社团、文学社、话剧社等社团，民乐队、管乐队、足球队、田径队、定向越野协会、乒乓球队及跆拳道、太极拳兴趣班等文体组织，引导学生开展科技文化艺术节、体育节、新年音乐节、英语周、读书节等校园重大节庆活动，参加社会实践等丰富多彩的课外活动，使每一个学生都能够根据自己的兴趣爱好选择性地参加课外活动，以此增强学生体质和综合素质，培养学生自主学习、交流合作、善于竞争的创新实践能力，实现个性成长、全面发展。

三、探索培养机制的创新

《国家中长期教育改革和发展规划纲要（2010—2020年）》中提到“探索高中阶段、高等学校拔尖学生培养模式”，“推进培养模式多样化，满足不同潜质学生的发展需要。探索发现和培养创新人才的途径”。实现培养模式的多样化，需要科学的机制作为保障，否则只能是昙花一现，难以长期、有效地坚持下去。我认为优秀高中和高等学校应当把创新培养机制作为拔尖人才培养工作的重点，逐步建立起一整套集教育、评价、考核为一体的管理运行模式。

自2004年以来，邯郸市一中致力于构建英才教育培养机制的探索，先后于2004年、2005年分别设立了初、高连读的“五年一贯制”实验班（初中2年、高中3年）和小、初、高连读的“十年一贯制”实验班（小学5年、初中2年、高中3年），这两种英才教育模式的定位与目标是：选拔适龄青少年中智力超常者，对其实施适合其认知、思维以及情感发展水平的特色教育，即从与社会隔绝的功利性的“精英教育”转向植根社会的教育，使他们优秀的天资得到充分的开发、自由的释放，成长为共和国未来的国际型精英人才。其在实施教育教学过程的突出特点表现在以下两方面：

一是以国家必修课为基础，设置适合学生最近发展区的前瞻性课程，提升发展水平。我校对必修课内容进行有效整合，教学进度进行适当调整，并结合学生的思维和成长特点，开设具有校本特色的选修课，如户外拓展训练课、地方文化选修课、通用技术课、科技制作课，以及文学鉴赏、书法绘画等各类文体兴趣班，进一步提升他们的思维、合作、实践与创新等综合能力。二是推行学思结合、知行合一的教育教学方式。实施小班化教学，采取小组合作探究式的学习方式；坚持教育教学与社会实践相结合，开展一系列以引导学生树立正确价值取向和培养适应社会发展能力为主旨的活动，既重视了学生多种智能的均衡发展，又重视了学生“社会和情感需求”的培养。

经过6年多的探索与实践，我校英才教育模式成效凸显。“五年一贯制”两届120名学生有10人被中科大、东南大学少年班录取，8人被清华、北大录取，95%以上考入全国重点院校深造；“十年一贯制”学生参加全国中小学生机器人大赛、“CCTV杯”少儿英语大赛、全国数学信息技术大赛、河北省棋类比赛获奖近100人次。

同时，一直以来，邯郸市一中坚持因材施教的教育理念，注重针对不同层次的学生开设适当的课程，努力探索人才培养模式的多样化，如成立理科实验班、文科实验班、英语实验班、兴趣班，开设培优课等，尤其是注重对学习能力突出的学生的培养，在数学、物理、化学、生物、信息学等科目开设竞赛辅导课程，加强竞赛教练员队伍建设。高中学科奥林匹克竞赛是邯郸市一中的传统优势，每年竞赛获奖成绩均位居河北省前列，如2011届我校拥有保送资格即获得省级以上奥赛一等奖的学生共16人，其中有2名学生保送清华大学，3名学生保送北京大学，4名学生分别保送中科大、上海交大、北京航空航天大学，另有 7 名学生主动放弃了自主招生保送资格，通过高考考上名校。

四、推进选拔机制的改革

（一）探索招生途径的多样化

摈弃唯分数论的招生标准，坚持不拘一格的选拔思路，在推行保送、自主招生、普通高考等招生方式的同时，应探索针对拔尖人才的有效招生途径，避免拔尖人才成为现有高考招生制度的“牺牲品”。

（二）科学评价优秀高中生源

随着高校招生自主权的逐步扩大，如何让这一权力有效增进优质高中与高等学校的联系、更好地为招生服务是亟待解决的问题。如在保送名额的分配中，高等学校参考的数据不应当只是一个学校近几年学生考入的具体数据，而应当综合考虑近几年考入人数、考入学生在高等学校的表现以及就业情况等因素，合理地去评价高中的办学，进而科学地分配指标，这样更加有利于对拔尖人才的选拔。

此外，还应当尽快推进我国高考制度的改革，尤其是对高考学科设置和内容的改革，以便更加科学地选拔人才。

增强危机意识，寻求超越之路

当前，我们面临许多困难。外部：一些学校不择手段挖我们的顶尖学生，并广泛宣传、占领邯郸高中教育市场。今年，我校计划内学生十几名、择校生上百名、丛台实验学校线内几十名学生不报到就明确地告诉了我们这一点。市场经济，没有市场就没有经济。次高分的大批学生不来交费，我们就没有发展的后劲。再有，邯郸市择校生分配政策对我们十分不利，我们十分无奈，正努力改变。内部：一批青年教师没有经验，极个别中年教师责任心不强、业务不精、眼高手低；只要组织照顾，不要组织纪律；只考虑个人利益，不顾及学校工作。可以说，我们的学校正处于危机之中，认识不到这一点，就不可能发现问题、解决矛盾，就必然走向失败。全体干部、教师认识到这种危机的存在，有了强烈的危机意识，才有可能团结起来、众志成城。主动研究问题，克服困难，化解矛盾，走出困境。可以说，有 50％的危机意识，我们就有 50％的成功希望；有 100％的危机意识，就有 100％的成功可能。

一、着力促进内涵发展

近几年，我国学校总数及在校生人员急剧收缩，2006 年全国 60 万所小学，到 2009 年，仅三年时间剩

33万所，高中也由近3万所仅剩1.7万所。《国家中长期教育改革与发展规划纲要（2010—2020年）》要求，我国高等教育和高中教育的在校生人数未来将基本保持稳定（见下表）：

年份	高等教育（万人）	高中教育（万人）
2009	2 979	4 624
2012	3 200	4 500
2015	3 350	4 600
2020	3 350	4 700

因此，在此大背景下，我校应谨慎保持现有规模，全力提升教育质量和办学水平，坚定不移地走内涵发展之路，创建以生命教育为特色的全面育人的名校品牌，在以下几个方面做细，做实：

（一）教师队伍建设

1. 大力弘扬以“三、四、五”为核心的教师文化，激励先进，培树典型。

2. 着力打造“四大工程”（教坛新秀、优秀青年教师、名师、功勋教师），鼓励教师做好职业规划，成名成家。

3. 加强基层党支部建设，树正气，净化教师心灵。

4. 完善评价办法，用制度管人，用评价引导人。

5. 进一步规范常规活动，为教师成才搭建舞台。

（二）创新人才培养模式

1. 办好“五年一贯制”“十年一贯制”实验班，初、高中直升班，中美直升班，中道实验班。

2. 着力开展好研究性课程、通用技术课程、信息技术课程和社会实践活动。

3. 开全开齐国家课程。

4. 创新竞赛管理办法。

（三）完善制度

1. 规范考勤、请销假制度。

2. 完善教师表彰称号及时间、范围和比例。

3. 强化“全员导师制”的监督、检查机制。

4. 建立鼓励科研创新的制度体系。

（四）文化品位提升

1. 建设先进的学校文化，弘扬邯郸市一中特有的：以“三、四、五”为核心的教师文化；以“五项核心品格”为核心的学生文化；与时俱进的制度文化；典雅大气的学校视觉、形象文化；勇于开拓的创新精神。

2. 大力打造校园环境文化，把我们新校区建设成绿色校园、运动校园、文化校园、数字校园、艺术校园、生命校园、书香校园。

3. 高度重视以下几项重点工作：学校内、外宣传工作；办学理念与实践的内涵挖掘；生命教育为特色的学校品牌凝练。

（五）学校特色创建与品牌打造

突出生命教育特色，打造全面育人、个性发展品牌，成就后劲十足的学生。

二、把握学校发展规律，着力促进精细化管理

一所学校从小到大、从弱到强一般要经历三个阶段：

（一）规范化

规范化即在对教育规律认识的基础上制定规则，健全学校管理制度，按照教育规律办学。

（二）精细化

精细化即在对教育规律更细致认识的基础上对教育与管理细节、环节的重视，以及对教育教学细小、细微之处的关注。比如初中校篮球架放低，班主任室与教室靠近等。不但制度健全，而且落实到位，纪律严明、整肃，管理细致、有序。粗糙的教育不可能是高质量的教育。

（三）特色化

特色化即个性化，具有高质量、高水平、持久、稳定和被社会承认的特征。它是学校独特的办学理念的反映，是以人才培养模式为载体的教师特点与学生特长的集中体现，是一所学校在长期办学过程中形成的品牌。

当前，我们应着力推进学校的精细化管理与教育的细节关注，时时处处把握细节，做实，到位，让细节完美无缺，让管理滴水不漏。比如：

1. 作业量问题：作业量太大是老师无能。

2. 学案质量问题：学案质量低下是学科组长不负责任；学生不预习，使用不好学案，是任课教师不负责任。

3. 自习课纪律问题：自习课乱是班主任无能。

4. 全员导师制不落实，教学常规检查不到位，教学情况、教师情况底数不清，是教务主任不负责任。

5. 班级量化考核：考核不到位、奖罚不分明，学生不服气、班主任有意见，是教育处主任不负责任。

像这样的“无能”或“不负责任”等细节问题能否解决好，决定着我们的办学质量。要想解决好，就必须依靠全体干部、全体教师共同增强责任心，必须一级抓一级，一级做给一级看。只有这样，我们才有希望！因此，将本学年命名为我校的“关注细节，精细化管理年”。在这一年里，教务处要把“常规教学‘五部曲’”“课堂教学‘六环节’”进一步细化，丰富内涵。完善监控机制，保障课堂高效，教学质量稳步提高。比如，教学目标的达成反馈如何才能更及时，更有效；“全员导师”落实情况怎样评价更科学，更有利于调动教师的积极性等。教育处要把学生综合素质评价进一步细化，增强针对性和可操作性，规范“学生成长记录袋”的填写、检查、评比、保管等。科研处要把“生命教育”课题进一步推向深入，在师生当中产生更大、更深刻的影响；要加大“五年一贯制”“十年一贯制”办学规律总结的力度，五年内要产生有分量的研究成果等。总之，各处室、年级在列工作计划时，要明确目标，细化措施，研究细节，确保落实到位，不能“计划计划，纸上写写，网上挂挂，事务忙开，全成废话，年终回头，都是鬼话”。

三、加强基层党组织建设，把问题解决在年级

为增强年级工作的执行力，把问题解决在现场，提高年级工作的效率，学校党委研究决定：刘天龙、焦运涛、石剑军、刘姝昱同志分别任高三、高二、高一和国际部党支部书记，路公同志任行政党支部书记，加强年级工作的领导力量，加强教职工思想政治工作。党委要求党支部书记要按照“111333”（每周参加一次班会，一次教研活动，组织一次教师、干部学习，每周听三节课，与三位老师谈心，与三名同学谈话）工作制的要求，认真负责地、大胆地开展工作，对年级工作起到保证监督、协调、服务作用，保证学校对年级工作的决策、部署迅速落实到位，做到年级的问题解决在年级，并利用“双岗双责一肩挑”的便利条件，提高工作效率和处理问题的水平，同时，接受年级教师、干部和本处室工作人员监督、评议。

学校希望支部书记和级部各位主任加强团结，规范工作程序，用制度保障经常通气，用党性、师德保证互相信任，顾全大局，共同认真负责地把年级教育教学工作搞扎实、搞细致，上水平、上台阶。学校要求：

1. 单周五下午 4：20—5：00 的德育工作会，由年级主任主持，本级部全体班主任、见习班主任参加。主要研究、安排学生教育和德育理论学习，贯彻学校的意图，创造性地搞好班主任管理和学生管理教育工作。党支部书记参加并予以支持。

2. 双周五下午 4：20—5：00 的年级教师、干部大会，由党支部书记主持，本级部全体教师、干部参加。主要是结合年级工作实际进行思想政治教育，查摆问题，统一思想，弘扬正气，批评消极不正之风，保证我们的教师队伍风清气正，团结一致干事业，教书育人上水平。年级主任予以配合、支持。

3. 处室公章由主任商量交一名干事保管，主任、副主任都可独立签批使用于工作需要。保管公章的干事负责公章使用情况的登记、记录、谁签批谁负责。

4. 小学部、初中部单周五下午独立活动，双周五下午除值班教师外集体活动。

老师们、同志们，“国运兴衰，系于教育”，“教育大计，教师为本”，“有好的教师，才有好的教育”。让我们借全国教育工作会议和《国家中长期教育改革与发展规划纲要（2010—2020 年）》实施的东风，抓住千载难逢的发展机遇，满怀信心，勤奋工作，弘扬“爱心、责任、敬业”三项核心师德，备好每一节课，做好每一份教案，上好每一节课，批阅好每一名学生的作业，全员导师，全过程、全方位育人，关注教育细节，实施精细化管理，同心协力，把我们教书育人的伟大事业推向更高的水平，用一年的奋斗，在建校 66 周年之际，迎接我们新校区的启用！

科学管理，精细推进，提高教育教学质量

精细化管理是目前管理学中出现频率较高的一个词。在现今信息化时代，社会的节奏不断加快，各行业的竞争愈加激烈，教育领域也不例外。如何通过实施有效的精细化管理，以最低的人力、时间、经费投入，实现教育教学质量的最大提升，是我们高中学校亟须思考和突破的问题。结合我校的探索实践，我认为精细化管理应着力抓好以下三个方面。

一、学校实施精细化管理需要科学思想体系的引领

精细化管理是一种理念，一种文化。它是分工的精细化和服务质量的精细化对现代管理的必然要求，是建立在常规管理的基础上，并将常规管理引向深入的基本思想和管理模式。实施精细化管理，需要管理者和服务对象能够对精细化的内涵及管理理念有清楚的共识。在此基础上，精细化管理的理念才能够得到贯彻，精细化管理理念中所坚持的最大限度地减少管理所占用的资源和降低管理成本的主要目标才能够得到实现。学校是育人的场所，先进的校园文化一旦被师生接受，就能够对师生的言行起到引导作用，即能够引导师生由被动管理走向自我教育。因此，我认为，学校应当把精细化管理的理念渗透到校园文化

中，尤其需要通过构建科学的办学思想体系来引导精细化管理的实施。

基于此认识，我校立足发展实际，创新思路，将特色办学与精细化管理相结合，明确把生命教育作为建设特色学校的核心内容，提出“一切为了生命的幸福成长”学校精神。同时，明确学校的工作重点，提炼不同工作内容的文化内涵，构建了以校训、学校精神、办学理念为指引，以教育、教学、管理服务、文化建设四大工作指导方针为具体内容的办学思想体系，从宏观上引领特色学校建设和精细化管理，为把邯郸市一中建设成师生的家园、学园、乐园，促进师生生命的幸福成长奠定基础。

不仅如此，我校还对教师师德、学生品格、课堂教学等具体工作的内涵进行了提炼，如教师“三、四、五”核心文化、学生五项“核心品格”“两导一点三自主”课堂教学理念等，并构建校徽、校旗、校园吉祥物、校歌、班主任之歌等具有邯郸市一中校本特色的文化标识系统，使学校文化更形象、生动，使无形的精神显化为生动的图像、音乐，易于师生接受并形成共识，对凝聚师生精神起到了积极作用。这些做法将精细化的理念逐层推进，对师生起到了很好的引导作用，提升了管理效能。

二、学校实施精细化管理需要科学管理制度的规范

现代管理学认为，科学化管理有三个层次：第一个层次是规范化，第二层次是精细化，第三个层次是个性化。精细化的重点在于细化管理项目、操作程序、过程监督等事项，既要分得细，做得细，盯得细，更要用科学的管理制度去明确，去规范。因此，我认为，实施精细化管理不仅需要破除认识层面的障碍，更重要的基础性工作在于实现学校的规范管理，需要通过构建科学的管理制度来保障、规范管理措施的实施。

（一）细化管理项目

学校工作从宏观上大致分为教育管理、教学管理、行政管理和后勤服务四大类，从微观上又可以将上述四大类进行进一步细化，分为二级项目、三级项目，甚至可以根据工作需要细分更多项目。在此基础上由宏观到微观，逐级明确每个项目的具体内容，以确保管理者和服务对象能够了解并执行。比如，我校的教育管理，在“内树理想，外塑形象，自主和谐，强化养成，促进学生全面发展”的工作方针指导下，设置了“三会”教育（主题班会、晨会、德育报告会）、国旗下讲话、业余党校、艺术节、体育节、“诚实杯”万米长跑、值日、

社团活动等二级项目，并对每个项目明确具体内容和制度要求，确保活动到位、见到效果。

（二）细化工作制度

管理项目及项目的内容明确之后，需要管理者围绕这些内容制定一系列的具体制度，进一步明确各项内容在执行中的具体要求（包括管理者的具体职责），以告诉管理者和服务对象什么可以做，应该做什么，什么不可以做。可以做的需要做到什么程度，应该做的要达到什么标准，不可以做的一旦做了要受到什么样的惩罚，等等。如教学管理方面，我校在“常规固本，教科研创新，突出主体，狠抓质量，促使学生人人成才”的教学工作方针指导下，明确学科教研、集体备课、课堂教学、作业布置及批阅、自习辅导、测试巩固、教学质量考核等项目的具体的管理制度，明确每个项目、各个环节的具体要求，逐步形成了以常规教学“五部曲”（学案式集体备课、小组式合作学习、“两导一点三自主”双主体课堂、规范化课时作业、周练月考阶段性检测）和课堂教学“六环节”（明确目标、预习检测、要点精讲、自主训练、归纳小结、精留作业）为内容的教学管理组织体系，构建了以学案为主线，以规范各科习题本、日测和月考为巩固和反馈机制的三位一体高效教学保障体系，以更好地指导教师精细组织课堂教学，实现我市创建新课堂所要求的“轻负担、高质量”。

（三）细化量化考核

精细化管理的有效实施有赖于工作的量化和量化数据的精确性。对工作进行科学、准确的量化考核是精细化管理的一个重要环节。因而，学校在细分管理项目和工作制度的基础上，要注重对管理项目的量化考核，为科学决策提供准确数据。如在教师层面，我校制定了从个人、班级任课团体、学科组三个层面全面、系统地对教师的教学质量进行评价的《“3211”教学质量考评办法》；对班主任工作、教师职业道德以及自习辅导、作业批阅、自习课到班等项目进行评价的教育教学调查；对申报职称教师的论文、课题研究、竞赛成绩、荣誉等方面进行综合量化考核的评价办法。在干部层面，我校制定了支部书记“111333”、级部主任和学科组长工作量化考核细则，细化工作职责，并进行量化赋分，明确监督部门、检查形式和时间，检查结果在月底全校干部会上通报，以此促使干部在工作落实上下真功、用真劲。

三、学校实施精细化管理需要科学运行机制的保障

学校精细化管理的直接目的在于降低管理成本，减少管理资源的浪费，提高管理效能，更好地服务于教育教学工作和师生的需要。因此，当校长认识到位、管理制度具备时，运行是否顺畅将成为影响精细化管理的一个重要因素。学校应着力构建科学的管理运行机制，保障精细化管理的有效实施。

（一）构建扁平化管理机制

在校师生是学校管理服务的第一对象，上级精神、学校工作最终需要落实到师生的行动上。因此，如何把决策者的意志在最短时间内让师生领会，并及时转化为实际行动，办好家长放心、政府满意的学校教育，这是实施精细化管理、提升管理效能所必须思考的问题。我认为，重在构建低重心、扁平化管理机制。一是要明确决策层、服务层、执行层三个层级的关系：决策层重在把握学校的发展思路，制定工作方案；服务层重在围绕发展思路和决策意图发挥协调、保障、评价、监督的作用；执行层重在创造性地落实决策要求，推动事业发展。二是要明确、厘清服务层、执行层的关系，并重点加强年级组作为执行层的建设力度，从人员配备、党支部建设、职责细化、量化考核等方面科学统筹，切实增强年级组作为执行层自我管理、自我服务、自我教育的能力。如我校以级部管理为重点成立“1＋3”管理工作组，即年级工作组、执行组、监督组和家校联系组，增强年级自主管理的积极性和实效性。三是建立校级干部分包年级的垂直管理体系，减少决策信号的丢失，确保决策层的思路和方案能够得到最快传达、贯彻和落实，同时发挥好服务层的监督、评价等作用，确保工作能够落到实处。

（二）构建规范化运行机制

我认为，学校的管理运行分为两个方面，即自上而下、由内而外把学校的各种意志和要求转化为师生、家长行动的运行过程，以及由下而上、由外而内学生、家长和社会各部门对学校的诉求和监督、检查的运行过程。要确保运行顺畅，就必须在明确职责的基础上，细化每项工作的具体运行流程，并绘制流程图，让服务层、执行层及师生、家长能够深入了解学校实情，减少运行障碍，降低管理成本，提升管理效能。

总之，精细化管理不仅仅是一种制度，更是一种理念、文化，需要决策者对学校工作的总体把握和科学规划，需要全体师生员工的共同参与，当然更需

要学校对管理项目、工作制度、运行流程的深入思考和精细构建。该项工作绝非一蹴而就，需要长期坚持、细致推进，才能取得实质效果，才能实现教育教学质量不断提升。

实现学校管理的精细化

“千里之堤，溃于蚁穴。”“天下难事，必作于易；天下大事，必作于细。”管理工作往往在于细枝末节出问题，使全局受损。要让能做成的事做好，让做不成的事做成，让小问题不闹成大乱子，让灾难得到规避，关键是注重管理细节，使每一步管理都能够实现流程化、数量化、精细化。

当前，学校与社会的关系越来越复杂，利益相关者——如家长，对学校的要求越来越多，社会也对学校教育管理的评价越来越苛刻。可以说，学校，特别是学校的领导者正处在风口浪尖上。学校工作必须加强管理、精细化操作，否者，就将问题成堆，阻碍学校教育教学质量的提升。

精细化管理的本质是以流程再造为主，过程管理为要，追求管理效益的卓越化。精细化管理与粗放式管理相对立，它追求管理中的一环扣一环，严密而细致。具体来说，要做到“四精、四细”。

四精：

1. 精神：这是一所学校文化的精华，即学校精神。比如，邯郸市一中的学校精神是：一切为了生命的幸福成长。这既是办学的指导思想、发展思路，又是学校的灵魂。

2. 精品：教育产品要高质量，出精品，包括课程的精品化、课堂的精品化、教研的精品化、育人的精品化等。

3. 精通：指管理过程的通畅，环环相扣。要做到这一点，管理岗位上的每一个人都必须是行家里手，精通业务，认真负责，确保管理工作一环扣一环。

4. 精密：配合与协调需要精密，如同钟表的各个零件一样。我们的学校规模比较大，部门比较多，一个问题的处理往往交叉于各个部门，需要相互配合与协调。此时，就需要相关同志具有高度的责任心和使命感，主动协调，精密配合。这样才可能使管理工作做到精细化。

四细：

1. 于对象：细分社会与家长各层面，全面准确把握社会变化与家长需求。制订学校发展战略和实际操作办法，在招生和学校管理各方面为社会和家长提供优质服务。

2. 于岗位：细分学校组织、机构中的职能和岗位，使学校管理体系健全，责权利明确、到位。

3. 于活动：细化分解每一个战略、目标、任务、计划、决策、指令，使之落实到人。

4. 于制度：细化学校制度的编制、实施、控制、检查、激励等程序环节，做到制度到位。

精细化管理的本质就是三句话：细节，细节，还是细节。使复杂的问题简单化，简单的事情流程化，流程化的事情定量化。要先有流程，后有数量化控制。

仔细考察国内的优秀学校，无一不在细节管理上下过很大工夫。学校凭口号和粗放管理不可能打造出品牌，也不可能培养出优秀师资和优秀学生。正是不注重细节的毛病，使许多有潜质的老师不能成长为一流名师，使无数智力出众的学生成绩平平，他们的美好理想付之东流；学校教育资源闲置、浪费，课程改革不见成效、教育质量每况愈下，人浮于事，相互推诿……凡此种种无不可以在细节上找到源由。

一、学校管理中的精细化

管理有四层含义：第一，管理是一个过程；第二，管理的核心是达到目标；第三，管理达到目标的手段是运用组织拥有的各种资源；第四，管理的本质是协调。而精细化管理，就是把管理的计划、组织、控制、领导等工作更细化。通过具体的操作环节，有序地按部就班地实施管理，从而达到一种滴水不漏的境界，实现管理的“无缝化”。如教学工作，要对教师的备课、上课、作业、辅导、考试等五个环节做出仔细有序的规定和检查、考核办法，绝不可出现随意化倾向。

“精细”就是精密细致之意，“精细化管理”就是精确定位，合理分工，细化责任，量化考核。

（一）精确定位

学校各个岗位的工作人员按照自己的岗位职责的规定开展工作、落实工作，既不能越位，也不能缺位。例如：检查学生作业布置和批阅情况的任务，需要教研组长去落实，而不需总务人员；教学设备坏了，需要总务人员修理，而不需要教研组长负责。

（二）合理分工

就是将学校全部工作按照岗位职责落实到每个人员肩上，实现“千斤重担人人担，人人肩上有担子”的格局。既不能出现所有工作由个别人或部分人去做，另部分人无所事事，工作分工过于集中的现象；也不能出现一些工作无人负责，工作分工“死角”现象；更不能工作分工重复，致使推诿扯皮现象出现。

（三）细化责任

就是把岗位职责一步步细化，直到操作层面不宜再细为止。例如教学管理中要求教师“认真上课”的责任细化，就必须提出备课、上课、作业布置与批阅、辅导、考试评价等环节的工作要求和标准。就拿上课板书这一环节来说，“字体的大小，确定后排学生能看清楚为准”，“利用上半部分，只有在确定后排的学生不会被前排同学挡住时，才使用黑板的下半部分”，“让学生有机会在黑板上展示”等。

（四）量化考核

就是将工作任务以目标考核的办法，确定要达到的具体目标数字。按照目标和工作达成的程度，依据工作考核办法，进行量化计算，区分出岗位责任人完成数字目标的程度，考核出他的工作成绩。

二、学校实施精细化管理的途径

（一）精细化管理从激发精神开始

“人是要有一点精神的”，一所学校也要有一种精神。精细化管理是一种理念、一种文化，要求管理的每一步骤都要精心，要让积极向上的这种意识、这种文化成为每一名成员的自觉行为。作为学校，就要运用这种精神来维系、支撑，让每一个管理层面都围绕这种精神制定规划和措施，将精细化的理念渗透于管理的方方面面，渗透于管理的全过程。这样，精细化管理才有保障，才有灵魂，才独具匠心，整个学校管理才会有高度，上层次，上水平。

（二）精细化管理从责任落实做起

现代管理学认为管理有三个层次：规范化、精细化、人性化。其中精细化是建立在规范管理的基础上，并将规范管理引向深入的关键一步。精细化管理就是要把每一个岗位责任落实到人，做到“九有”即：有目标、有责任、有信心、有思路、有步骤、有重点、有考核、有反馈、有特色。简单地说就是每一名管理者要明确自己的角色定位，知道自己该做什么，做到什么程度，什么时间完成。

（三）精细化管理从制度落实抓起

制度分为职能性制度和操作性制度，前者是解决每个岗位责任人“怎么做”的问题，后者是解决“不那样做怎么办”的问题。前者是标准，后者是标尺。要实现学校精细化管理目标，首先要对学校的所有工作制定标准和选择测量（考核）标尺。其次是要落实标准和标尺，将标准逐步内化成教师的个体行为，达到“管理的最高境界就是不管”的目标。最后是根据学校工作的进展，适时地进行标准的修订完善和标尺的精确化程度提高，推进学校工作持续发展。

（四）精细化管理从落实考核抓起

精细化管理说到底就是人的管理。精细化与人性化辩证统一才能挖掘人的潜力，才能激发人的工作热情。没有制度为基础的人性化是没有根基的人性化，无异于放任自流，听之任之。没有人性化的精细化管理是缺乏生命力的管理，它必将限制人的创造性，也不可能实现真正意义上的精细化管理。没有考核评估的工作就像死水一潭，不会有生机与活力，必然缺乏主动性和积极性，不能推动工作的开展与创新。我们的理想是“靠精细创造公平，靠公平激发活力，靠情感赢得信赖，靠信赖激发热情”。学校的工作安排到哪里，考核奖励就跟到哪里，将教师的工作与考核直接挂钩，在公平、公正、公开的阳光操作的考核制度中创造性地开展工作。向业绩倾斜，向正气倾斜，让德才兼备、业务精湛、师德高尚、成绩突出的骨干教师干得气顺，让年轻有为积极向上的教师有施展空间，让“有作为就有地位”的意识和事实深入人心。

三、学校实施精细化管理的实际操作

学校的精细化管理，要做好三个步骤：

1. 确定自己的办学理念。
2. 有特色，且具合法性的办学理念的完善。
3. 使办学理念成为全体教师和干部的共识。

比如，我校的办学指导思想是：一切为了生命的幸福成长。具体分解为：

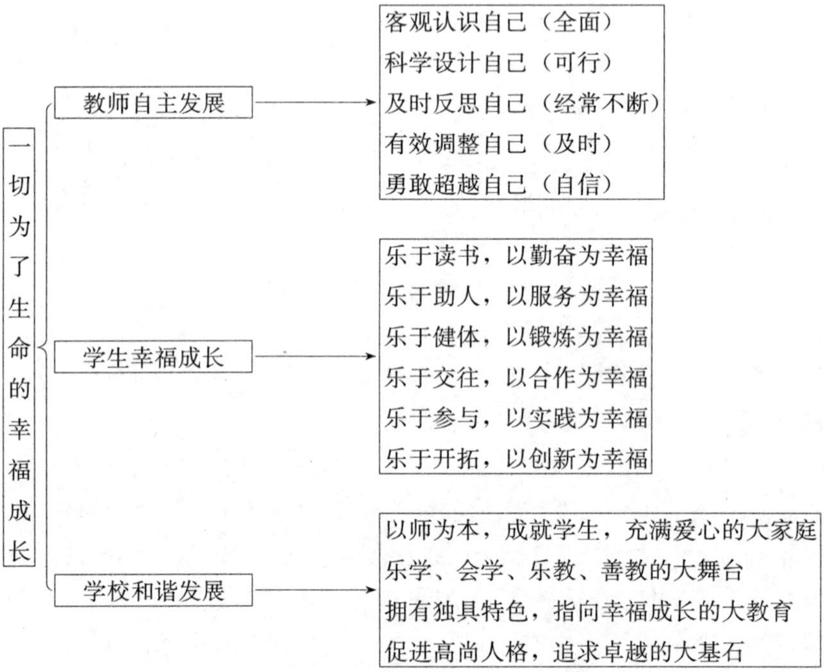

我校的办学理论框架是：

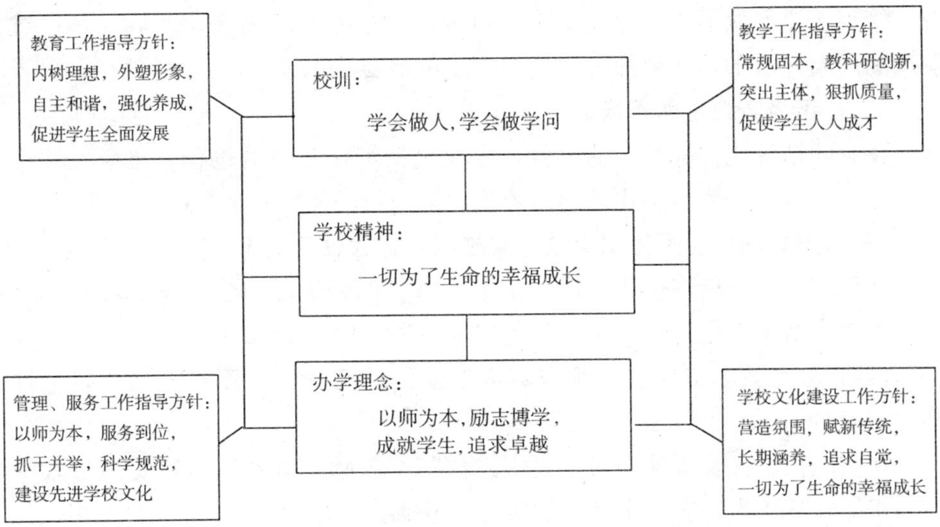

四、实施精细化管理应注意的问题

（一）实施对制度执行全过程的监督控制

明确和运用“热炉定律”：当人用手去碰烧热的火炉时，就会受到“烫”的惩罚。该法则形象地阐明了惩处的四个原则：

1. 警告性原则。热炉火红，不用手摸也知道是热的，是会灼伤人的。即惩罚通常是可以预见的。各级领导要经常对下属进行规章制度教育，使大家都知道违反规章制度做某事或该做的事不做，就会受到惩罚。

2. 确定性原则。当你碰到热炉时，肯定会被灼伤。也就是说，只要触犯学校的规章制度，就一定受到处罚。如果触犯规定而不一定受到处罚，那么人们往往会冒险。当然，“重奖励、轻处罚”是现代管理的一个趋势。特别是当较多人在某一方面出现错误时，表彰出色者无疑会有很大的带动作用。表彰优秀者也是对犯规者的一种“惩处”。

3. 即时性原则。当你碰到热炉时，立即就会被灼伤。惩处必须在错误发生后立即进行，绝不拖泥带水，绝不能有时间差，以达到及时改正错误的目的。因此，要求管理者在制定规章制度时有所考虑，要完善及时发现犯规行为的机制。否则，势必导致制度形同虚设，犯规行为泛滥。

4. 公平性原则。不管谁碰到火炉，都会被灼伤。规章制度面前，要人人平等，管理者要不偏不倚，也就是平常所说的制度对事不对人。否则，难以维护制度的严肃性。干部和教师对“热炉定律”都要认真领会，坚决执行。

（二）不为精细化而精细化

在关注精细化目标实现的时候，应注重精细化管理的过程，更应关注广大师生自身发展。不因精细化而制造矛盾，使一般的问题复杂化。

（三）要处理调动师生积极性与实施精细化管理的关系

如果因为实施精细化管理而打击了教师教的积极性、学生学的积极性，那宁愿不要实施精细化管理。精细化管理也应是一种人本管理。

（四）教育教学工作是一种有着内在规律的活动，是面对一个个有个性的师生

在实施精细化管理的同时，更应发挥每个教师个人的特点，要注重教师个性的张扬，从而为培养有个性的学生打下基础。

学校精细化管理力求层层完善，系统健康。权力层层有，任务个个担，责任人人负。在日常管理中，做到每一个步骤精心，每一个环节精细，每一项工做出精品；精心是态度，精细是过程，精品是成绩。让“精细化”成为学校管理的灵魂，让学校管理随精细化走向更高层次。

建设和谐良好的师生关系

师生关系是教育活动中最重要、最基本的一对关系，直接关乎教育质量。好的师生关系，与提高教育质量高度正相关。“一切为了生命的幸福成长”是我校的精神所在，和谐、良好的师生关系，有助于提高师生的幸福指数。2016 年，是我校“实施精细化管理，提高教育质量年”。为此，我们要弘扬优良传统，认真贯彻“以师为本，成就学生”的办学理念，把建设和谐良好的师生关系作为本学期乃至很长一段时间工作的重中之重，做实做好，促使我校的教育质量跨上新台阶，再创新辉煌。

回顾过去的 2015 年，关于师生关系的报道有些沉重，从云南鲁甸到河南潢川到安徽怀远再到邵东杀师案，本应该浓浓的师生情谊，却不时闪现着暴力的残酷，严重地损害了教师形象，冲击了社会、家庭和学校之间的信任大坝。

在这些冲突中，施暴者有教师，有学生，还有家长。起因各不相同，催交作业、劝学、迟到、抢劫、课堂管理等，一些看似不起眼的日常小事，都成为引发极端事件的导火索。

一、师生关系整体平静，但隐存着冷漠化、紧张化、功利化倾向

有人说，我国幅员辽阔，学校众多，师生人数更

多，这些极端事件都属于个例，不必过分担忧。

然而，防微杜渐，忧在未萌，我们要看到师生冲突的背后隐藏着应该警醒的教训，以便防患于未然。

2012年，江苏淮安在3 000多名学生中开展调查，当问及“教师是否爱学生”时，只有9%的学生和17%的家长表示感受到了老师的爱；当老师被问及“如何看待现在的学生”时，只有31%的教师对学生持积极或辩证的评价，41%的教师持消极负面的评价，28%为说不清或不想评价。其中，47%的教师对学生表现出明显的反感甚至愤怒——师生关系冷漠化程度惊人。

武汉市教育局、武汉市教科院联合调查组的调查从另一个侧面反映了这一现实：57%的学生认为，老师有过伤害自己的自尊，让人感到厌恶、反感、难堪的情况；认为自己与老师关系融洽的只有26.2%；需要帮助时，首先想到老师的只占6.1%，42.5%的中学生认为“学习成绩的好坏会直接影响师生关系融洽”。

是的，中学师生关系整体上平静，但隐存着冷漠化、紧张化、功利化等不良倾向，集中表现在：师生心理距离较远，教师工作作风简单、武断，过于重视成绩，忽视学生生理心理特点。

造成这种现象的原因是多方面的：

一方面，科技进步带来了物质繁荣，人们因对物质的极度崇拜给教育蒙上了一层功利化色彩。部分教师工作热情衰退，责任感淡化，使本该纯洁的师生关系变得功利化。

另一方面，多项研究显示，年级越高，师生关系越疏远。年级升高，课程分化、增多、加深。对教师来说，分工细化，工作职能单一化，只注重教书，不注重育人。除班主任外，多数学科老师只在教学中与学生相遇，师生交流渠道狭隘、单一。

课业要求越来越高，给学生的心理压力也越来越大。作为成长中的人，学生容易情绪化，心理压力往往会转化为对教师的不理解和对立情绪，跟教师对着干，甚至采取出走、自杀、杀害等方式宣泄不满。

二、学生为什么失去了对教师的尊重与爱戴

学生失去了对老师的尊敬和爱戴，有师生两个方面的原因。从教师方面来说，至少有以下三个因素：

(一) 师与道的分离

所谓“师与道的分离”，这里是指部分教师的理想、信念与教师本身所应该代表和传承的文化传统出现了分离的现象。教师之所以能够具有“天地君亲师”的地位，之所以能够获得“师道尊严”，之所以能够被誉为“人类灵魂的工程师”，得到各种各样十分崇高的称号，进而获得社会及学生的尊敬和爱戴，最重要的原因是教师代表了中国的文化传统和理想信念，是“道”的化身和具体体现，是社会和民族的理想人格的象征。

实际上，许多师范大学校训所提倡的“身正为范”的“正”，讲的就是这种理想和完善人格。学生对老师的尊敬和爱戴，并非仅仅是对教师个人的尊敬和爱戴，而是对教师所代表和体现的这种文化传统和理想信念的尊敬和爱戴。这正是我国教育中和谐良好师生关系的道德基础。

因此，如果我们的老师在教育教学中忘记了自己身份的这种文化与道德根据，不能以身垂范，仅仅把自己看作一个教书人，只看重学生的分数，不关心学生的身心，尽管你对学生非常呵护，并且具有一定的教育技巧，甚至提高了学生的学习成绩，你也很难得到学生内心的尊敬和爱戴。

(二) 师与真的分离

所谓“师与真的分离”，指的是教师对所传授的知识不熟悉，有错误。显然，学生对教师的尊重与敬佩，在很大程度上是因为教师能够给他们传授科学、客观的知识与理论，进而为他们提供认识世界和改造世界以及为人处世的方法与技能。可想而知，如果老师对他们所讲授的学科知识不熟悉，经常出现错误，那么学生凭什么尊敬你呢?

(三) 师与育的分离

所谓“师与育的分离”指的是教师教书育人的天职与现实的教育教学活动之间的分离。教师的称号是何等地荣耀，是“红烛”“春蚕”“园丁”“灯塔”，还能够“塑造灵魂”，等等，所有这些比喻和称号都表达了一个意思：教师的“育”，包含了一种奉献、给予和牺牲。正是这样一种“育”，才使得教师获得了社会和学生的尊重和敬仰。所以，教师的称号是十分神圣的，教师对学生的关爱和付出是无私的。

但是，现在有些教师所从事的活动与这种“育”分离了，只教书不育人，他们将师生关系涂抹上一层“交换”的色彩，以至于有些学生将做家教的教师比作自己家的保姆。这样的教师怎么可能获得尊敬呢!

三、努力建设和谐良好的师生关系

有人说，好的教育，从某种程度上来说就是好的师生关系。也有人说，教育的全部意蕴包含在师生关系中，他们共同要表达的是：好的师生关系是提高教育质量的根本。

古人说：“亲其师，信其道；尊其师，奉其教；敬其师，效其行。”学生喜欢哪位老师，就会对这个老师的课程有所期待，就会带着积极的情绪融入其中，为学习创造最佳的心理环境，那门功课就学得好。因此，要想提高教育质量，就应该从建设和谐良好的师生关系开始。

（一）营造良好的课堂环境，打造高效课堂模式

课堂是学生学校生活的主阵地。课堂上建设良好的人际关系，营造安全和信任的学习环境，是师生能够在课堂上积极互动，学生能够开心学习的最重要保障。

很多时候，教师会在无意中支持并营造了充满敌意和情感暴力的环境，也有一些教师在不知不觉中引发学生的恐慌。比如，给学生贴各种标签，比较不同学生的优缺点，过度批评学生，威胁要惩罚学生，等等。教师言语不当会给学生造成师源性心理伤害。学生往往被伤得很深，而我们老师却全然不知，甚至可能还以为一切都是为了学生好。究其原因，很多老师常常忽视了每个孩子都是一个有血有肉的鲜活生命，除了学习需要外，他们还有生存与安全、能力与兴趣、自主与成长、归属与自我实现等多种需求。

在课堂上师生关系不仅是教与学的关系，而且是互教互学、教学相长的关系。教师应该从一统天下的讲台上走下来，不再唱独角戏，少讲精讲，多让学生参与，师生共同质疑，共同探究，共同释疑，让课堂成为学生思维跳跃和充满激情的舞台。教师的工作是启发、点拨、辅导、解惑和鼓励发问，营造一种愉悦、温馨、宽松、安全的教学氛围，让学生从知识的被动接受变为对知识的主动探究。在这个情感和谐的环境里，教师应该满怀爱的情感，充分展现自己的知识、才华和人格魅力。教师没有对学生的埋怨指责、讽刺挖苦，而是把学生当成朋友，让每个学生都有不同的进步，体会到成功的喜悦。学生在这样的环境中，可以充分发挥自己的主观能动性，尊重老师，理解老师，积极思维，积极参与教学活动。在良好师生关系中构建“问题、探究、解答、结论、问题、探究”的全新课堂教学模式，可以让学生在探究和解决问题的过程中锻炼思维，发展能力，激发兴趣，从而主动寻求、发现和解决新的问题，实现学科素养的快速提升。特别是高三二轮复习，课堂要抓住“四环节一要点”，即：1. 明确本节课的教学目标。2. 概述知识要点，解读课标和考纲要求；3. 呈现相关的历年高考真题或模拟题，要求一题多变，多题归一，归纳总结。要求激情课堂，师生互动，让学生动手规范书写。4. 分层作业，留必收，收必阅，通过作业使知识及时巩固。要点是每一节课都要设计问题让学生动手书写，提升学生的考试得分能力。

（二）平等相处，民主管理，营造和谐教学氛围

课堂教学要以学生为中心，精心设计和组织教学过程，让学生有思考交流的时间，有活动训练的时间，有探索发现的时间；让学生充分参与课堂教学活动，充分表现自己的才能，充分发挥自己的个性，真正成为课堂教学的主人。主动与学生尝试建立“亦师亦友”的新型师生关系，以尊重、理解、信任和鼓励的强大精神力量去感化学生、引导学生，给学生自我修正、进步的时间。在日常的教学工作中，教师应平等对待学生，不能以高高在上的态度、家长式的作风对学生发号施令。教师要公正地对待学生，让爱心产生出更大的力量，给每个学生的道德心灵带来正能量。

（三）兴趣引导，鼓励表扬，激发斗志，高效学习

鼓励是一种教学管理艺术，也是一种教学调节手段。适时而恰当的鼓励能使学生进一步认识到自己的潜能，增强学习的信心。实践证明，在教学过程中采用“鼓励＋希望”的做法，效果颇佳。例如，作为教师，可以经常这样鼓励自己的学生：“你思路清晰，解法正确，如果能够从不同的角度、不同的侧面找出更多的解题方法就更棒了！”“你很聪明，思维敏捷，如果再细心点，克服马虎的毛病，就更好了。”“你的发言真棒，希望今后经常举手，踊跃发言。”当然，类似这样的评价是建立在对学生充分了解基础上的。学生从老师的这种评价中既看到了自己的闪光点，又找到了自己努力的方向，而且能够感受到老师对自己的热心关注和真诚期盼，从而对学习充满兴趣和信心。

（四）正确对待来自学生的批评

教师职业并非随时都有掌声，尤其是面对青春叛逆期的学生。当一些不如意发生时，教师真诚地表达自己，缓解矛盾，解决问题，这是非常重要的，也是看老师水平的时候。当我们听到不中听的信息时，通常会有四种选择：一是责怪自己；二是指责他人；三是关注自己的感受与需要；四是关注他人的感受与需要。人有自我防御的本能，听到批评时，我们一般会申辩、退缩或反击。

然而，一旦专注于彼此的观察、感受和需要，而不仅仅是反驳他人，我们便能发现内心的柔情，对自己和他人产生全新的体会，这将最大限度地避免冲突，缓解矛盾，合情合理地处理事情，解决问题。

（五）尊重学生，热爱学生，当学生的知心朋友

教师应当更新观念，尊重学生，主动接纳学生，尊重学生的个性和差异性，允许学生有不同的观点，尊重学生人格。在与学生谈话时，以沉着镇定、言语文明的形象出现在学生面前。学生违反了纪律，要给学生解释的机会；在严厉批评时，要晓之以理，动之以情，不讽刺，不挖苦，任何情况下不说侮辱学生人格的话。教师要由衷地信任学生，这是一种特殊的尊重，对学生有着特殊的教育功能。教师要成为学生的知心朋友，熟悉、掌握他们的年龄特点、思想状况、兴趣爱好，了解学生的喜怒哀乐和内心世界。教师热爱学生，使之体会到这种温暖之情，其内心必然受到鼓舞，上进心必然更加强烈，就会自觉按老师的要求去做，同时产生良好的心理效应，形成一种求学上进的热情。

教师要走近学生，关心学生的生活，牢记每个学生的名字，努力接受他们的所思所想，对学生开展心心相印的教育活动。树立学生的信心，真情对待学生，激发学习热情，多关心，多鼓励，让他们坚信只要努力就能成功，从“让我学”变成“我要学”。相反，那种上课来，下课走，完不成任务怪学生，学得不好怨学生；那种教师至高无上，任意发号施令，根本不考虑学生的需要；那种动辄训斥、责骂、盘问、追查，盛气凌人，不顾学生的心理感受；那种照着教科书、参考书备课，根据自己的主观愿望设计教案，从不与学生谈心，凡此种种，是不可能与学生建立起密切的情感关系的。师生间的良好关系表现为两者之间的良性交流，师生间交流的内容，可以既有知识或理性的交流，又有情感或感受的交流；既有品德风范的交流，又有性格或个性的交流。

（六）修身养德，提高素质，丰富自身人格魅力

教师要自觉提高自身修养，扩展知识视野，提高敬业精神，提升教育艺术，拥有热情、真诚、宽容、负责、幽默等优秀品质，努力成为富有职业魅力的优秀教师；有高尚的道德修养，比理想，比正气，比成绩，比进步，有超越自我、控制自我的能力；树立正确的人生观和价值观，确立正确的生活态度；有健康的心理，保持沉稳的心态，保持旺盛的工作热情，圆满完成各项工作任务；自觉提高自己的理论知识素养，扩展知识视野，提高师德修养和教学能力；教师要给学生一杯水，自己必须要有一桶水，并不断学习。教师既要学有专长，又要广泛涉猎，既要专精一科，又要博览群书，只有这样，才能在教学中思路开阔，左右逢源，得心应手，把课讲活，赢得学生的尊敬和爱戴。

（七）谨言慎行，以身作则，言传身教培育栋梁

教师的一言一行，一举一动，都会对学生产生影响，教师既要做理论上的“巨人”，又要做行动上的楷模。教师要有正确的人生观、价值观和世界观，通过正确的信念激励学生进步发展。教师要有较高的思想道德修养，在学生心目中，教师是高尚人格的化身，是榜样，是楷模。只有教师严格要求自己，才能使学生信服，即“其身正，不令而行，其身不正，虽令不从”。老师是以其自身的人格魅力来教育和影响学生的，叶圣陶先生曾说：“教育工作者的全部工作就是为人师表。”教师不仅是学生的师表，而且是整个社会精神文明的传播者。因此，教师要恪守师德，严于律己，处处作学生的表率。“学高为师，身正为范”，这是对教师道德示范作用的最好评价。教师要以高尚的道德品质、无私的敬业精神、渊博的知识和严谨的生活作风给学生树立崇高的榜样，以赢得学生的信服，发挥教师的感召力。

（八）严而不死，宽而不乱，宽严相济重视效果

有的老师对有过错的学生要求过严，导致师生关系紧张，矛盾加深，甚至给学校带来麻烦和影响，一旦出了问题，就开始放松对学生的管理，放任自流，同样带来很多问题。这两种方式都是不可取的。对学生当然是要严格管理，所谓严格，就是“严”而有“格”，要严在明处，严在细处，严在实处，严在当处，要严而有理、以理服人，严而有方、方法可行，严而有恒、贯彻始终。

（九）宽容大度，教育感化，培养良好师生关系

宽容是一种美德，是一种人性的光辉，更是教育的秘诀。惩罚是一种教育，宽容也是一种教育，但宽容比惩罚更具影响力。因此，对学生的过错，要多采取善意的态度、委婉的方式去帮助他认识和改正，达到更好的教育目的。对待学生错误，要采取宽容的态度，做好疏导工作。学生和老师一样，在成长的过程中都有可能犯错误，不能对学生的一点过错抓住不放，穷追不舍。要辩证地看待学生，尤其要善于发现学生身上的闪光点，及时给予表扬和赞赏，使学生客观科学地评价自己，看到自身的缺点错误，明确自身的优点。这样，既能激发其积极上进之心，又能改变其“破罐子破摔”的消极态度。当师生之间产生矛盾时，教师首先要反思自身的不妥之处，对于学生的问题要通过教育事例引导学生，教育学生尊重老师，学会全面地看问题。沟通产生理解，理解产生信任。容忍学生的错误也是教育的一种境界。只有教师真诚地关心、爱护、理解、鼓励学生，才能达到师生感情上的融洽，构建良好的师生关系。

四、学生最向往怎样的师生关系

有的学生说："我认为，师生关系最好的状态就是学生在看见老师时不会尴尬，目光不会逃避，而是能够四目相对，会心一笑，是那种发自内心的笑，而不是仅仅扯起嘴角，不带感情地说一声老师好，更不是假装没看见，甚至可以在课余时间找老师谈心，不亦乐乎。"

有的学生说："我理想中的师生关系是一种亦师亦友的关系。试想，如果一个老师上课板着脸，冷冰冰地站在讲台上，或是一遇到什么不顺心的事就冲着学生们大吼大叫，课堂效果也一定好不到哪里去。抛开十分好学的同学不谈，一般同学在找老师答疑时多少会紧张，有些同学甚至可能会因害怕老师而将问题堆积在心里。如果老师是朋友，这种情况就会减少，毕竟不会有人害怕向朋友提问。与老师产生矛盾时，也愿意主动找他沟通，就不会留特别多的心结。不过，这种关系要有度，关系太好了，反而会影响自己甚至是全班上课的效率。不能忘记尊重老师，毕竟师、生在身份上有区别。"

我理想中还有一种师生关系：老师不仅是知识传授者，还可以扮演一位长辈的角色，把学生当作自己的孩子，能去关心他们的成长，关爱他们，温暖他们，帮助他们，适当的时候也要批评他们，给他们泼泼冷水，严中有爱，这也是学生能接受老师的方式。学生也不只是知识接收者，关心老师，敬重老师，不要让他们多操心，感念他们的辛苦与不易，就像感念自己的父母一样。学生和老师之间相互关心，就像晚辈和长辈之间一样。

总之，有感情，有温暖，是师生关系中最必不可少的因素。良好的师生关系需要在实际工作中不断地去探索，去总结，只要我们本着全心全意为学生服务的思想，就一定会建立起和谐、融洽的师生关系。良好师生关系的建立应该从教师自身做起，因为师生关系这对矛盾体，教师永远是矛盾的主要方面。教师要不断提高自身素质，用自己的一言一行去影响学生。教师有热爱学生、无私奉献的精神，学生才会热爱教师，才会产生感情上的共鸣。在现今社会，学生的性格特点也在不断发生变化，这就要求我们要更新师生观念，致力于建立一种新型的、适合的、和谐的师生关系。教师应该主动放下架子，多和学生沟通交流，善待每一位学生，做学生的良师益友，做学生喜欢的老师。

从严管理，严中有爱，构建和谐良好的师生关系，促进办学质量大提升

新学年，“增强质量意识，提升办学质量”是我校教育事业发展最根本、最集中、最迫切、最普遍的战略性和时代性任务。我校在“一切为了生命的幸福成长”学校精神和“以师为本、励志博学、成就学生、追求卓越”办学理念的指导下，将继续坚持“从严管理，严中有爱，构建和谐良好的师生关系，促进办学质量大提升”的工作思路，以提升办学质量为目标，以从严管理为具体抓手，全力践行教育的真谛——爱，落实构建和谐良好师生关系的根本要求，深入抓好制度管理、师资建设、德育实践等具体工作，推动学校育人水平和办学质量的大幅提升。

一、从严管理，实现育人的精细化

从严管理是近年来我校管理的一贯思路，是提高办学质量的关键所在。从严管理，从字面理解，理当推崇“严”的重要性。但“严”并非束缚人的手脚，而是依赖科学精细的制度、严格透明的程序、公正严明的操作，即把管理的计划、组织、控制、领导等工作更细化，通过具体的操作环节，有序地按部就班地实施管理，从而达到一种滴水不漏的境界，实现管理的“无缝化”，简言之，就是精确定位，合理分工，细

化责任，量化考核，从而为工作的开展营造良好的环境，助推办学质量的全面提升。这一抓手不仅与当前我国推行依法治国的理念是相通的，更是我校一直致力于精细化管理的具体体现。如教学工作，要对教师的备课、上课、作业、辅导、考试等五个环节制定仔细有序的规定和检查、考核办法，绝不可出现随意化倾向。

（一）从严管理从激发昂扬向上的精神开始

“人是要有一点精神的”，一所学校也要有一种精神。从严管理、精细化管理是一种理念，一种文化，更是实实在在的具体操作。管理的每一步骤都要精心，要让积极向上的这种意识、这种文化成为每一名成员的自觉行为。作为学校，就要运用这种精神来维系，来支撑，让每一个管理层面都围绕这种精神制定措施，将从严、精细化的理念渗透于管理的方方面面，渗透于管理的全过程。这样，从严管理、精细化管理才有保障，才有灵魂，才独具匠心，整个学校管理才会有高度，上层次，上水平。

（二）从严管理从责任落实做起

现代管理学认为管理有三个层次：规范化、精细化、人性化。其中从严管理、精细化管理是建立在规范管理的基础上，并将规范管理引向深入的关键一步。这要求把每一个岗位责任落实到人，做到“九有”即：有目标、有责任、有信心、有思路、有步骤、有重点、有考核、有反馈、有特色。简单地说就是每一名管理者要明确自己的角色定位，知道自己该做什么，做到什么程度，什么时间完成。

（三）从严管理从制度落实抓起

制度分为职能性制度和操作性制度，前者是解决每个岗位责任人“怎么做”的问题，后者是解决“不那样做怎么办”的问题。前者是标准，后者是标尺。要落实从严管理、精细化管理的要求，首先要对学校的所有工作制定标准和选择考核的标尺。其次是要落实标准和标尺，将标准逐步内化成教师的个体行为，达到“管理的最高境界就是不管”的目标。最后是根据学校工作的进展，适时地进行标准的修订完善和标尺的精确化程度提高，推进学校向更高目标发展。

（四）从严管理从落实考核抓起

从严管理、精细化管理说到底就是人的管理。精细化与人性化辩证统一才能挖掘人的潜力，才能激发人的工作热情。没有制度为基础的人性化是没有根基的人性化，无异于放任自流，听之任之。没有人性化的从严管理是缺乏生命力的管理，它必将限制人的创造性，也不可能实现真正意义上的精细化管理。

没有考核评估的工作就像死水一潭，不会有生机与活力，必然缺乏主动性和积极性，不能推动工作的开展与创新。我们的理想是“靠精细创造公平，靠公平激发活力，靠情感赢得信赖，靠信赖激发热情”。学校的工作安排到哪里，考核奖励就跟到哪里，将教师的工作与考核直接挂钩，在公平、公正、公开的阳光操作的考核制度中创造性地开展工作。向业绩倾斜，向正气倾斜，让德才兼备、业务精湛、师德高尚、成绩突出的骨干教师干得气顺，让年轻有为、积极向上的教师有施展空间，让“有作为就有地位”的意识和事实深入人心。

因此，新学期，我认为需要从以下四个方面来落实从严管理的要求，实现管理的精细化：

1. 处室管理层面，以提高师生及家长满意度为目标，开学前处室要进一步明确、细化部门工作职责和人员分工，从服务、协调、监督、评价四个方面进一步完善工作制度，明确具体责任，简化办事流程，做到服务高效、协调到位、监管有力、评价科学。尤其是教学教育工作和年级工作，教务处、教育处要加大对年级教学教育工作的调控力度，在教师和班主任队伍建设、教学教育交流、学科管理、德育实践等方面进一步明确处室与年级的管理范围，并加强对年级工作的考核与评价，使各项工作有序衔接、稳步推进。

2. 年级管理层面，年级主任在对年级工作全面统筹的基础上，要进一步细化年级主任、副主任、年级干事职责并上墙，对教师考勤、“全员优质课”评比、教学常规检查、学科竞赛、尖子生培养、德育报告会宣讲、主题班会教育、早操和课间操组织、课前宣誓、学生纪律检查、“三位一体”值班、月成绩表彰、“星满校园”活动和家校沟通等工作进行细致谋划，并形成月工作安排表和检查表，开学初公布，使年级师生及家长了解年级的管理范围和工作计划，使年级在学期一开始即进入稳定、有序的状态，确保学校各项要求落到实处。

3. 学科管理层面，教务处要下大力度推进名师工作室建设，完善名师工作室主持人及成员职责，规范开展教学研讨活动，为学校学科教学的开展提供智力支持；协调年级抓好学科中心组、学科组的管理，进一步完善学科中心组负责人和学科组长的职责并上墙，加强各年级各学科教学进度、质量检测、听课交流的统筹规划，尤其是要细致抓好各年级学科组管理，深入落实“一课一研”“名师”示范课、青年教师汇报课、“全员优质课”等“教学、学习、评价三个三位一体”的具体要求，引导老师在备课、听课、作业批阅、自习辅导、限时练盯班、早晚读管理等方面下真功，用实劲。从下周一开始，做好下午4：30—5：30的周测，出好题，盯好班。

4. 班级管理层面，教育处要加大力度推进“示范班会”制度，每周四或五安排年级示范班会，并评选优秀示范班会，给班主任发证书，使周日的班会主题明确、内容丰富、思想深刻、教育作用明显；要协调三个年级在开学第一周，安排各班在班主任和学生充分讨论的基础上，制订或完善详细的班约班规、严格的课堂纪律、严密的请销假制度、科学的家长约见制度、稳妥的班主任代理制度、详尽的卫生清扫管理制度，并张贴上墙，利用班会、德育报告会进行宣讲，使制度入脑入心，使班级管理在最短时间走上正轨，营造出团结向上、拼搏进取的班级氛围。

二、严中有爱，践行教师“三、四、五”核心文化

从严管理，不是铁面无情、机械死板、一潭死水，而是纪律严明、春风化雨、富有情感。常言道：没有爱就没有教育。爱是教育的真谛。我校把爱心摆在教师三项“核心师德”的首位，提出“严中有爱”的口号，正是教育本质的体现。“严”要贯穿学校管理的始终，“爱”更要伴随学生成长的始终。那么，什么是爱？从班主任角度理解，我以为，班主任对学生的爱是一种布置任务时的信任，遇到挫折时的鼓励，犯了错误时的宽容，是遇到尴尬时维护学生的自尊，是润物细无声地帮助学生走出困境，是对每一个敏感的灵魂细心地呵护和对每一次成功由衷地赞赏。严厉的班主任不必每天拉着脸，让学生望而生畏；严厉的班主任也不必每天疾言厉色，让学生战战兢兢；严厉的班主任“爱”字当头，爱是底色，让学生在严厉中感受原则不可违，改掉错误才有希望。爱也不意味着是非不分、奖罚不明、无原则地宽容；严，也不意味着大小事情都不放过，不问青红皂白一顿猛批。爱，应该是调查清楚问题后的实事求是，恨铁不成钢的悲悯情怀。她让学生感到事情还有希望，自己还能成功！简言之，教师的爱应当是一种有责任的爱，即对学校、同事、学生有责任的爱。新学期，我希望我们每位干部、每位教师、全校教职工能够落实“严中有爱”的要求，把有责任的爱贯穿到工作的始终，具体来说就是：

（一）守好每一项制度

没有规矩不成方圆，一个集体只有依靠制度管理才能走上正轨，才能事业兴旺。一中有着深厚的办学传统，有着规范的管理制度。对学校有责任的爱，就是要接受她的管理，遵守她的每一项制度，如考勤制度、廉洁从教制度等，做到依章办事、依法执教。每一名干部要对学校制度了然于心，带头遵守，模

范践行；每一名教职工要积极响应，严格执行。逐渐从习惯走向自然，使我们拥有一支高素质的干部、教师队伍和深厚的文化底蕴。

（二）搞好每一次教研

“一课一研”是我校提升教学质量的重要法宝，已成为学校教学的常态内容，更是邯郸市教育系统的一项制度，具有很强的针对性和时效性。搞好每一次教研，是落实“严中有爱”理念的具体要求。开学第一周，教务处、年级要指导各学科组规划出本学期“一课一研”的详细内容，明确盯科主任、研讨时间及地点、内容和主讲人，并安排专人做好定期检查和不定期抽查，学科组长要切实组织好教研活动，布置好任务，全体教师要精心参与，认真研讨，保证好时间和质量。

（三）上好每一节课

课堂是教学的主阵地，是提高教学质量的关键所在。无论是新授课、复习课，还是试卷讲评课、习题课，每位教师都要手中有案、有的放矢，课前要通过“一课一研”研究教学内容和作业布置，认真撰写教案，做好课堂设计，课中要提前明确教学目标、精心授课、组织学生讨论，做到精讲多练。课后要通过“一课一研”及时反思总结，修补不足。要坚决杜绝不写教案进班上课的现象，教务处、年级要加强检查，搞好评比和展示，并定期组织名师工作室、学科中心组开展高效课堂教学交流、业务测试，引导老师们提高专业素养，把每节课都上精彩。

（四）管好自己的班级

班级是学校管理的基本单位，更是学生发展的生态环境。班级文化浓厚与否、班级学习风气良好与否、班级学生团结与否，都直接影响学生的发展进步和学习成绩。班主任是这些工作的直接领导者和参与者，班级工作千头万绪，总要汇入班主任身上。这就要求班主任既要搞好常规教育活动，又要处理好偶发事件，既要指导学生学习，又要帮助学生解决困难，落实“严中有爱”。一要用爱心对待自己的学生。走进学生的心灵，平等对待每一名学生，不论贫穷与富有，不分后进与优秀，用人格的力量去感化他们，用博大的胸怀去宽容他们，赞赏他们的优点，改正他们的缺点。二要细致观察，以身作则。细致地观察每一个学生，发现学生的优点，用发展的眼光看学生。要处处为学生做榜样，凡是要求学生做的，自己首先做到；凡是要求学生不能做的，自己坚决不做。比如，要求学生在教室静下心、坐得住，自己就坚持在自习时间辅导，与学生一起学习、自习，成为坐得住的榜样；要求学生爱护环境，不论是什么情况，只要看到地上有废弃物，就捡起放入垃圾箱，成为学生爱护校园的榜样。老师们的这些行动，终究会唤起学生的良知，唤起学生做人、做学问的自觉性和主动性并养成良好的习惯。三要建设一支强有力的班干部团队。要对班长、团支书、学习委员、纪律委员、卫生委员等班干部进行明确分工，并制定详细的工作条例，使每一名班干部都有明确的权利范围和责任。要定期召开班干部会议进行培训、指导，并尽可能多地给予班干部展现与锻炼的机会，鼓励他们以身作则并带动其他同学，促进整个班级树立良好的班风。教育处、年级要搞好协调，在加强监督、评价的基础上，发挥好“示范班会”、班级管理研讨会、班主任基本功大赛、德育研讨会的作用，为班主任管理好班级提供有力支撑。

（五）抓好“全员导师制”

班主任是班级管理的第一责任人，并不意味着教师没有责任。只有班主任与任课教师通力合作，只有全体教师“教书育人”，才能有效管理好班级，提升班级管理的水平。这就要求班主任要在每次月考后利用班级协调会做好与任课教师的沟通和协调，安排好任务。全体教师要认真落实好“全员导师制”的要求，密切关注、悉心指导班主任指派的“研究生”，从思想上、学习上和生活上给予关怀和指导，确保班级拔尖计划、提升计划、保底计划得到有力落实。

三、构建和谐良好的师生关系，促进办学质量大提升

师生关系是教育活动中最重要、最基本的一对矛盾，直接关乎教育质量。有人说，好的教育，从某种程度上来说就是好的师生关系。也有人说，教育的全部意蕴包含在师生关系中，他们共同要表达的是：好的师生关系是提高教育质量的根本。“一切为了生命的幸福成长”是我校的精神所在，构建和谐良好的师生关系是提升办学质量的根本要求，也有助于提高师生的幸福指数。2016年是我校“实施精细化管理，提高教育质量年”。为此，我们要弘扬优良传统，认真贯彻“以师为本，成就学生”的办学理念，把建设和谐、良好的师生关系，作为本学期乃至很长一段时间工作的重中之重，做实做好。

（一）以师为本，为教师发展营造良好环境

教师是学校建设的根本，以师为本是学校办学的根本理念。经济待遇、职称评定、奖励评先、干部选拔等向一线教师倾斜是学校的一贯做法，目的就是营造尊师重教的浓厚氛围，让老师们能够全身心投入教育教学工作。新学期，教务处、教育处、科研处要进一步修订完善相关项目的考核评价办法，加强名

师工作室管理，邀请名家学者来校讲学，联合省内外名校广泛开展“同课异构”教学交流活动，筹办好教师节、教科研节表彰大会和优秀班主任评选表彰，努力让师德高尚、业务精湛的优秀教师和班主任脱颖而出，鼓励教师成名成家。处室、年级要加强沟通协调，科学安排工作，主动开展服务，提高工作效率，并开展教师歌手大赛、新年联欢会、拔河比赛等丰富多彩的文体活动，使老师们工作舒心、愉悦。

（二）成就学生，为学生成长提供广阔平台

学生的幸福成长是我们的工作追求，更是价值体现。积极为学生成长提供广阔平台，有利于构建和谐良好的师生关系，促进办学质量提高。新学期，要提前规划好三方面工作：一是抓好课前宣誓和班级竞赛。教育学生树立高考从高一抓起，拼搏三年不放松的意识，每天早晨和下午第一节课前，各班要进行宣誓；要开展部与部之间班级的竞赛，年级要明确主管负责人，做好班级誓词和挑战宣言的征集、存档，并开展简便易行的仪式，激发学生的奋进热情和拼搏意识，形成班风正、学风浓、团结向上、你追我赶的良好氛围。二是开展丰富多彩的文体活动。利用好“名师大讲堂”这一平台，每个月至少邀请一名教育专家、知名学者或是优秀校友，来校为不同层面学生开展励志教育、学科方法指导、竞赛培训、自主招生辅导、科技教育等方面的专题讲座，增加学生与名师面对面的机会，激发学生的求知欲望和成长热情；加强学生社团和文体组织的管理，提前筹划好体育节、新年音乐会、艺术生专场文艺会演、社团文化节、宿舍文化节、读书月、“诚实杯”万米长跑等文体活动，丰富校园生活。三是加大激励和表彰。教务处协调年级落实好每月“星满校园”活动，教育处指导开展好期中优秀学子、学习进步、自强不息奖学金以及期末抓好“三好”“优干”“先进班集体”的评选表彰，各年级搞好“远洋班”“中道班”“赵王班”学生的表彰激励工作，形成班风正、学风浓，团结向上，你追我赶的良好氛围。

（三）主动作为，构建和谐良好的师生关系

古人说：“亲其师，信其道；尊其师，奉其教；敬其师，效其行。”学生喜欢哪位老师，就会对这个老师的课程有所期待，就会带着积极的情绪融入其中，为学习创造最佳的心理环境，那门功课就学得好。因此，要想提高教育质量，就需要老师们主动作为，从建设和谐良好的师生关系入手。一是营造平等相处的课堂环境。教师的工作是启发、点拨、辅导、解惑和鼓励发问，应当精讲多练，多让学生参与，师生平等讨论，共同质疑，让每个学生都有进步，体会到成功的喜悦。二是尊重不同学生的情感认知。教师言语不当会给学生造成师源性心理伤害，比如，给学生贴各种标签，比较不同学生的优缺点，过度批评学生。教师应该满怀爱的情感，充分展现自己的知识、才华和人格魅力。不是对学生埋怨指责、讽刺挖苦，而是把学生当成朋友，尊重学生的情感认知。三是给予学生适当的鼓励表扬。鼓励是一种教学管理艺术，也是一种教学调节手段。适时而恰当的鼓励能使学生进一步认识自己的潜能，增强学习的信心。实践证明，在教学过程中采用“鼓励＋希望”的做法，效果颇佳。学生从老师的这种评价中既看到了自己的闪光点，也找到了努力的方向，而且能够感受到老师对自己的热心关注和真诚期盼，从而对学习充满兴趣和信心。四是宽严相济，注重效果。有的老师对有过错的学生要求过严，导致师生关系紧张，甚至给学校带来不利影响，一旦出了问题，就开始放松对学生的管理，放任自流，同样带来很多问题。这两种方式都是不可取的。对学生当然是要严格管理，所谓严格，就是“严”而有“格”，要严在明处，严在细处，严在实处，严在当处，要严而有理、以理服人，严而有方、方法可行，严中有爱、以情感人，严而有恒、贯彻始终。五是正确对待来自学生的批评。教师职业并非随时都有掌声，尤其是面对青春期的学生。人有自我防御的本能，听到批评时，一般会申辩、退缩或反击。然而，一旦专注于彼此的观察、感受和需要，我们便能发现内心的柔情，对自己和他人产生全新的体会，这将最大限度地避免冲突，缓解矛盾，合情合理地解决问题。六是不断丰富自身的人格魅力。教师的一言一行，都会对学生产生影响，教师既要做理论上的“巨人”，又要做行动上的楷模。要有较高的思想道德修养，恪守师德，严于律己，要自觉提高自身修养，扩展知识视野，增强敬业精神，提升教育艺术，以独特的人格魅力赢得学生的尊敬和爱戴。

同志们，2016 年高考的硝烟已经散去，省运会和 2017 届高三师生的备考冲刺正在如火如荼地开展。我校清北录取人数、高分段人数、本一上线人数等指标的新突破，省运会期间师生素质和精神的全面展示，均赢得了上级领导、学生家长和社会各界的好评。这为我们提升办学实力营造了更好的舆论氛围和发展环境，也给予我们更高的期望，使我们的工作面临更大的挑战。全体干部、全校教职工唯有落实好“从严管理，严中有爱，构建和谐良好的师生关系，促进办学质量大提升”的理念，传承优良传统，励志博学，创新实干，才能不负使命，再铸辉煌！希望大家在新的学期主动作为，努力工作，为事业而战，为荣誉而战！

第三部分　师资篇

大爱无边

“五年一贯制”“十年一贯制”实验班和直升班是我校教育改革的试验田，其目标是培养具有国际视野、未来活跃在国际舞台上的优秀中国人。因此，学校在管理系列上统一纳入国际部。实验班的孩子们天资条件、家长期望值和个人志趣、人生追求无疑是同龄中的佼佼者。聚天下英才而教之，不亦乐乎。作为这些英才少年的老师，我们无疑是幸运的，也是十分辛苦的，因为，这些孩子天资聪明但个性十足，一点就透但不甚扎实。总之，要培养好他们，需要我们有十足的耐心、百倍的爱心和充满智慧的教育。

学校教育归根到底是为了培养人、发展人、成就人，是为了学生终身幸福和更为优秀。我们必须明白，今天不幸福的教育不可能造就明天幸福的人。幸福是一种感受，是一种创造能力，幸福就应该在当下，在日常的学校生活之中。因此，我们要注意改变和营造当下的育人方式和氛围，使我们的学生每一天都感受到生活的激情和幸福，在幸福的成长过程中学会创造幸福，获取幸福，体会幸福，过幸福的生活。为此，我们应该做到：

一、大爱无边，循循善诱

没有爱，就没有教育；不懂爱的艺术，就不是优秀的教师。一名教师面对着几十、成百名学生，他的爱必须是博大的，能够覆盖每一个孩子的！爱的基础是耐心，是倾听，是宽容；爱的形式有言语的肯定、赞美、安慰和激励，有手的抚摸和无数的肢体语言。教师的爱应无处不在、无处不有。爱拒绝急躁、呵斥、讽刺、挖苦。国际部的学生年龄尚小，心灵还很稚嫩，我们应小心呵护，循循善诱，帮助他们健康成长。

二、关注个体，养成习惯

习惯决定性格，决定命运，习惯影响人的一生。不同年级的学生养成什么样的习惯，要符合孩子的身心特点。一学期养成两到三个好习惯就不容易，希望各位主任与老师们一定认真研究，确定每一个习惯养成目标。精心设计，认真实施。通过形式多样的活动，不断强化习惯养成，并通过一定的方式进行检查，确保目标实现。

由于学生个体差异很大，需求也不一样。因此，同样的教育会产生不同的效果。优秀的教师会关注每一名学生，遵循因材施教的原则，启迪每一个孩子的智慧，帮助每一个孩子健康成长。

希望国际部的老师认真贯彻“全员导师制”的要求，分工合作，关注每一个孩子，关爱每一个孩子，使每一个孩子都能够感受到教育的温暖，都能够健康地成长。

三、改变我们的教育顺序

不断追求教育的本质，在追问中不断澄清教育本质的价值与意义，并将此确立为坚定不移的教育追求、教育信条，确立为坚守的方向，是我们每个教育人的天职。长期以来，我们遵循德、智、体全面发展的教育方针，认为教育“德育为先”。然而在人的生命成长中，身心的发展应是排在第一序列的。人要成长为人，首先需要健康的生命、阳光的心灵。因此，学校教育应该把体育、把学生的健康放在优先的位置。灵魂要栖息在健康、强壮的身体上，一个健康、强壮的身体才能栖息一颗高贵的灵魂。

学校体育不是为了锦标桂冠的荣耀，也不是为了挑战“更快、更高、更强”的生命极限，而是为了增强体育意识和健身能力，养成良好的生活方式和健身习惯，从而成就学生强健的体魄和顽强的生命精神，为终身幸福奠定基础。因此，学校一切教育的开展都不能以妨害人的生命健康为前提和代价，体魄强健应成为学校教育的首要序列与标准。

"体魄强健"只有赋予美好的心灵才有价值和意义。品行高尚的人才能走得更远。我们需要生命的茁壮，更要看到生命的阳光。学校教育的另一层本质含义是教人向真、向善、向美。具体到我们的学校，学生的做人教育要从五项"核心品格"入手，以"诚实"铸就学生做人之基，让"诚实"成就学生的本色人生。当一个人做到"我可以不告诉你，但我讲的都是真的"时，需要何等勇气，具有何等的人格魅力啊！"诚实、勤奋、自信、责任、感恩"要结合实际，用时代的语言，用我们自己的语言去诠释；用时代的标准，用客观的标准去要求。要让这五项品格深入我们每一名学生的心灵，融入每一个孩子的血液。

音乐和美术具有陶冶情操、开启心智、塑造健全人格的作用。不重视美育，损害的是孩子的心灵世界，影响的是一个民族的精神、想象力和创造力。我们要下决心上好艺术课，引导学生追求美、追求人生的意义和价值，使音律美、绘画美等艺术之美对他们的精神领域和心灵世界产生深层影响，培养孩子们的健全人格和高贵的灵魂，使我们的教育给他们留下终身的记忆。

强健的体魄、美好的心灵，只有不断地用知识去滋养，用智慧去丰盈才能成就卓越人生。人类本来就有获取知识的渴望、学习未知知识的本能，学习不应该成为痛苦的煎熬。我们要努力还学习以快乐，努力构建阳光课堂，让孩子们在学习的过程中不断感受成功，增强自信。

四、重新明确课程目标

卢梭指出："教育即生长，生长就是目的，在生长之外别无目的。"现代课程之父泰勒强调课程应该关注"达到怎样的教育目标""怎样实现这些目标"以及"怎样确定这些目标正在实现"等基本问题，其核心就是要让课程规划、实施、评价的每一个环节都努力体现出一所学校的教育追求。学校教育的目的就是成就人，成就学生的生命。学习的核心是激发疑问、独立思考，培养发现问题的眼光。教育不应该围绕着考试，学习也不应该仅仅为了考一个好分数，而是为了学生一生的发展。中美学生联合夏令营在玩过山车时，美国的学生提出过山车的轨道变化可以用微积分方程来描述。过了几天，中国学生建好了数学模型并给出了结果。老师给美国学生80%的分数，给中国学生20%的分数——学习不仅仅是为了解决问题，更是为了发现问题。我们的学科教学要大胆改革，使之服务于学生问题意识的培养、独立思考能力和表达能力的提高。为此，要重新认识每一学科——课程的教学目标，真正把握好每一节课的知识与能力目标、过程与方法目标、情感态度与价值观目标。同时，能够使每一名教师从宏观上整体把握课程的终极目标，不使我们的课堂迷失方向。比如，语文课程的终极目标可以确定为“培养终身读者，陶冶高尚情操”。我们不能为了使学生在某一个阶段语文考高分而丢弃阅读，也不能使阅读过于功利，而应该始终为了“培养终身读者，陶冶高尚情操”这一目标实施语文教学，始终不渝地培养学生的阅读习惯，提高学生的阅读能力，使阅读和思考成为学生生活的一部分，让学生终身与好书为伴，滋润灵魂，陶冶情操，志趣高远，具有独立思考的能力，不做知识的奴隶。

再比如，文综学科的教学不要让学生死背答案，考试也不要让学生必须答全一、二、三点。而要大胆创新评价方式，引导学生在知识之上关注感兴趣的问题和身边的事情，以小论文的形式表达自己的思考。政治、历史、地理等学科的教学不仅要使学生了解相关知识，更要培养学生认识问题、思考问题、分析问题的方法，使人文素养和思想素质同步提高，造就具有国际情怀的、坚定的爱国主义者。

总之，“一贯制”给我们的学科教学改革带来了可能，但能否改好全靠我们认真思考，仔细谋划，勇于实践。比如五年级、初二年级和直升班的教学就不要赶进度、急于结课，而要从学科教学的总目标出发，从便于教学衔接出发，从有利于留住优秀学生出发，贯通初高中设计课程，实施教学。学校从来没有、今后也不会用学生的中考成绩来评价初中的教学，希望大家开动脑筋，积极出主意，想办法，逐步形成我校的课程特色，培养全面发展、后劲十足的优秀人才。

五、改善课堂教学组织

学校就像一艘把“自然人过渡到社会人”的渡船。今天的学校教育要培养明天高度民主、高度现代化的先进社会的公民。课堂是学校教育的基本组织形式，课堂教学要遵从人的认识规律，要坚持为育人目标服务。改善我们的课堂教学，使孩子们在新型课堂里不但学到知识，而且学会发表自己的见解，学会倾听，学会与人交流，学会合作。因此，结成小组的课堂教学组织形式应运而生，小组式合作学习已经成为我校的一大特色。在六个人组成的学习小组内，我们还要把它结成三个"对子"，使每两个同学在每一节课上或课后都有互当"老师"和"学生"的机会。中、美学习专家研究表明：最有效的学习方式，是把学习的知识及时讲授给别人。我们的课堂要激励并努力创造每一个孩子给别人讲授的机会，使"向他人讲授"成为一种常态，以此提高学习效率，并锻炼孩子的语言表达能力。

作为课堂的主导者，我们把老师的作用概括为"两导一点"。评价一堂课，不但要看知识、能力目标达成与否，还要看过程与方法的呈现，更要看情感、态度、价值观的形成。我们要构建的高效课堂，绝不是知识容量越大越好的课堂，绝不是让学生目不暇接、喘不过气的课堂。有人说：三流的老师教知识，二流的老师教方法，一流的老师教思想。当然，知识、方法、思想不能分割，优秀的老师总能在知识之上教给学生掌握知识的方法，并能阐释方法背后的学科思想。改善课堂教学组织，不仅要使学生"结对子"、小组合作学习，老师们也要努力提升自己的教学层次，讲出方法，讲出思想，使每一节课都能体现三维教学目标，激发学生探求未知、学习新知识的兴趣，同时，要研究学法，指导学生掌握适合自己的、科学的学习方法，使每一名孩子都能够高效学习，使我们的教学高效而可持续。

六、改变我们的评价方式

苏霍姆林斯基说过："不能让评价变成贬损孩子的一种手段。"真正的教育应该是不断激励的过程，它不可能在指责、贬斥、让人感到失望甚至无望的境地里产生。每个人身上都有值得肯定、值得赞许的闪光点。教育就是要发现这些闪光点并不断扩大人性的光辉，使学生在积极的期盼、及时的激励之下愈加阳光，使生命温暖而舒展，使学生在体验成功中走向更大的成功。每个人都有自己的优、缺点。因为每一个人都是如此不同，都是独特的个体，都是活泼的生命。教育要多一些标准，多一些肯定，多一些激励。仅用单一的标准（如学业的优秀与否），只会抑制个性的健康成长，使缤纷的生命色彩单调成纯然一色，使独特的生命黯然失色。

改变我们的评价方式，教师要用激励性语言，客观描述学生的进步、潜能与不足。同时，要制订明确、简要的促进学生发展的改进计划，帮助学生认识自我，树立自信。改变我们的评价方式，就要从单一走向多元，同时要把握以下几个原则：

1. 评价要使多数人受到激励。如果一次评价，仅有一半人得到肯定，而另一半人是程度不同的失败者，这样的评价本身就是失败的。我们要鼓励孩子战胜自我，超越自我，在自己已有的基础上有所进步。但不要过分强调战胜周围的人，争夺第一名。胜人者力，胜己者强，向身边的人学习，能够战胜自我的人就是强大的，而同学之间的过度竞争对一个人的成长并无益处。

2. 评价必须有标准。评价在一定程度上是一种客观的量化，是一种价值判断，切不可太随意。评价有失严肃和客观，就会造成适得其反的后果，还会使评价结果成为儿戏和笑柄，失去应有的激励作用。

3. 评价必须重证据：评价是对客观的量化，必须有实实在在的证据，必须实事求是。学生正在成长过程中，他们的一些积极行为可以做适当的正面放大，但要切忌无中生有，人为地扩大事实，给人以虚幻的假象。这样，不但使旁观者不信服，也使被评价者心虚、不自在。

4. 评价应有程序；程序是保障公平、公正的途径。没有程序就不可能保证客观，而不客观的评价有害而无益。

5. 评价结果的运用要庄重。现代奥林匹克运动之父，也是伟大的教育家顾拜旦，在论述奥林匹克精神的时候指出，运动员获胜的“感觉”和“乐趣”，如果只“保留在运动员的内心深处，在某种程度上只是自得其乐”，但如果有了庄严的仪式，“当这种愉悦为阳光所萦绕，为音乐所振奋，为带圆柱形门廊的体育馆所珍藏，该是何等的情景呢?”顾拜旦所推崇的正是超越竞技精神的那种荣誉感，那种在庄严的仪式中感受到的崇高荣誉。因此，我们运用评价结果表彰学生的时候，要精心设计表彰仪式，要庄严而隆重，要激动人心，给学生以崇高荣誉的心灵震撼，产生深刻的激励作用，使学生久久不能忘怀。

让评价的差距成为教师发展的动力

心理学研究表明：差距产生动力。因此，如何使教师真正地认识到自身的差距，是其不断学习、改进的动力之源。

当前，关于教师的评价方法很多，但有些评价结果教师并不认可。也就是说，他们对评价结果的差异所反映的自身差距不以为然。这就很难使其产生改进的动力，甚至会生出许多怨言和不良情绪，不但不能促进其改进，反而破坏教师成长环境与和谐氛围，对教师队伍建设产生不利影响。可见，如何有效评价教师，使教师对评价结果及其差距心悦诚服地认可，是激发教师变革自身的动力、调动教师积极性的关键所在。下面介绍对比问卷的方法，以求解决这一问题。

首先请老师们对一些教师应该具备的素养，如爱心、责任、敬业，以及对学生的理解、对自我目标的理解等进行自我评价，分项给出分数。然后，再让他的上级、同事及学生对同样的内容进行评价，也分项给出分数。同一个指标的两个分数的差距往往给参与者巨大的刺激，从中也可以看出一个人自我认识的水平。一般说来，两个分数差距越小，证明他的自我认识水平越高，反之亦然。

“差距产生动力”。当一个人真正地认识到自身的差距的时候，他就要谋求变革自我，产生改革现状想法和行动。过去我们一直要求老师们提高自我素质，但如果老师们的自我认识水平还比较低，提高素质也就无从说起。

有学者曾以“教师所看重的学生素质”进行对比问卷实验。首先让教师叙说自己的教育风格，然后再通过访谈他的学生们，汇总出学生眼中教师的真实风格。在学习成长、合作能力、良好习惯和纪律四项顺序指标中，教师与学生看法竟如此不同。教师认为，四项指标中，他最为看重的是学生的“合作能力”，而学生却明显地感觉，老师最为重视的是他们的“纪律”。老师们看到这个结果会深感震动，他会反思每次上课回来整顿纪律和对课堂纪律过度关注，他没有想到这些朝夕相处的孩子脑袋里竟会有那么多敏感的东西。他因此也会认识到师生认识上的差距，从而产生改变自己的动力。

一个人是否成熟，其重要的标志是能够客观地、全面地认识自我。我们如何创造一些条件和情景，让老师们在自我评价与同事、学生的评价对比中，不断地认识自我，超越自我，清醒地塑造自我，这应该成为一个重要研究课题。

教师培训要更加注重效果

一个成功的教师培训，关键是要有一个成熟的培训模型，完善的培训方案，这些东西成熟了，再选择恰当的主讲人，培训就能有效果。

以往教师培训，我们更看重培训者本身的作用，总是不惜代价，想方设法请几位“名家”做报告。报告往往很精彩，老师们听了也热血沸腾，但往往理想多，可操作的东西少，激动过后归于平静，最终效果微乎其微，很不理想。

因此，在教师培训开始之前，就要设计好培训模型、培训程序以及实施方法。要把被培训的教师编成一个个小组，对其中的小组长进行为期两天的培训，明确他们的共同目标。尤其重要的是，必须对培训的效果进行评估，以此为依据，为培训结束之后的全面评估建设一个完善的培训评估模型。这样的培训目标明确，程序严谨，特别是评估——反馈——改进，比靠飞来飞去的专家培训班更具实效，更有生命力。

传统的培训，我们往往更关注培训者，更注重对培训者的评价，就像传统的课堂更注重教师讲得如何精彩。而培训的实际目的是要看被培训者的收获如何、提高多少，就如课堂的宗旨是为了学生的学而不是为了展示教师的教。因此，我们应该想方设法把老师们培训前后真实的变化予以衡量。培训前就要对被培训者的基础有质的把握，培训后则应该以科学的方法衡量老师的变化。被培训者的“增值”状况才是真正的培训效果。

基于上述思想，对入职一年的青年教师培训，可按以下的模型实施：

一、培训目的

1. 提高课堂教学的设计能力；
2. 增进师生沟通的技巧；
3. 提高指导个别学生的能力。

二、培训前测

1. 要求参训的每一名教师自由选择教学题目，自主设计课堂教学方案；
2. 要求参训的每一名教师列出与学生沟通的方法及案例；
3. 要求参训的每一名教师写出个别指导学生所使用过的好方法。

以上内容要求在规定的时间内独立完成。

三、分成小组

按照学科每 3—5 人组成培训小组，并指定小组长。全员培训开始前，对组长进行单独培训，使他们了解本次培训的目标、方案及实施办法。

四、专家报告

依据培训的目标各请一名专家做专题报告，每次报告后都安排三个单元时间（每个单元半天）进行反思、分享、撰写报告，最后形成每个人对每个专题的理解和解决方案报告。

五、科学评估

让受训者将培训后撰写的三个解决方案与前测的情况自我对比，对此次培训收获进行总结、评价。在此基础上，培训组织者对受训者的“增值”情况进行评估，撰写培训报告，总结此次培训的价值与改进意见。

给班主任的 20 条建议

1. 准确记住并叫出每一个学生的名字。“叫出名字＋真诚微笑＋喊着名字让学生做点事情”会恰到好处地拉近师生距离。

2. 不要在心里种下“差生”的种子，那样只会收获劣质的教育。温柔是一股坚不可摧的力量，对待强势而有暴力倾向的孩子，以柔克刚，更显智慧。

3. 巧妙运用好赏识教育，用“欣赏＋鼓励＋建议”的方法，帮助学生既看到自身发展的希望，又有切实可行的改进措施。对于“自律”意识薄弱的孩子，有效的“师律”和“友律”是十分必要的。

4. 一张笑脸，能够让学生感到轻松和鼓励；一番激动的话语，能从心灵深处感动学生；一个信任的眼神，能让学生感到受重视。

5. 奖励不可滥用，但可以巧用。要根据学生的年龄特点、心理特点，抓准时机，精心设计奖品，在物质或精神层面对学生及时鼓励。

6. 做一个会讲故事的老师。讲 100 篇大道理，不如讲一个智慧小故事。胸有百个故事，胜似天天说教。

7. 当学生之间产生隔阂和矛盾时，请注意倾听他们各自的感受。不要完全代替学生去处理问题，而是给他们些建议。学生之间的事情，尽量让他们自己去解决。

8. 对于闹矛盾的双方，不要轻易断言谁对谁错，要倾听学生的陈述，多渠道弄清真实原因。要一视同仁，不可偏袒一方，以赢得学生的信任。充分利用好正确的舆论导向，帮助学生进行自我教育，把“坏事”当作教育的契机从而变成好事。

9. 允许学生犯错误，闭上眼睛，先听他说。当他愿意和你说出心里话时，你就已经成功了一半。

10. 对于学生学习或其他方面的错误，要多探究原因，找出问题的症结所在，帮助学生分析，使其心服口服。对于教育而言，过程比结果更重要，成长比成熟更重要。

11. 多和学生聊天、沟通，了解他的学习、生活和想法。让他们感到你不但是他的老师，也是他的朋友。

12. 对班里“问题学生”的家庭背景了如指掌，因材施教是不变的真理。

13. 应该告诉学生：你的生命对爱你的人而言很重要，因此，要对自己的生命负责，同时，也要学会不伤害别人。

14. 信心是力量的源泉。班主任要深入同学之间，走进孩子的心灵，了解孩子的学习起点和困难，对他们的每一点进步不忘随时鼓励，增强信心。

15. 良好的班风建设，需要丰富多彩的活动来推进。为学生创造参与活动的机会，在各类比赛中增强对集体的信赖感和归属感。庆功会是对学生辛勤付出的最佳回馈，鼓励和激励是永不过时的教育智慧。

16. 应该教会学生欣赏别人的优点，学会关心身边的人。

17. 加强自我学习，多向书本、名人、身边的人学习宝贵的经验，力求使自己成为有“绝招”的教师，能够采取多种方式教给学生学习、处理人际关系的“小窍门”。

18. 班主任不在的时候，让“小老师”带领同学们一起学习。创造机会，让这些小老师们与全班同学交流自己的学习经验。

19. 相信学生，给他“100＋1”次机会。

20. 让学生自己评价自己，使其认识到学习上的优势和不足；让学生之间相互评价，了解自己在同伴心目中的位置，激发他们互相帮助的热情；让学生家长有机会评价自己的孩子。完善自己的对学生的认识，以便调整教育方法，有的放矢。

改进作风需解决的五个问题

一、精神状态问题

毛泽东同志讲："人是要有一点精神的。"共产党能够领导革命成功，结束中国近代以来百年耻辱史，建立崭新的中华人民共和国，我看关键一是共产党人掌握了先进的思想武器——马克思列宁主义，二是共产党人具有坚忍不拔的革命精神，前赴后继，勇往直前。今天，我们要办好邯郸市一中，把优秀生源吸引到我们学校，担负起邯郸市高中教育"旗舰"学校的重任，不辜负邯郸市父老乡亲的期盼以及市委、市政府的重托和厚爱，同样需要有点精神，需要全体老师、每一名干部职工都有一种良好的精神状态！这种精神状态突出表现在：

1. 思想境界上。我们身为人师，理应厚德博学，知书达理，豁达大度，平时严格要求自己，遇事顾全大局，光明磊落，有问题说在明处，不在背后捕风捉影，乱发不利于团结、不利于和谐稳定的议论，甚至造谣生事，唯恐天下不乱。身为人民教师，我们不能混同于社会上一般干部、老百姓，应该热爱党，热爱祖国，重事实，讲道理，处处维护人民教师的形象，维护学校的声誉，在享受学校待遇、荣誉的同时，为学校建设增砖添瓦。平时主动工作，为学生的健康成长倾心尽力，以身示范，教书育人。

2. 工作态度上。我们绝大多数教师热爱学生，兢兢业业，以自身的言行弘扬“爱心、责任、敬业”三项核心师德。但也有个别人“当一天和尚撞一天钟”，备课不充分，上课不及要点、喋喋不休、“目中无人”，课堂效率低下，课后作业不认真批阅，也很少找学生沟通、谈话。甚至有的同志签个到就走人，不到点就离校，有事不请假，擅自调课，把教师岗位当作挣钱的职业，把学校当作旅行中的客栈。没有倾心付出，自然落于人后，优秀评不上，表彰轮不着，反而满腹牢骚，一肚子怨气。这样的人正如毛泽东同志描述的“墙上芦苇，头重脚轻根底浅；山间竹笋，嘴尖皮厚腹中空”。希望有这些毛病的同志，端正工作态度，虚心向身边许许多多爱岗敬业的优秀教师学习，学习人家的长处，弥补自己的不足，加快成长步伐，追求高尚的人生目标，不亵渎“灵魂工程师”的光荣称号。

3. 自主自觉上。教师最高的精神境界是自主自觉地从事日复一日的教育工作，即学而不厌，诲人不倦，把教书育人当作神圣的事业，发自心底热爱自己的每一名学生，精益求精地上好每一节课，耐心细致地指导好每一名学生，欣赏学生每一点的成长和进步，并为之产生一种崇高的成就感和幸福感。如果你感到工作给自己带来了委屈和痛苦，那说明你还没有修炼到自主自觉的层次，还在误人误己，还没有主动把握事业，驾驭生活，还处在被动应付的层次。为此，在学习和工作上就要克服懒惰，积极主动投入，用自主自觉的汗水换来学生的爱戴、同事的尊重和心灵的安宁。

二、工作作风问题

一个人的工作作风是疲疲沓沓还是雷厉风行，是得过且过还是追求完美，不仅反映着他的精神状态，更决定着教书育人的水平，影响着学校声誉。工作作风主要看三点：

一看落实。有的同志不把学校的要求当回事，惯性大，惰性大，只凭着经验办事，我行我素。比如课堂教学改革，学校一再强调“两点一导三自主”，要求老师们精心设计每一节课，课堂上落实学生学习主体地位，充分强调学生学习积极性、主动性，实现高效课堂。但仍有个别教师不贯彻，不落实，不思改革，满堂讲，满堂灌。学生已昏昏欲睡，我自仍然独霸讲台，讲个不停，效率低下，误人子弟！教师的职责是教书育人，学校要求“全员导师制”，每名教师都有几名“研究生”需要特别呵护。但就有个别同志不落实，不尽心，没有给学生个别指导、帮助谈心，没有尽到应尽的职责。再比如学校要求“作业试题化”，有的教师不从正面给学生解释其积极意义，只说是学校的要求，使学生十分茫然。还有的教师不按照学校的要求命制试卷，甚至弄虚作假，应付差事，别说贯彻落实好学校的要求，连起码的责任都没有尽到。这种作风如果不改，怎么去教育好学生，怎么来提高教育教学质量？

今天，我再说明一下“作业试题化”的意义及要求：改原来的“周练”为现在的天天“晚测”，一是为了落实我校常规教学“五部曲”中“周练月考阶段性检测”的要求，确保高考学科每周有一次“周练”时间；二是为了及时反馈、巩固一周的教学内容，使老师了解学生对知识的掌握情况，使学生温故知新，减少遗忘，提高学习效果；三是为了避免个别学生学习成绩悄悄地下滑，发现滞后，无法挽回。

要求：

1. 精心命题。试题范围上不超出本周教学内容；难度上以基础题、中档题为主，努力实现难、中、易占 3∶6∶1 的要求；题量上控制好，使多数学生能够在 1 个小时内完成。

2. 科学命题。既命制选择题、辨析题、填空题等易于批阅的识记性试题，又安排能反映出学生思维过程、表达能力、计算水平、方法步骤的简答题、论述题、计算题。

3. 认真批阅、统分，给学生一个及时、准确的反馈。学校要求头一天下午考试的科目，第二天上午 10：00 前完成全批阅、统分，大课间将结果张贴在教室内固定的位置上，10：30 集中，开始教研。希望老师们克服困难，只争朝夕，保质保量，按时完成任务。

注意处理好几个特殊问题：

1. 学生缺考问题。

2. 当天作业与下午周测问题。

3. 后 10% “学困生”的自尊心保护及个别指导问题。

希望老师们会后把有关精神传达给学生，统一思想，坚定信心，克服困难，认真对待每一次“周测”。同时，老师们要贯彻好学校的要求，落实好命题、阅卷、统分、讲评等各个环节，把工作抓实，抓细，抓出成效。

二看创新。创新是一个民族的希望，也是一所学校长盛不衰的根本原因。我们每天都面临着全新的工作，无论教育、教学和管理都有许多地方等待着我们充满激情地进行创造性工作。对学生的教育总是说教，没有创新的形式和载体，收效就不会很大，每一天的课堂教学，总是我讲你听也不可能高效。提高教育教学质量是我校一切工作的核心，是学校的生命线。希望老师们围绕这条主线，创造性地工作每一天，希望我们每一个学科组尽快创造性地总结出高效课堂教学模式，实现持久的高效教学，大面积提高教育教学质量。

三看“较真”。中国人最劣根的行为之一就是“凡事差不多”，不认真，不较真。毛泽东同志讲过：“世界上怕就怕‘认真’二字，共产党就最讲‘认真’。”如果我们每一名同志工作上都有一股“较真”的劲头，都能够持久地、精心地、专注地、较真地去上好每一节课，批阅每一次作业，找每一名学生谈话，我们的工作作风就会显著提升，我们的管理水平就会显著提升，我们的教育教学质量就会显著提升。

三、“爱心”问题

教育是爱的事业，没有爱就没有教育。在师生关系中，只有教师的爱在前，只有不求回报、无私的爱，才能产生良好的教育效果，才能较好地完成教书育人的使命。因此，“爱心”成为我们邯郸市一中教师共同的美德，是我校三项“核心师德”之首。然而，爱的付出就意味着某种牺牲，比如，因为爱心，我们不能看着一个孩子的成绩下滑而不管不问；因为爱心，我们不能看着一个孩子的不良行为任其蔓延。我们要找学生谈心，了解其学习、思想情况，对症下药给予指导和帮助，这必然要占用我们的时间，消耗我们的精力，这就是“爱心”的代价。然而，如果我们不付出真挚的爱，不主动做这些看似琐碎、实际上对学生的成长至关重要的日常工作，就不可能有良好的教育效果。一名上完课就走人，只管教书、传授知识，不问学生成长，不教学生做人的教师，学生转眼间就会把他忘记，他也不能成为学生人生路上的“导师”“引路人”，他也不是真正意义上的邯郸市一中教师。

老师们，既然我们走上了讲台，当上了一名光荣的邯郸市一中教师，我们就应该履行自己的诺言，践行自己的职业道德，对每一名学生充满爱心；无论他是可爱的还是不招人喜欢的；无论他是优秀的还是浑身毛病的；无论他是成绩好的还是成绩差的，只要是你的学生，你就不能嫌弃他们，就应该给他们无私的爱、耐心的爱、宽厚的爱、真心的爱。爱需要倾情付出，也需要讲究方法。因为爱本身就是一门艺术。希望老师们在教育教学实践中“爱”字当头，真心地热爱学生并不断总结出爱的表达方式、方法，产生良好的教育效果。

四、效率问题

当前，我校教书育人和学校管理的任务十分繁重，特别是数学、语文等学科，由于休产假的老师集中，造成多人超工作量，老师们要精心上好每一节课，批阅好每一次作业，辅导好每一名学生，是一件十分辛苦的事情。这其中许多老师克服困难，勇挑重担，事迹感人，应该肯定、表扬。然而，仍有个别同志办公室不备课，上网看大片、玩游戏，教学上马马虎虎，工作上投入不够，效率低下。当前，市里各行政机关都在抓作风纪律整顿，有的单位专人督导，扛着摄像机拍录在工作期间上网闲聊的人，发现一起处理一起，甚至有的人因此转岗、调出。希望大家认清形势，认真整顿作风，执行纪律，努力提高工作效率，不浪费光阴，努力读书学习，不断提升自己，做一名学识渊博、为人师表的“名师”“大家”。

效率不仅是干部、教师的问题，也有学生的问题。大家可以认真观察一下，每天下午4：20第三节下课至6：20晚自习开始之间两个小时，我们的学生都在干什么。可以说，多数班属于“放羊”状态，老师不见影，学生乱哄哄，学生的学习效率从何谈起？学校研究决定，从下周一起，各班的卫生每天搞三次，第一次为中午放学后，值日的同学搞完卫生后关灯、关窗、锁门离开；第二次为下午5：20以后；第三次为晚自习结束之后，值日的同学把本班的室内外卫生搞一遍再离开。每周一、二、四、五下午上好第四节自习课，由年级安排值班老师检查纪律，维持良好的学习秩序。高二年级5：20，高一年级5：30开始课外活动、吃晚饭。除非特殊情况，学校再占用第四节自习课统一安排A级扫除。周三的社团活动，从4：20以后开始，希望各指导教师认真组织，提高活动效率。各体育、艺术专业队特长生训练，教练员更要精心安排，提高时间利用率，不要无端浪费时间，防止学生专业成绩没有上去，反而文化成绩降了下来。

这里，我还要特别表扬高一文1班，即杨丽萍主任担任班主任的体育特长生班。这个班本学期组班以来，无论纪律和学习都有很大进步，就连最头疼的宿舍内务和纪律也有质的变化，被评为“文明宿舍”，学生们的精神气儿很足，状态良好，无论学习还是专业训练，效率都有所提高。这件事情告诉我们，学校的事情没有管理不好的，关键是谁来管，是否用心管，学生是否“亲其师，信其道”。

五、奉献问题

有人讲，老师这个职业是一个良心“买卖”，意思是不好考评、不好量化。我觉得这句话有它的道理，但不全对。因为公道自在人心，学生是教师最好的尺度。别说高中生，即使是小学生，老师是否喜欢他、发自内心地爱他，他也是知道的。爱就是一种奉献，邯郸市一中的每一名教师，都应该把真挚的爱无私奉献于学生，奉献于教书育人的事业，都应该尽到这份教师的良心，不做亏心人。邯郸市一中的每一名干部、职工都应该主动工作，尽职尽责，把心思用在做事上，把精力用在多做事上，把能力用在做成事上，把智慧用在做好事上。遇到工作靠前站，遇到问题不回避，遇到困难不退缩，积极稳妥地处理好每项工作，为教育教学做好支持和服务，为老师们教书育人创造一片明净的天空，创设一中和谐氛围，以卓有成效的工作无愧于学校的传统和荣誉，自觉奉献于本职岗位，爱岗敬业，无怨无悔！

抓好高三备考的几点要求

班主任：

一、重视“三个计划”，抓住关键学生

“三个计划”指：能考上全国名牌大学的“拔尖计划”；针对本一、本二之间，本二、本三之间学生的“提升计划”和至少上本三的“保底计划”。

每次月考后，依据高考研究室提供的数据认真分析，找出班内的关键学生以及他们的薄弱学科，与学生本人和任课教师一起研究提分方案，力争对症下药，调动学生的积极性和任课教师的责任感，使学生在教师的呵护和督促下更快地进步，实现学习成绩的跨越式发展。

二、从严管理班级，营造浓厚的学习氛围

健全班级各项制度，认真贯彻落实。班主任要盯住班，盯紧班，好人好事要勇于表扬，弘扬正气，树立典型；对班内的不良现象敢于批评，使违犯纪律的同学及时受到处罚，让班内的学习氛围更加浓厚。

实践证明，纪律严明的班级，即使学习成绩不够突出，也会慢慢地赶上来；纪律涣散、心态浮躁的班级，高考必然失败。

三、重视每一次考试，及时谈心谈话

每一次考试都是重要的，都应该认真地动员和总结。班主任要教育学生重视每一次考试，养成良好的应考习惯很重要。因此，考前班主任要做好动员，提出要求，让同学们从思想上重视，考试过程中认真对待，一丝不苟，力争减少失误，考出自己的应有水平。考后要帮助学生认真分析、总结，找出成功所在和薄弱之处，及时弥补不足，并找到努力的方向，给自己以信心和目标。

考试结果出来后，班主任要及时圈定谈话对象，和任课教师一起找学生谈话、谈心，了解学生的具体困难，帮助学生打开心结，走出困境；鼓励学生充满信心，刻苦努力；指导学生掌握方法，提高效率。要使每一次考试都能发挥查漏补缺、提振信心、鼓舞士气的作用。

学科组长：

一、组织学好《考纲》，研究近三年高考试题

不学习、不研究、不领会《考纲》精神的备考复习往往事倍功半。高考研究室已为各学科组准备了《2014 年考纲》和近三年高考题，请各位组长组织好学科组全体老师认真学习、研究，在此基础上把握好备考方向，在高考考点上下功夫，在各种考题的命制上做文章，提高备考复习的针对性，彰显邯郸市一中优秀教师的功力、研究力。

二、组织好"一课一研"活动，提高每一节课的效率

当前，我校"一课一研"活动总体还不错，但也有研得不深、不透的问题。希望各位学科组长认真做好规划，组织好全组老师参加"一课一研"活动，按照学校提出的"定时间、定地点、定主讲人""有主题、有讨论、有记录"和落实学案、一课一练、"课间餐"制作人，落实限时训练、周测、月考命题人，落实示范课上课人的"三定""三有""三落实"的要求，精心组织好每一次"一课一研"活动，使老师们能够真正深入研究课堂教学，提高课堂效率。

三、精心命制好每一次练习和考试试题，指导好备考方向

常言道：高考就是指挥棒。高考考什么，教学就必须教什么；高考怎么考，教学就必须怎么搞。这就是高考的指挥棒作用。同理，我们的限时训练、周测、月考就在引导着备考方向，如果试题与高考对路子，我们的备考效果就好；如果题目偏、怪，与高考不合拍，我们的备考复习就要走弯路，出力不讨好！效率低下，劳民伤财。因此，学科组长在带头学习《考纲》，研究近几年高考题的基础上，要把好日常训练、考试的选题关，选编好那些难易适度、背景新颖、考查知识点明确、结构科学的好题、新题、典型题，发挥好每一次考试的作用，真正使学生考一次提高一次，考一次长进一步。

全体教师：

习近平总书记同北师大师生座谈时的讲话中指出：怎样才能成为好老师呢？

第一，做好老师，要有理想和信念。正确的理想信念是教书育人、播种未来的指路明灯。好老师心中要有国家和民族，要意识到肩负的国家使命和社会责任。第二，做好老师，要有道德情操。老师的人格力量和人格魅力是成功教育的重要条件。老师对学生的影响，离不开老师的学识和能力，更离不开老师为人处世和于国于民、于公于私所持的价值观。广大教师必须率先垂范，以身作则，引导和帮助学生把握好人生方向，特别是引导和帮助青少年学生扣好人生的第一粒扣子。师者，人之模范也。教师的职业特性决定了教师必须是道德高尚的人群，合格的教师首先是道德上的合格者，好老师首先应该是以德施教、以德立身的楷模。教师是学生道德修养的镜子。好老师应该取法乎上，见贤思齐，不断提高道德修养，提升人格品质，并把正确的道德观传授给学生。好老师的道德情操最终要体现到对所从事职业的忠诚和热爱上来。好老师应该执着于教书育人。我们常说干一行爱一行，做老师就要热爱教育工作，不能把教育岗位仅仅作为一个养家糊口的职业。有了为事业奋斗的志向，才能在老师这个岗位上干得有滋有味，干出好成绩。老师要有“衣带渐宽终不悔，为伊消得人憔悴”的精神，兢兢业业做好工作。做老师，最好的回报是学生成人成才，桃李满天下。想想无数孩子在自己的教育下学到知识、学会做人、事业有成、生活幸福，那是何等的让人舒心、让人骄傲的成就。第三，做好老师，要有扎实的学识。扎实的知识功底、过硬的教学能力、勤勉的教学态度、科学的教学方法是老师的基本素质。学生往往可以原谅老师的严厉刻板，但不能原谅老师的知识浅薄。这就要求老师要始终处于学习状态，站在知识发展前沿，刻苦钻研，严谨笃学，不断充实、拓展、提高自己。第四，做好老师，要有仁爱之心。教育是一门“仁而爱人”的事业，爱是教育的灵魂，没有爱就没有教育。好老师应该是仁师，没有爱心的人不可能成为好老师。教育风格可以各显身手，但爱是永恒的主题。爱心是学生打开知识之门、启迪心智的开始，爱心能够滋润浇开学生美丽的心灵之花。有人说，好老师的眼神应该是慈爱、友善、温情的，透着智慧，透着真情。好老师对学生的教育和引导应该是充满爱心和信任的，在严爱相济的前提下晓之以理，动之以情，让学生“亲其师，信其道”。好老师要用爱培育爱、激发爱、传播爱，通过真情、真心、真诚拉近师生的距离，滋润学生的心田，使自己成为学生的好朋友和贴心人。好老师应该把自己的温暖和情感倾注到每一个学生身上，用欣赏增强学生的信心，用信任树立学生的自尊，让每一名学生都健康成长，让每一名学生都享受成功的喜悦。

有爱才有责任，好老师应该懂得，选择当老师就选择了责任，就要尽到教书育人、立德树人的责任，并把这种责任体现到平凡、普通、细微的教学管理之中。

老师要具有尊重学生、理解学生、宽容学生的品质，离开了尊重、理解、宽容就谈不上教育。尊重学生越来越成为好老师的重要标准。好老师应该既尊重学生，使学生充满自信、昂首挺胸，又通过尊重学生的言传身教教育学生尊重他人。世界上没有两片完全相同的树叶，老师面对的是一个个性格爱好、脾气秉性、兴趣特长、家庭情况、学习状况不一的学生，必须精心加以引导和培育，不能因为有的学生不讨自己喜欢、不对自己胃口就冷淡、排斥，更不能把学生分为三六九等。对所谓的“差生”或“问题学生”，老师更应该多一些理解和帮助。老师在学生心目中占有重要位置，老师无意间的一句话，可能造就一个天才，也可能毁灭一个天才。好老师一定要平等对待每一个学生，尊重学生的个性，理解学生的情感，包容学生的缺点和不足，善于发现每一个学生的长处和闪光点，让所有的学生都成长为有用之才。

习总书记明确了好老师的四条标准，也为我们指明了奋斗方向。我们每一个人都希望自己做一名好老师，那就让我们按照这个标准，加强修养，努力完善自我，争取早日成为学生心目中、同事视野中的好老师。具体到我们当前的工作，学校希望大家认真落实好“全员导师制”的要求，配合班主任工作，主动与“关键生”谈话，个别辅导，促进学生全面发展，总分不断提高。同时，希望老师们在“一课一研”的基础上认真备好课，辅导好每一节自习，以严谨的作风，无私的奉献，托起学生的明天，勇创高考新辉煌！

提高二轮复习质量必须依靠全体教师

一、严格管理要依靠全体老师

（一）严格管理、从严要求学生，是二轮复习的需要

二轮复习时间紧，任务重，课容量大，如果老师准备不充分就走上讲台，必定出现误人子弟的低效课堂；如果学生毫无准备就来听课，也必定是浑浑噩噩度日，浪费青春和生命，更是无效的课堂。因此，学校要求老师们备课精心，教学目标明确，教学设计科学，讲练结合，内容充实，课堂高效。同时，学校更要求老师严格地要求学生提前阅读课本，预习课堂内容，提前做题，课前做好听课准备，带着问题听课，有备而来听课。这就要求老师们每节课后务必布置好下一节课要学习的内容和阅读课本的要求、练习题目的要求，让学生先看书，先做题，再听讲，这样才能实现每节课都是高效课堂，才能够提高二轮复习的实际效果。为此，老师要严格要求学生，严格检查学生的预习情况，该批评的严格批评，不能马马虎虎，得过且过。这一段话我把它概括为：备好课，再上课；准备好，再听课。

（二）严格要求学生，必须马上开始

二轮复习已经一个月了，还有两个月的时间就必须完成，时不我待。因此，从严要求，让学生练习到位、老师点拨到位、学生的综合能力提升到位必须马上开始；让学生每一天都完成当天的任务，都有所收获、有所提高，都不虚度光阴必须马上开始！希望老师们大量做题，精心备课，并向同学们讲清楚上课的要求，严格要求学生，严格要求自己，师生齐心协力，使学生每一天都有提升，积小胜为大胜。这一段话我把它概括为：时不我待，只争朝夕！

（三）从严要求学生，必须依靠每一位老师

高考是按学生考试总分录取的，老师们都必须有总分这个概念，帮助学生查漏补缺，提升弱项。只有总分提高了，我们才能取得胜利。日常课堂教学，备课老师都要从严要求学生，强力引导学生课前预习课本，完成做题要求，有备而来听课，提高课堂效率。只有如此，才能实现各科都有提升，总分才能提高。这一段话我把它概括为：从严要求，必须依靠每一位老师。

二、把握备考方向，有效训练，必须依靠全体老师

（一）老师的真功夫在研究《考纲》、命制好题方面

老师们要下功夫研究《考纲》，多做试题，精挑细选，命制好限时训练、周测试题等，保证我们的备考方向不偏不倚，保证我们的训练有效实用。

（二）加强试题评阅，增强针对性教学

老师们要争取把学生做的每一次限时训练、周测试题及日常作业都进行评阅，把握住学生的问题所在，开展有针对性的教学，并在学生出问题的知识点和薄弱的地方反复训练，完善知识网络，真正实现二轮复习“专题突破，整体提升”的目的。

（三）对学生进行心理疏导、个别点拨，要依靠全体老师

目前，个别学生高度紧张，心理问题颇多，影响了正常学习，课堂学习效果很差。还有的学生对某些学科产生畏惧，信心全无，心情沮丧。这都需要我们的老师及时指导、点拨，帮助学生渡过这一非常时期，重塑信心，再鼓干劲，走出心理阴影，健康学习，健康生活。教学上必须见林见树，落实到每一名学生身上，特别是“尖子生”，更需要有针对性地指导，不能让他们感到迷茫或无事可做，要及时给他们布置任务，提出要求，使他们快速成长。我们一直强调“全员导师制”，结构工资里面还有一项“全员育人津贴”，老师们一定要用心去做这件事情，你今天“一对一”地帮助了一个孩子，可能就成就了这个孩子的一生，善莫大焉！

三、加强教学研究，搞好一课一研，保证二轮复习的有效、高效，必须依靠全体教师

常言道，三个臭皮匠顶个诸葛亮。二轮复习课容量大，对老师备课要求高，因此，搞好教学研究，“一课一研”尤为重要。学校要求学科组长切实负起责任，组织好“一课一研”活动，集中全组老师的智慧，课前把要上的每一节课的教学内容、课堂设计、练习题目、课后作业等准备好，让我们的课堂充满魅力，让我们的教学质量从每一节课的教学中一点一点提升起来。

认真践行三项“核心师德”，不做教书匠，争做教育家

《国家中长期教育改革与发展规划纲要（2010—2020年）》中指出：“教师要关爱学生，严谨笃学，淡泊名利，自尊自爱，以人格魅力教育感染学生，做学生健康成长的指导者和引路人。”为了使师德建设能够抓住重点，提纲挈领，在广泛征求意见和充分论证的基础上，我们确定了邯郸市一中教师的三项核心师德：爱心、责任、敬业。

一、爱心

苏霍姆林斯基说过：“教育技巧的全部奥秘就在于如何爱护学生。”“爱”是教育中最重要的因素，它是一种发自内心的热情，是教师教育学生的前提，也是教师的一种教育艺术和能力。古今中外的许多教育家都是把热爱学生看作是教师最基本的职业道德。我国近代文学家夏丏尊说得更为直接：“没有爱，就没有教育。”“教育者最可贵的品德之一就是对孩子深深的爱，兼有父母的亲昵、温存和睿智的严厉与严格相结合的那种爱。”这种爱不是溺爱，而是世上最崇高、最无私、最理智的爱。教师用心去热爱学生，学生就会产生积极的情感反馈并唤起相应的情感，形成阳刚、柔美相济的健康的心灵。这样，教师和学生的思想情感和谐统一，才能有效地完成各项教育教学任务。

教育心理学家认为，教师的爱是理智感、道德感和美感凝聚而成的一种高尚的教育情操，其表现是教师对每一名学生的关爱、尊重、理解和期待。只有关爱学生，才能建立起和谐融洽的师生关系，才能使教育活动在宽松、信任的氛围内进行，从而获得理想的教育效果。“亲其师、信其道”，这是儒家的主张。孔子说：“仁者爱人。”法国自然主义教育家卢梭指出：“热心可以弥补才能之不足，而才能不能弥补热心。”关爱学生，是每一位教师在日常教育教学活动中努力工作的原动力，是有效教育的根本条件。

美国心理学家马斯洛在他的“需要层次说”中指出：“青少年时期的需要主要处于爱与归属的层次。在这个阶段，青少年在需要方面的主要心理特征表现为社交、归属、认可、得到爱和给予爱、自尊和来自他人的尊重等。”学生是不断发展的人，是学习的主体，他们有血有肉有思维，有个性有情感有期盼。在素质教育和社会快速变革的背景下，教师要有敏锐的观察、分析能力，顺应时代发展的要求和学生心理的变化，在不断提高教育教学业务水平的同时，不断更新观念，树立与时俱进的正确的学生观，坚持“以学生为本”，为学生的当下负责，为学生的未来尽力，努力培养学生的创新意识和实践能力，促进学生全面发展、健康发展。

关爱学生是沟通教师与学生心灵的桥梁。教育绝非是单纯的知识传递。教育之为教育，在于它是一种人格力量的唤醒，是美好心灵的塑造，这是教育核心之所在。教师之所以被称为“人类灵魂的工程师”，其重要原因之一就是教师在健全学生人格、美化学生心灵的过程中起着十分重要的作用。教师不仅起着“传道授业解惑”的作用，而且潜移默化地影响着学生的思想道德、情绪情感、意志品格、行为习惯等，这种影响可能是终生的、无可替代的。

高尔基说：“爱孩子，这是母鸡也会的事。可是善于教育他们，这就是国家的一桩大事了。”老师往往喜欢、偏爱那些品学兼优的学生，而对那些性格外向、活泼好动、生性顽劣的孩子一般不太喜欢。然而，他们都需要老师的关爱，有个性、有缺陷的孩子尤其需要老师的特殊关爱。因此，教师应该拥有博爱思想，做到有教无类，对那些中等生或后进生更要挖掘他们的优点与可爱之处，及时地鼓励、肯定他们，使他们从内心感到老师的尊重与爱，从而避免自暴自弃、“破罐子破摔”。

二、责任

责任一是指分内应该做好的事，如履行职责、完成任务、尽到责任等；二是指如果没有做好自己的工作，而应承担的不利后果或强制性义务，如担负责任、承担后果等。

托尔斯泰说："有无责任心，将决定生活、家庭、工作、学习成功与失败。"学校教育的成功与失败，系于教师的责任心。一名没有责任心的教师，他不仅浪费了学生宝贵的时间和青春，还会传递给学生一种不负责任的恶劣品性，此所谓"误人子弟"。因此，教师的责任重如泰山。对于一名教师而言，责任心胜于能力。

责任心胜于能力，是因为责任心的缺乏比能力不足的后果更为严重。责任心强，能力不足，可以通过积极主动地工作使潜能得到充分发挥。知耻后勇，奋发图强等这些优秀的品质对学生也是一种良好的正面影响。而能力强缺乏责任心则使能力发挥不出应有的作用，个别教师恃才傲物，桀骜不驯，吊儿郎当，给学生十分不良的影响，对于一名教师而言，这无异于"缺德"、不称职。

责任心胜于能力是恒久不变的真理。无论教师个人有多么出色的能力，只有通过尽职尽责地工作才能完美展现，只有对学生高度负责才能完成自己教书育人的使命。责任心可以改变对待工作的态度，而工作态度将决定工作成绩。只有尽职尽责的老师，才会有积极、健康的心态，才能使工作变成人生的享受，才能获得一个又一个成功。否则，工作只能是人生的煎熬，学生就像是你的"仇人"。这样，即使"才高八斗"的人，人生也毫无意义。

古人云："一年之计，莫如树谷；十年之计，莫如树木；百年大计，莫如树人。"教师担负着教书育人的神圣使命，一定要意识到自己的责任重大，而且要勇敢地承担起这份责任。这就要求我们必须首先做好自己的本职工作，同时还要及时发现教育教学中出现的问题，能采取积极的态度分析和解决这些问题。对于问题中应由自己担负的责任要勇于承担，并找到解决的办法。即使没有自己直接的责任，也要想到今后如何避免类似问题再次发生，自己可以在其中做哪些工作，并通过正常渠道提出改进的建议。不要总是强调客观原因，例如抱怨领导不了解情况或学生水平低，还是要多反思自己的水平、能力和责任心如何。

承认不足和承担责任不会降低教师的威信，而不敢担责任恰恰是教师不够自信的表现。教师可能在业务能力、工作水平方面尚有差距，但是一个对工作不负责任的人很难获得领导、同行和学生的认可。

下面，举几个有关责任的典型案例：

（1）“三鹿毒奶粉”事件：早在2007年12月，三鹿集团就陆续收到消费者投诉。2008年7月，问题奶粉事件扩大化惊动三鹿高层，企业将产品送河北省出入境检验检疫局检测。在得到检测报告之后，三鹿许多高管认为，召回产品会造成名誉受损，于是决定以悄悄换回的方式取代召回。当时，正是中秋节和国庆节临近之时，市场上对于奶制品的需求异常大，三鹿原掌门人田文华说，即使开足马力生产，三鹿集团也无法用不含三聚氰胺的奶粉换回已销售出去的含三聚氰胺的奶粉。在此情况下，三鹿集团再次开会，决定以三聚氰胺含量较低的奶粉代替三聚氰胺含量较高的奶粉。这一切，使得问题奶粉发现之后仍然源源不断地流向了市场，终于导致了无法挽回的损失。

（2）假运钞车骗取巨款奇案：2001年5月9日18时40分，一辆“运钞车”停在中行温州市分行体育中心分理处门口，仍在屋内盘账的出纳没有出来验车验人，即吩咐保安将三箱现金直接搬上车。保安人员发现运钞人员面孔陌生，以为是换了新人，也没有过问。按照规范的工作程序，现金交接手续由出纳负责与运钞人员办理，可是分理处的会计见出纳仍在屋内盘账，就出去代签了字。直到真的运钞车驶来，大家才如梦初醒。

（3）武汉某大厦原是民国年代建造的，已经很旧很旧了。一天，居住在这所大厦里的人收到了一封来自英国一家建筑设计所的信。信中说：这所大厦是他们在几十年前设计建造的，目前，它已经超过了建筑设计年限，为了安全起见必须翻新改建。

关于责任的名人名言：

（1）凡属我受过他好处的人，我对他便有了责任。凡属我应该做的事，而且力量能够做得到，我对于这件事便有了责任。凡属我打主意要做一件事，便是现在的自己和将来的自己立了一个契约，便是对于自己加一层的责任，那良心便时时刻刻监督在后头。一日应尽的责任没有尽，到夜里头过的便是痛苦的日子；一生应尽的责任没有尽，便死也带着苦痛往坟墓里去。

——梁启超

(2) 高尚、伟大的代价便是责任。

——丘吉尔

这就是责任:

小时候,她问过他:“责任是什么?”

他不太懂,她也没有再问。

时光伴着两人慢慢长大,两人的关系一直很好。

月下老人为他们牵了红绳,两人结成了夫妻。

新婚之夜,她又问他:“责任是什么?”

他还是没说,

自此,她也没有再问。

而他,在每一个失眠的夜晚,都会想起她的话:“责任是什么?”

他想:“也许是少时为她而打仗,也许是初恋时的第一次拥抱,也许……”

她很不幸,在他的事业有成之时,却得了不治之症,她的脸失去了往日的艳丽和光彩。

他很伤心,但他相信,他能给她一个快乐的留念。他在岗位和家之间奔波,撑起这片天空,一道道皱纹也爬上了他英俊的脸庞。

但在她心中,他依然英俊潇洒,因为她爱他。

但在他心中,她依然美丽娇羞,因为他爱她。

慢慢地,他明白了,这就是责任,一种因爱而产生的力量。

当她将离开人世的时候,她再次问他:“责任是什么?”

他紧拥着她,含着眼泪说道:“我想了一生,现在总算明白了,责任就是我为你修筑的通向安全的隧道;责任就是我用身体为你筑就的躲避风雨的港口。你说对吗?”

她幸福地笑了。

她无力地说:“其实,我心中的责任,就是你永远爱我。”

三、敬业

敬业就是尊重、敬畏自己的工作，就是“专心致志以事其业”，就是用一种很恭敬严肃的态度来对待自己的职业，表现在工作上是专心、认真和负责。

一个年轻人在一家酒店找到了第一份工作：洗马桶。小伙子因此心灰意冷。这时，一位前辈出现在他的面前，什么话也没说，亲自洗马桶给他看，等到洗干净了，前辈从马桶里盛了一杯水，当着他的面一饮而尽。

这情形极大地震撼了小伙子。从此，小伙子脱胎换骨，每天勤勤恳恳地工作，工作质量达到了无可挑剔的水准。终于有一天，他也可以从自己洗过的马桶里盛一杯水，眉头不皱地喝下去。

这小伙子就是后来世界旅馆业大王——希尔顿。

一群同样学历的人，在同一个单位，从事同样的工作，若干年后，有人脱颖而出，而另外一些人却碌碌无为，事业无从谈起。其中的缘由究竟在哪里呢？原因在于不同的工作态度：庸庸碌碌，抱着当一天和尚撞一天钟的态度对待工作，不求有功，但求无过，甚至有的“和尚”连钟都不撞。扪心自问，我们需要一种什么样正确的态度去营造自己的事业、自己的未来呢？

时代的变化，对我们的工作提出了更高的要求，要求我们具有良好的专业技能，更要求我们有一种敬业精神。尤其是对那些刚踏入社会和真正想成就一番事业的同志，如果没有一颗敬业的心，或对自己的职业定位不准确，或好高骛远，总觉得自己目前的岗位不如意，就会敷衍了事，得过且过。长此以往，就会游离于团队之外，行为方式就难以与工作要求协调一致，更谈不上自己的事业得到良好的发展，最终将会被单位、社会淘汰出局。

实际上，一个人的目标不管有多远，兢兢业业地做好本职工作是实现理想的第一步和最基本的要求。在工作中，许多时候决定成败的往往是工作态度、敬业精神而非工作能力。只有全力以赴投入教书育人的工作中，才能实现与学生的沟通，才能够找到自己努力的方向，个人的潜能才能得到充分挖掘，而增长的才干又会让人更加兢兢业业工作，如此良性循环，日后才能成功。

社会在变化，在进步。新时期，“敬业”被赋予了“勇于创新，接受新知识”的深刻内涵。邯郸一中的每一位老师，不仅要努力把本职工作做好，把心用在教书育人的伟大事业上，而且要循序渐进，顺应时代潮流，不断求新知，求进步，走好专业发展之路，面对性格迥异、千差外别的学生，主动开展校本研究，从“教书匠”向“教育家”迈进。

“敬”字在中国文化中有很高的地位。敬是人与人交往的首要原则，也是人与人关系的最佳尺度，它要求待人礼貌客气、诚恳尊重、和气谦让。对人的要求如此，对工作也同样。梁启超认为：一个人对自己的职业不敬，从学理方面讲，便是亵渎职业的神圣；从事实方面说，一定把事情弄糟了，结果自己也会遭殃。所以敬业对人生至关重要。希尔顿喝下洗过的马桶里的水，就是对自己工作的一种敬畏。

作为一名教师，必须做到先敬业，再乐业。敬业是乐业的基础，敬业是生存的需要。人生没有比生存更重要了。所以，敬业、乐业是人生的起码要求。只有乐业敬业者，才能创造供人生存和发展必需的物质财富和精神财富，才能创造出生存、生活的源泉，才能找到生存的真正理由。只有乐业敬业的教师，他的生活才更有趣，他的生存才更有意义，他的生命才更有价值，他才能够真正体验、认识到教育工作的伟大意义。因为国运兴衰系于教育，教育兴衰系于教师，只有好的教师，才有好的教育。要做一名合格的教师，就要认认真真做事，踏踏实实做人。因此，作为教师，首先要把敬业乐教内化为自己的理念，教书育人，无私奉献，使之成为师德规范的最高境界。只有这样，我们才能被教育工作本身具有的乐趣深深吸引，才能体会到教师工作的无穷魅力、无上光荣。

其次，教师者，传道授业解惑也。在行为上教师要做到“学高为师，身正为范”，这就要求教师必须敬业乐教、不断探索、不断创新、不断攀登。只有这样，他才能找到最强烈的成功感受和人生的真正价值，他才能“学高”。而教师的乐教敬业也将作为典范影响学生在社会上的为人做事，成为学子们的榜样。

最后，作为教师，他的职业注定要求他安于平凡，淡泊名利，讲究职业良心。陶行知所言：“捧着一颗心来，不带半根草去。”刻画出一名教师的赤诚之心、敬业之心、奉献之心、执着之心。因此，乐教敬业是一种修养、一种品格、一种境界、一种追求，是邯郸市一中教师的核心师德之一。

作为邯郸市一中的教师，在弘扬“爱心、责任、敬业”三项核心师德的同时，要特别强调“先忧后乐”的职业追求、“为国育才”的国家责任和“以生为本”的道德底线，把握“德育为先”的教育规律，牢固树立“全面发展”的教育目标，把生命教育理念贯穿到全部教育教学活动之中。不能眼盯着学生却目中无人，不能看学生这儿不顺眼，那儿也不完美，而应首先把学生当作“人”来看待，做到人格平等，敬畏生命；其次把学生当作“孩子”来爱护，呵护生命；最后再把学生当作“学生”来教育，激活生命，焕发生命的光彩。

我们不能做有职业没有理想的教师。因为这样的教师把教书育人当作了谋生的手段，用交换的原则衡量付出和报酬，斤斤计较，总觉得自己吃亏。这样的人生谈不上幸福，这样去工作也不可能出色。我们当中有的人很有潜力，但至今也得不到学生的钦佩和赞赏，人生的价值没有充分实现，自己也不满意。究其原因主要是缺乏职业神圣感，没有把教书育人看作是一项百年树人的伟大事业，缺乏工作激情，没有忘情投入，只看到当前的困难和苦恼，没有看到未来。

教师是以成就学生来成就自己的高尚的人，他们以帮助学生成长为乐，以帮助学生成功为荣。他们学而不厌，诲人不倦，钟情于教书育人，甘心奉献，甘于寂寞。虽默默无闻，却树丰碑于学生心中，成为学生最喜爱、最敬佩的人。同时，也得到了同行及周围人的尊敬，自己也具有很高的成就感和幸福感。我校的岳印山、李兴河、弓何云、闫丽霞、焦美玲、刘玉星等优秀教师都是突出的代表。

“知之者不如好之者，好之者不如乐之者。”优秀的教师总是千方百计激发学生对学科的兴趣，他们不仅教给学生知识，而且注重传授获取知识的方法，最重要的是他们不断启发学生学科兴趣，从而使学生深深地喜欢上这门学科，进而主动学习，主动探究，成为学习的优胜者。

希望老师们，特别是青年教师，要有“板凳坐得十年冷，教书育人终不悔”的精神，深入研究教材，深入研究学生，深入研究课堂教学艺术，把握课堂节奏，当好“导演”，做好“导航”和“点拨”，完成每一节课的教学任务，实现每一节课的教学目标，从教知识提升到教方法再到启蒙思想，不做教书匠，勇当教育家。

提升“四力”带队伍，提高质量谱新篇

学科组是我校教学组织的基本单位，学科组长是引导我校教学方向、提高教学质量的领军人物。学科教学活动、教学研究、学情分析、教学策略等全部靠学科组长来领导，全部靠学科组来实施。因此，依靠学科组和学科组长提高教学质量、加强学科组长队伍建设就成为新学期我校教学工作的重中之重。

学科组长要努力提升“四力”，带好队伍。

一、提升自信力

学科组长既是学科组的行政领导，又应该是学科教学的权威，是一个学科的代表人物。凡是能够被任命为学科组长的老师，业务上一定是大家公认的，人品上一定是大家认可的。同时，学科组长自身也要有充分的自信心，相信自己通过努力，一定能够发挥全组老师的积极性，分工合作，各尽其能，带领学科组全体老师创造性工作，高质量、高水平地完成教学任务，实现自己的业务抱负，促进学科教学工作的开展。

自信心是动力的源泉之一，只有相信自己，工作才能主动开展；只有主动开展工作，才能有所作为。所以，希望全体学科组长都能满怀自信，积极工作，在学校总的教学原则指导下，创造性地开展各项活动，把学科教学水平引领到新的高度。

二、增强凝聚力

学科组长从老师中来，要努力成为全组老师的专业伙伴，用情感力量把大家凝聚起来，团结在一起。为此，学科组长要有谋事的能力，凡事谋划在前，让全组老师感受到工作的计划性。同时，要有担当的勇气，遇到难事、费时出力的事，自己主动担当，让老师们看到你模范的作风，愿意跟你走。特别重要的是，组长要用心待人，真诚待人，把组内的老师当成自己的兄弟姐妹，老师个人有了什么事情，倾力相助，热心帮忙，把学科组建设成一个温暖的大家庭。这样，老师们才能够舒心、顺心，忘我地投入工作，把业务搞好，把学科组建设好。

三、提升感召力

学科组长是学科团队领导，日常工作要努力展现自己组织协调的人格魅力，遇事主动向前，想方设法解决。如"一课一研"的安排，教务处有关要求的落实，都要主动作为、协调，带领大家一起努力把事情做好。同时，学科组长要努力使自己成为学科领袖、学科权威，使学科组的老师自愿跟你走，内心佩服你。为此，各位学科组长要多听同组老师的课，博采众长，要勤于钻研业务，勤读书，多做题，教学上、教研中能带领大家一起向前走。

四、扩大影响力

学科组长自身成为教学专家、学术权威的同时，要积极组织、开展学科活动，扩大学科影响力，使学科教学和研究的水准不断提高，如开展学科宣言、学科竞赛、学科月活动等，并经常组织反思、总结、撰写文章，在各级刊物上发表，以扩大学科的影响，为学科组的老师们成名成家创造条件，使学科活动丰富多彩，教学水平蒸蒸日上。

本学期，我校要求在教学上、学习上、教学评价上做到三个"三位一体"，即：

教学上：学案、一课一练、课间餐三位一体。

学习上：个人反思、小组讨论、课堂展示三位一体。

评价上：限时训练、周测、月考三位一体。

学校要求各学科组在学案的基础上，同步编辑《一课一练》和《课间餐》，课前一并下发给学生。其中，《一课一练》针对性要强，覆盖面要全，使学生通过练习能够巩固住课堂学习的内容，达到学习上步步为营的目的，夯实每一个知识点，不留遗憾。《课间餐》主要是占领学生的零星时间，扩展思路，供学有余力的同学使用。《课间餐》主要包括“知识要点”“重要规律”“典型题目”“拓展思维”等四个部分，简明扼要，一般一课一篇为宜。它与《一课一练》和学案相辅相成，浑然一体，从三个维度保障了教学质量。

学校要求学生课后做好复习、反思，把课堂教学的重点、难点搞清楚，知识线索理明白，典型例题真掌握，对疑惑之处在学习小组里讨论。学校要求各班成立若干学习小组，每小组 6—7 人为宜，每人担任一个学科的组长，负责组织同学们讨论本学科的疑难问题，促进同学们共同成长。课堂上老师要给学生展示的机会，学校倡导每节课前 5 分钟专门用于学生学习成果展示。这样，既激发了学生学习的热情，又回顾、复习、巩固了所学知识，完成了一个重要的教学环节。通过个人反思、小组讨论、课堂展示三位一体的落实，使课堂教学目标进一步深化，学生对知识掌握的程度更加牢固、系统。

在教学评价上，学校进一步强调落实好限时训练、周测、月考三位一体的科学模式，特别强调学科组长要把好命题关，杜绝错题，不出偏、难、怪题，做到试卷容量适度，针对性强，难易合理，分值正态分布，起到日清、周清、月月清的作用，使学生对自己的学科学习状况有一个清楚的认识，使教师对本学科的教学有一个清楚的认识，使教师对本学科的教学有一个科学的评估，进而做好反馈、调整，使学科教学稳步推进，不至于出现大的偏差。

通过教学、学习和评价上的三个“三位一体”的落实，相信我们的教学质量就能得到保证。这里面大量的工作，包括对学生的要求和训练，都需要学科组长统一安排，统一要求，带头实践，亲自把关。同时，积极调动全组老师的积极性，做到教学相长，业务水平不断提升，创出我们邯郸市一中的品牌来！

关于教学研究方面，学校的要求是：一课一研，研之有物，研之有情，以一法解百惑。

总体来说，我校各学科组“一课一研”活动搞得都比较好，大家都是受益者。新的学期，学校要求各学科组进一步搞好“一课一研”活动，严格做到三定：定时间，定地点，定主讲人。三有：有主题，有讨论，有记录。三落实：

落实学案、《一课一练》《课间餐》制作人，落实限时训练、周测、月考命题人，落实示范课上课人，做到“研”之有物。同时，要做到“研之有法”，即研究教学方法、学习方法。通过集思广益和学科组老师们的大量实践，探寻本学科行之有效的教学模式和教学方法，“以一法解百惑”，形成学科教学特色。同时，要研究、指导学生的学习方法，让孩子们顺利进入学科世界的大门，掌握学科学习的要领，并逐步上升到“学一法解百惑”，掌握科学的学科学习方法，达到事半功倍的效果。

教学是学校工作的中心，教师是办好学校的根本，而学科组长又是一个一个教师团队的领导者、引导人，学科组长过得硬，学科团队就有战斗力，就能打胜仗。学校衷心地希望各位学科组长在其位，谋其政，扛起旗，行其令，把全组老师们引领好，把教学工作完成好！

做党和人民满意的好老师

习近平总书记2014年9月9日同北师大师生座谈时讲话的题目是“做党和人民满意的好教师”。他开篇就说，教育是提高人民综合素质、促进人的全面发展的重要途径，是民族振兴、社会进步的重要基石，是对中华民族伟大复兴具有决定性意义的事业。教师是人类历史上最古老的职业之一，也是最伟大、最神圣的职业之一。人们常说：“教师是太阳底下最崇高的职业。”自古以来，中华民族就有尊师重教、崇智尚学的优良传统，正所谓“国将兴，必贵师而重傅；贵师而重傅，则法度存”。在古代，孔子被推崇为“大成至圣先师”，被誉为“万世师表”。中华民族5000多年文明发展史上，英雄辈出，大师荟萃，是与一代又一代教师的辛勤耕耘分不开的。

他接着又说，邓小平同志曾经指出：“一个学校能不能为社会主义建设培养合格的人才，培养德智体全面发展、有社会主义觉悟的有文化的劳动者，关键在教师。”教师重要，就在于教师的工作是塑造灵魂、塑造生命、塑造人的工作。一个人遇到好老师是人生的幸运，一个学校拥有好老师是学校的光荣，一个民族源源不断涌现出一批又一批好老师则是民族的希望。国家繁荣、民族振兴、教育发展，需要我们大力培养造就一支师德高尚、业务精湛、结构合理、充满活力的高素质专业化教师队伍，需要涌现一大批好老师。

那么，怎样才能成为好老师呢？每个人心目中都有自己好老师的形象。做好老师，是每一个老师应该认真思考和探索的问题，也是每一个老师的理想和追求。我想，好老师没有统一的模式，可以各有千秋、各显身手，但有一些共同的、必不可少的特质。

第一，做好老师，要有理想信念。陶行知先生说，教师是“千教万教，教人求真”，学生是“千学万学，学做真人”。老师肩负着培养下一代的重要责任。正确的理想信念是教书育人、播种未来的指路明灯。不能想象一个没有正确理想信念的人能够成为好老师。唐代韩愈说：“师者，所以传道授业解惑也。”“传道”是第一位的。一个老师，如果只知道“授业”“解惑”而不“传道”，不能说这个老师是完全称职的，充其量只能是“经师”“句读之师”，而非“人师”。古人云：“经师易求，人师难得。”一个优秀的老师，应该是“经师”和“人师”的统一，既要精于“授业”“解惑”，更要以“传道”为责任和使命。好老师心中要有国家和民族，要明确意识到肩负的国家使命和社会责任。

第二，做好老师，要有道德情操。老师的人格力量和人格魅力是成功教育的重要条件。“师也者，教之以事而喻诸德者也。”老师对学生的影响，离不开老师的学识和能力，更离不开老师为人处世和于国于民、于公于私所持的价值观。一个老师如果在是非、曲直、善恶、义利、得失等方面老出问题，怎么能担起立德树人的责任？广大教师必须率先垂范，以身作则，引导和帮助学生把握好人生方向，特别是引导和帮助青少年学生扣好人生的第一粒扣子。

“师者，人之模范也。”教师的职业特性决定了教师必须是道德高尚的人。合格的老师首先应该是道德上的合格者，好老师首先应该是以德施教、以德立身的楷模。师者为师亦为范，学高为师，德高为范。老师是学生道德修养的镜子。好老师应该取法乎上，见贤思齐，不断提高道德修养，提升人格品质，并把正确的道德观传授给学生。

师德是深厚的知识修养和文化品位的体现。师德需要教育培养，更需要老师自我修养。做一个高尚的人、纯粹的人、脱离了低级趣味的人，应该是每一个老师的不懈追求和行为常态。好老师要有“捧着一颗心来，不带半根草去”的奉献精神，自觉坚守精神家园，坚守人格底线，带头弘扬社会主义道德和中华传统美德，以自己的模范行为影响和带动学生。

好老师的道德情操最终要体现到对所从事职业的忠诚和热爱上来。好老师应该执着于教书育人。我们常说干一行爱一行，做老师就要热爱教育工作，不能把教育岗位仅仅作为一个养家糊口的职业。有了为事业奋斗的志向，才能在老师这个岗位上干得有滋有味，干出好成绩。如果身在学校却心在商场或心在官场，在金钱、物欲、名利同人格的较量中把握不住自己，那是当不好老师的。

做老师，最好的回报是学生成人成才，桃李满天下。想想无数孩子在自己的教育下学到知识、学会做人、事业有成、生活幸福，那是何等让人舒心、让人骄傲的成就。

第三，做好老师，要有扎实学识。老师自古就被称为“智者”。俗话说，前人强不如后人强，家庭如此，国家、民族更是如此。只有我们的孩子们学好知识了，学好本领了，他们才能更强，我们的国家、民族才能更强。

扎实的知识功底、过硬的教学能力、勤勉的教学态度、科学的教学方法是老师的基本素质，其中知识是基础。学生往往可以原谅老师严厉刻板，但不能原谅老师学识浅薄。“水之积也不厚，则其负大舟也无力。”知识储备不足，视野不够，教学中必然捉襟见肘，更谈不上游刃有余。

国外有教育家说过：“为了使学生获得一点儿知识的亮光，教师应吸进整个光的海洋。”在信息时代做好老师，自己所知道的必须大大超过要教给学生的范围，不仅要有胜任教学的专业知识，还要有广博的通用知识和宽阔的胸怀视野。好老师还应该是智慧型的老师，具备学习、处世、生活、育人的智慧，既授人以鱼，又授人以渔，能够在各个方面给学生以帮助和指导。

陶行知先生说：“出世便是破蒙，进棺材才算毕业。”这就要求老师始终处于学习状态，站在知识发展前沿，刻苦钻研，严谨笃学，不断充实、拓展、提高自己。过去讲，给学生一碗水，教师要有一桶水，现在看，这个要求已经不够了，应该是要有一潭水。

第四，做好老师，要有仁爱之心。教育是一门“仁而爱人”的事业，爱是教育的灵魂，没有爱就没有教育。好老师应该是仁师，没有爱心的人不可能成为好老师。高尔基说：“谁爱孩子，孩子就爱谁。只有爱孩子的人，他才可以教育孩子。”教育风格可以各显身手，但爱是永恒的主题。爱心是学生打开知识之门、启迪心智的开始，爱心能够滋润、浇开学生美丽的心灵之花。老师的爱，既包括爱岗位、爱学生，也包括爱一切美好的事物。

有人说，好老师的眼神应该是慈爱、友善、温情的，透着智慧，透着真情。好老师对学生的教育和引导应该是充满爱心和信任的，在严爱相济的前提下晓之以理，动之以情，让学生“亲其师”“信其道”。好老师要用爱培育爱、激发爱、传播爱，通过真情、真心、真诚拉近与学生的距离，滋润学生的心田，使自己成为学生的好朋友和贴心人。好老师应该把自己的温暖和情感倾注到每一个学生身上，用欣赏增强学生的信心，用信任树立学生的自尊，让每一个学生都健康成长，让每一个学生都享受成功的喜悦。

有爱才有责任。好老师应该懂得，选择当老师就选择了责任，就要尽到教书育人、立德树人的责任，并把这种责任体现到平凡、普通、细微的教学管理之中。正是因为爱教育、爱学生，我们很多老师才有了用一辈子备一堂课、用一辈子在三尺讲台默默奉献的力量，才有了在学生遇到危难时挺身而出的勇气，才有了敢于攻克新知新学的锐气。老师责任心有多大，人生舞台就有多大。

老师还要具有尊重学生、理解学生、宽容学生的品质。离开了尊重、理解、宽容同样谈不上教育。学而不厌，诲人不倦，有教无类，因材施教，教也多术，就是要求老师具有尊重、理解、宽容的品质。这本身就是一种伟大的教育力量。受到尊重、得到理解、得到宽容，是每一个人在人生各阶段都不可缺少的心理需要，儿童和青少年更是如此。一些调查材料反映，尊重学生越来越成为好老师的重要标准。好老师应该懂得尊重学生，使学生充满自信、昂首挺胸，又通过尊重学生的言传身教教育学生尊重他人。

我看了不少优秀教师的事迹，很多老师一生中忘了自己，把全部身心扑在学生身上；有的老师把自己有限的工资用来资助贫困学生，生恐学生失学；有的老师把自己的收入用来购买教学用具；有的老师背着学生上学，牵着学生的手过急流、走险路；有的老师拖着残疾之躯坚守在岗位上。很多事迹感人至深，催人泪下，这就是人间大爱。我们要在广大教师中、在全社会大力宣传和弘扬优秀教师的先进事迹和高尚品德。

好老师不是天生的，而是在教学管理实践中、在教育改革发展中锻炼成长起来的。衷心祝愿每个教师都能成为符合党和人民要求、学生喜欢和敬佩的好老师，希望每个孩子都能遇到好老师。

习总书记把好老师的特质概括为四点，即：好老师要有理想信念；好老师要有道德情操；好老师要有扎实学识；好老师要有仁爱之心。话讲得十分朴素，也与我校教师的三项核心师德“爱心、责任、敬业”高度契合。结合我校实际，希望大家能够努力做好以下几点，争做党和人民满意的好老师：

一、克服困难，遵守劳动纪律。当前，我校多数老师在中华校区办公，离家路途较远，上下班很辛苦。在此困难情况下，党员教职工要以身作则，早来晚走，坚守岗位，为全校师生做出表率。

二、刻苦学习，精心备课，不在办公室上网聊天、玩游戏、看大片、购物等。如今，要给学生一碗水，教师要有一潭水。因此，教师要学无止境，永远在学习的路上。在专业知识上，邯郸市一中的老师一定要高标准要求自己，平时多翻看一些学科杂志、专业论著，多做几道学科习题，精心备好每一节课，批阅好每一份作业，并写下精彩的点评，做一个手不释卷、热爱学习、精心钻研业务、专业水平较高的好老师。

党员教职工要带头杜绝在办公室上网聊天、购物、看大片等现象，不用网络干与业务无关的事情。做学习业务知识、精心备课的模范。

三、爱生敬业，教书育人，落实好全员导师制。当前，我们面对的学生人数众多，参差不齐，教育教学任务十分繁重，再加上我校远离市区，一部分老师上班离家很远，十分辛苦。在此特殊的困难时期，全体干部、教职工唯有艰苦奋斗，爱岗敬业，无私奉献，咬牙顶住各种困难，把教育教学质量提上去，保持住，使我们的新校区能经受住考验。唯有如此，我们才能取得邯郸市广大学生和其家长的信任，留住优秀生源，我们才有出路，才有希望，我们的各种荣誉才能保住，学校才会焕发生机，全校教职工的美好生活才有保障。为此，我们要有“强避桃源作太古，欲栽大木拄长天”的精神和勇气，既教书又育人。认真落实好全员导师制的要求，主动认领学生，经常找学生谈心谈话，关心学生的学习、生活，帮助学生渡过一个又一个难关，实现学习上突飞猛进，身心上健康成长，使家长放心，社会满意。

一个教书育人、有道德情操的好老师，一是会把爱生敬业作为教育工作的根本准则。“敬业者，专心致志以事其业也。”有爱生敬业精神的教师，才会心系学生，献身教育；才会严谨治学，成就学生；才会去除浮躁之气，远离功利之风；才会把心放在学生身上，把根扎在三尺讲台。这样的好老师是不会搞家教、谋私利的，我们邯郸市一中的每一名党员教师，都应该是这样的好老师。

四、行为文明，为人师表，处处做出表率。教师是道德的模范，党员同志更应该在小节上处处彰显这种人格的光辉。比如，出入校门下车，自行车、机动车放在规定的位置上，做到课前候课，衣着得体，落落大方，谈吐文明，不伤害任何一名同事和学生，对自己的每一名学生负责，经常谈心谈话、点拨、鼓励，给学生以方法上的个别指导和精神上的支持、激励。要求学生做到的，自己一定做到，如，上课不迟到。作业留必收，收必阅，阅必评，处处成为学生人格上的典范。

习近平指出，一个人遇到好老师是人生的幸运，一个学校拥有好老师是学校的光荣，一个民族源源不断涌现出一批又一批好老师则是民族的希望。自古以来，中华民族就有尊师重教、崇智尚学的优良传统。党和国家事业发展需要一支宏大的师德高尚、业务精湛、结构合理、充满活力的高素质专业化教师队伍，需要一大批好老师。

既然我们选择了教师这个岗位，我们就要做到人格的表率，就要言教与身教并行，就要立德树人，就要做党和人民的满意的好老师。让我们共同努力，为邯郸市一中的发展贡献自己的力量！

努力做研究型教师，创造不凡的教育人生

我们每个人都有这样的感觉，假期过得真快，还没有什么感觉呢就已经过去了。特别是假期值班的同志们，教育处和新高一年级组织军训的干部们、老师们，办公室、招生办、高考研究室、财务室负责宣传、招生、收费的同志们，总务处的同志们，尤其是参加高三补课的老师们和高二、高三年级组织数、理、化、生学科竞赛的教练员老师们，带队外出比赛的篮球、足球队等的教练员老师们，更是放弃了休息，忘我地投入到工作之中。在此，我代表学校向暑假期间坚持工作的老师们、同志们表示衷心的感谢！

从假期到上班，出现一些不适应是再正常不过的现象。所以，每当听到有同事发出这样的感慨，大家都会报以理解的一笑。如果这种现象发生在我们的课堂上，学生不能很好地投入学习中，你的表现是什么呢？你是否也报以理解的一笑？如果是，那你一定是个善解人意、学生喜欢的老师。如果你思考过、想办法帮助学生尽快度过不适应期，你就已经在做着研究型教师的事情了。如此说来，任何一名老师都完全可以成为一名研究型教师。所以，我今天给大家谈的这个话题——“努力做研究型教师，创造不凡的教育人生”具有非常广泛的群众基础。

一、成为研究型教师需要具备的基本条件

什么是研究型教师呢？研究型教师是具有较强的研究意识和研究能力，在教育教学实践中勤于反思、善于反思，能不断地发现问题、提出问题、分析问题、解决问题，并能自觉运用先进的教育思想和方法指导实践，改进自己的教育教学行为，积极探索创新，提高教育教学效果的教师。研究型教师能积极主动地反思自己的教育教学行为，具有较强的职业敏感性、反思意识、合作精神和科研意识，他们能及时发现教育教学工作中的问题，针对问题积极探索研究，主动吸收教育科学理论和同行经验，提出新的切实可行的办法，不断改进自己的教育教学工作。

有这样两个公式：30 年≥30 年；30 年＝1 年。这两个公式显示了研究型教师和教书匠（经验型教师）的区别：同样有 30 年教龄，对于研究型教师和教书匠而言，含义大不相同。因为研究型教师教 30 年同样的课本，他年年在备新课，出新教案，他每天每月每年都在根据学生的新变化创造性地安排自己的教学活动，他名副其实地教了 30 年，创造了 30 年。而教书匠的教案常常是 30 年一贯制，他利用老办法，讲老内容，每天每月每年都在重复自己。所以，他虽然有 30 年教龄，但充其量只能说他教了 1 年而重复了 29 年。所以，研究型教师就是让自己的教育教学工作充满创新的教师。具体来说，成为研究型教师需要具备以下几个条件：

1. 研究型教师的基本特征是：

（1）有先进的教育理念，并能用以指导教育教学实践。

（2）具有多元化的知识结构，并能综合有效地运用。

（3）有精湛的教学技艺，是教学上的“行家里手”。

（4）有较强的反思意识和科研能力，善于开展教育研究。

2. 研究型教师应具备的基本素质是：

（1）使敬业、乐业成为工作的一种常态。敬业首先是热爱自己的岗位，热爱自己的学生，把工作当作事业来追求。乐业是教师最好的工作状态，即愉悦自己，又会因为巨大的内驱力成就自己的事业，从而成就学生。

（2）使责任成为工作的一种动力。研究型教师心目中的责任不仅仅是教书育人，而是教好书、育好人。有了这样的责任意识，我们便多了一层敬畏，敬

畏讲台，敬畏学生。敬畏使我们不敢懈怠和含糊。在自己的课堂上给学生的心灵和头脑装进什么，装进多少，对他们的一生发展有什么影响，有多大影响，这些最直接的问题将时时拷问我们的良心。因此，精益求精做最好的教师应该是我们的追求，更是我们的责任。

(3) 把学习作为工作习惯。研究型教师把学习作为工作习惯，首先要知不足，然后才会自觉学习、不断学习；书本中习得，同伴中汲取，实践中反思；专家引领，同伴互助，自我提升。

专家引领："高山仰止，景行行止，虽不能至，然心向往之"；

同伴互助："三人行必有我师"，就看你有没有气度去学习；

自我提升："吾日三省吾身"，就看能不能持久。

(4) 把研究作为工作方式。研究，首先要具备研究意识。每一个学生都是一本书，每一节课都是一个博大的空间。没有最好，只有更好。研究不是专家、教授的专利，我们也可以是研究者。只是，我们要具备研究的心态、研究的智慧，善于发现最小的问题，把问题变为课题，把问题解决，把课题转化为成果。教学研究不是我们的工作，而是我们的工作方式。

(5) 使"研究文化"成为工作环境。学科组、班级任课教师团队都是学习的共同体、研究的共同体。责任分担，成果共享，互相合作，互相影响，这就是我们团队的研究文化。还知识以生命，还课堂以灵魂，打造活力课堂、高效课堂，做研究型教师、魅力教师，需要我们学会思考，学会研究。

3. 研究型教师应该具备的基本功：

要想成为研究型教师，必须做到"三勤"，即：

(1) 勤读书。读书的过程就是学习的过程、积淀的过程。现在是信息时代，知识不断更新，人的观念日新月异，不读书，不看报，孤陋寡闻，难以从事教学研究。

(2) 勤反思。反思不是一般意义上的回顾，而是思考、反省、探索和解决教育教学过程中的问题，它具有研究的性质。通过反思，我们将先进的教育理念转变为实际的教育行为，将自己的专业知识和技能运用于教学之中，改善教学，从而促进学生的发展。

(3) 勤总结。总结自己或他人成功的教学经验，总结的过程就是提高的过程。

勤读书、勤反思、勤总结，是"研究型"教师的三项基本功，三者互为因果，缺一不可。

二、夯实常规教学，提高教学质量

教学是学校的核心工作，应当是研究型教师最为重要的研究对象。开展教学研究的首要前提是立足实际，把握常规，从常规教学中去深入研究具体的、可操作的微观措施，实现常规固本、教科研创新，提升教学质量。

常规固本，就是指教学质量的根本在常规教学，在每一天、每一节的课堂上。课堂是师生教与学的主阵地，常规课堂是师生日常教学最普通、最常规的自然状态。教师的精彩人生就体现在常规课堂上，体现在学生的有口皆碑中。夯实常规教学，就要求每一名教师把握课堂教学基本规律，精彩讲解，科学互动，强化训练，及时反馈，使每一节课都实现高效课堂。

我校提出的常规教学五部曲即学案式集体备课、小组式合作学习、“两导一点三自主”双主体课堂、规范化课时作业、周测月考阶段性总结，和课堂教学六环节即明确（教学）目标、预习检测、要点精讲、限时训练、归纳小结、精选作业，概括了常规教学基本规律和高效课堂的基本形态，需要老师们潜心领会，结合实际，认真贯彻。为保障高效课堂的实现和师生常规有效教学，我再强调以下几项措施：

（一）精心教研，制作好学案

“一课一研”是我校常规教研制度，学科组长务必组织好，老师们务必认真参与，贡献自己的学术力量。“一课一研”的成果之一就是一课一学案，每一个学案都要体现课堂教学六环节的精神，把讲、练、评、做各环节设计好，书写好，既简明扼要，又重点突出，使学案既能起到课堂导学的作用，又能减少学生课堂笔记的麻烦，方便师生教学，提高课堂效率。学案制作应保持连续性和一贯性。因此学科组长要安排相对稳定的教师小组负责制作学案，其他教师在教研时补充、完善，使学案成为师生教学不可或缺的帮手。

（二）精选试题，系统编辑，坚持做到一课一练

一节没有布置作业的课是美中不足、有缺憾的课。温故而知新，只有及时完成作业，才能巩固学过的知识，完善知识体系，构建知识网络，才是有效的学习。

因此，作业是学习的一个重要环节，及时有效的作业是保障高效学习的重要手段。有较强针对性、及时有效的作业是任何教辅资料都无法常态供给的，它只有通过教师的辛勤劳动，在学案、《课间餐》的具体指导下，精心编辑而成。因此，我校要求各学科组在认真组织“一课一研”的基础上，精心编辑

《一课一练》与每一个学案配套，作为学生课后的作业，并及时发给学生，及时检查完成情况，以此保证学生高效的学习状态，实现优质的学习过程。

《一课一练》需要学科组组织专门教师小组负责编辑，既做到一课一篇，又做到系统完整，并指导学生使用好、保存好，到一定阶段整理成习题集供学生复习巩固。

（三）科学归纳，系统总结，精心设计，制作好《课间餐》

如果说学案是一课一案，《课间餐》则要求一章或一个单元一两篇，目的是老师帮助学生归纳、总结这一章或一个单元的知识线索，重要规律、公式，重点、难点和解决问题的基本思路和方法。《课间餐》是对学案的补充，是学完一部分知识后帮助学生梳理知识脉络，形成知识体系，把握知识要领，学会应用知识、解决问题的纲领性的文稿。《课间餐》可以设计一两道典型例题及解法给学生以示范，但目的是说明方法，并不以做题为主。《课间餐》是我们教学成果中不可缺少的一项，也需要学科组长安排专人制作，按时发给学生。

（四）精心命制周测、月考试题，及时反馈，保障学习效果

目前，我校采取每周一测，每月一考的模式反馈、诊断教学，实践证明，效果很好。需要特别强调的是，练、考的试题必须针对性强，难易适度，题量适中，具有较好的诊断、鉴别作用。这就需要精心命制，反复研究。学校希望各学科组组织精兵强将命制周测、月考试题，组长担任试题审核人亲自把关，确保每一套试题都具有较高的质量。

学案、《一课一练》《课间餐》、周测月考“四位一体”，是保障我校常规教学质量的法宝，是需要我们每一个学科组、每一名教师提高认识、明确分工、精心教研、潜心制作才能实现的工作目标、教学要求。学校希望老师们在新的学期以崭新的精神风貌、高昂的工作激情，脚踏实地地做好备课、教研，完成好学科组分配给我们的具体任务，高质量制作好学案、《一课一练》《课间餐》、周测月考试题，为提高教学质量贡献自己的智慧和力量。

让我们努力工作，做一个有高度责任感的教师；做一个充满爱心的教师；做一个心胸豁达的教师；做一个有梦想、有进取心的教师；做一个能够与学校荣辱与共、具有主人翁精神的教师；做一个善于计划、总结和反思的教师；做一个有理想、重视自我发展的教师；做一个爱读书、勤反思、善写作的教师；做一个有智慧、懂艺术的教师；做一个精教学、善教研的研究型教师，共同致力于提高邯郸市一中的教育科研水平，推动教育教学质量的不断提升，实现自己的教育理想，创造不凡的教育人生。

做一名优秀的一中教师

眨眼之间，已过期中，一个学期过去了一多半的时间。刚才，两位主任总结了开学以来的教育、教学情况，讲得都很实在，都很好。老师们在教学上和班级管理上扎扎实实做了许多工作，付出了艰辛的劳动；学生们在各学科学习和思想上都取得了很大的进步。应该说，我们的教学成绩是突出的，教育管理工作是卓有成效的，是值得肯定的。希望老师们继续努力，进一步做好以下几点。

一、敬畏课堂，精心备课，塑造一中教师光荣形象

课堂是教书育人的神圣之地。走上讲台，我们面对的是几十双天真无邪、渴望知识、渴望进步、渴望成长的眼睛，我们必须精心备课，有备而来，真诚、坦然、胸有成竹地面对他们的目光，引领他们在知识的海洋遨游，在真理的圣殿成长。一名备课不充实的老师，不仅课堂效率低下，耽误学生们的时间，自己的内心也会惭愧，脸上也会无光。希望老师们克服困难，精心备课，给学生一碗水，自己则是长流长新的小溪。希望老师们在精心备课的基础上讲解精彩，互动有序，使学生学有所获，堂堂都是高效课堂。特别是高三的老师们，一轮复习即将结束，课堂所学内容繁多，更需要精心备课、科学设计、深入浅出、目标

明确，使学生节节提升，不断有所感悟，加深理解，形成知识体系，提高解题能力，不断考出较好的成绩，研一、研二和“五校联考”之后，一定要认真分析试卷，诊断出学生知识上的弱点、盲点，能力上的欠缺点，为二轮复习指明方向，把“三个计划”落实到具体学生身上，落实到具体措施上。

老师的风采在课堂，老师的形象在课堂。真心地希望，也是学校要求每一名老师都要精心备课，用足功夫备课。不能浅尝辄止，满足于平庸的课堂。我们要在课堂上展现自己的风采，光大邯郸市一中教师的形象。

二、要求从严，严中有爱，规范学生良好的行为习惯

一个人能走多远，习惯的力量很重要。培养人重要的内容就是培养他良好的习惯。在学生管理方面，老师们都要认真贯彻“管理从严，严中有爱”的要求，对学生从严管理，从认真完成作业开始，一丝不苟，治学严谨。每一节课都要留作业、收作业、批阅作业，使学生在完成作业的过程中温故知新，巩固知识，养成守时、严谨、认真书写、按时上交的习惯，克服拖沓、散漫的不良习气，在老师的要求和规范下成长为一个守时、认真、工整、追求完美的人。

老师们的工作量都很大，有的老师担任三四个班的课，批阅作业的任务很繁重。但我们身为人师，职责所在，务必克服困难，认真批阅学生的每一次作业，只有这样才能提升我们的教学质量，才能培养出优秀的人才。前不久，我听了初三年级曹亚楠老师一节语文作文课，她让三名学生诵读了三篇上周写的作文，这三篇作文标题基本相同，但一篇是议论文，一篇是散文，一篇是记叙文，篇篇精彩，都具有典型的代表性。在这里，我看到的是曹老师对学生作文的精心批阅，真诚欣赏。不下这样的功夫，作文课怎么才能生动，才能激发学生写作的欲望，才能越写水平越高？我希望我们的每一名语文老师都在学生作文的批阅上下功夫，在精心批阅、耐心指导的过程中促进学生进步、成长。

三、爱岗敬业，以身作则，工作上一丝不苟

我校绝大多数老师都很敬业，热爱自己的教育事业，工作上踏踏实实，一丝不苟。表现在备课上倾注心力、科学、规范；表现在课堂上精讲多练，师生互动，生动高效；表现在作业上，留、收、阅、发及时，学生进步明显；表现在辅导上进班及时，耐心细致，给学生做出了准时守信的表率。但也有个别老

师，晚来早走，甚至下午签完到就离开了学校。备课不充分，课堂不设计，天马行空，独霸讲台，我讲你听，眼中没有学生；还有的老师晚自习辅导铃声响过还迟迟不进班，很少收、阅作业，对学生没有耐心、爱心，把教育工作当作应付差事，没有为人师表的尊严，没有以身作则的表率，满足于当一天和尚撞一天钟，使学生失望、家长抱怨，有损我校教育事业的声誉，有损邯郸市一中教师的光辉形象。我们每个人，只有先改变自己的工作态度，才能有职业高度。让人迷茫的原因只有一个——那就是本该拼搏的年纪，却想得太多，做得太少！希望老师们从今天起，晚自习踏着铃声进班辅导，周测时亲自组织发卷、收卷，监督学生的考试纪律，及时批阅出分，查漏补缺；备课认真，上课有序，贯彻“两导一点三自主”的课堂教学理念，通过自己负责、耐心细致的工作把所教班级教育教学质量提上去。

四、积极参加“一课一研”活动，在互相交流、互相促进的过程中快乐成长

老师不是能够燃尽的火炬，也不是倒光就空的一桶水。老师应该是通电的灯塔、常流常新的小溪。因此，我们也要不断地充电，更需要相互之间的切磋和研究，使学习和研究成为我们的工作常态。“一课一研”可能会耽误大家一点儿时间，但作为邯郸市一项教学制度，也是我校的一项教研制度，必须不折不扣地执行下去，它对于我们教师之间的互相学习、搞好备课、促进教学等有诸多好处。希望做得比较好的学科组继续发扬光大，总结经验，把“一课一研”活动引向深入。希望每一名学科组长都要切实负起责任，从会后开始，把“一课一研”活动真正搞起来，使老师们在一起快乐地交流，真诚地切磋学问、互相启发，为备好课奠定一个良好的基础，提升我校教学质量和育人水平。

五、正面引领，让教育更轻松

神经语言程序学认为，每个行为背后都有一个正面动机。如果老师发现并肯定学生错误行为背后的正面动机，那么，学生的潜意识会感到放松，会产生一种被理解的感觉，从而更容易接受老师对其错误行为的批评并勇于改正。

如学生考试作弊的行为背后有获取高分的正面动机。

老师要善于通过积极思维找出学生的正面动机，然后相机引导，而不是简

单地批评否定。如果老师只看到学生的错误行为，忽视或否定了其背后的正面动机，甚至贴上负面的人格标签，那么就会激发学生的抗拒心理，造成越沟通矛盾越深，越处理问题越多的局面。

神经语言程序学还认为，一个人的行为背后，往往隐藏着一份正面能力。这份能力使用不当，可能造成错误，老师要看到学生的能力，然后引领学生用正确的方法发展自己的能力。如出于义气替同学打抱不平。老师首先要肯定学生路见不平、仗义执言或出手相助的勇气和能力，要教育学生这份正面能力用错了地方，把同学之间本应该互敬互谅的兄弟般的情谊当成了对立关系，激化了矛盾，放大了问题，给老师、家长添乱，给班级抹黑。总之，做学生的思想工作要耐心、细致、有理有节，要充分利用教育学、心理学和神经语言程序学等知识科学施教，有的放矢，提高解决问题的能力和水平，切不可把小事闹大，大事弄乱，造成师生对立、家校不和，带来诸多负面影响。希望老师们后半个学期的教育教学工作一切顺利！

在新教师见面会上的讲话

我校的办学理念是“以师为本，励志博学，成就学生，追求卓越”。今天，我就着重给大家解读一下这个理念和对大家的要求。

一、以师为本

要办好一所学校，最根本的因素是有一批德才兼备、忠于教育事业的好老师。老师是学生成才路上的引领者，他不但给予学生知识，还要教会学生如何做人，教师对学生的影响是终身的、无可替代的。学生遇到一位好老师，他的志向就会更加远大，潜能就能得到极大的开发，就能够成人、成才，成就一番事业，终身幸福生活，为社会和人类进步做出自己的贡献。学生如果遇到误人子弟的庸师，学习热情就会消失殆尽，一生也难有多大的成就。所以，在每一名教师手中都掌握着几十个乃至上百个孩子的命运，他们过得是否幸福，未来能否有较大的成就，都取决于今天的老师。因此，教师责任重大，使命光荣。办好一所学校，全靠一批优秀的教师。教师与别的职业不同，一名优秀医生可以办好一个专科。但是要培育好一批孩子，需要每一名教师都很优秀，因为任何一名教师都将面对全班的学生，都是无可替代的，再优秀的教师，他教的学生也都是有限的。所以，办好一所学校要以师为本，要依靠每一名教师。同时，每一名教师都要牢记自己的使命，都不能得过且过，不求上进，碌碌无为，误人子弟。“以师为本”既指明了办学根本，也指明了教师的责任。

二、励志博学

好老师的标准有许多，最重要的是业务精湛，热爱学生，追求进步，积极向上。学生最喜欢的是讲课精彩的老师、精通业务的老师、博学多才的老师。你要想成为一名优秀教师，就要钻研业务，博览群书。具体到日常教学工作，就要认真备课，多做练习题；给学生一碗水，先使自己成为一条常流常新的小溪。我建议你们每人给自己订一份学科方面的杂志，经常阅读，了解学科知识和教学的前沿，使自己视野开阔。希望你们能树立远大理想，珍惜一中良好的事业发展平台，不怕吃苦，不怕困难，在实际工作中磨炼自己，不断成长。

三、成就学生

教育是成就人的事业，成就学生就是我们的天职。学生成绩进步了，考上理想的大学了，我们就成功了。“以师为本，成就学生”既是办好学校、办好教育的真谛，也是我校的办学理念。有人说，老师是红烛，燃烧自己，照亮别人。我觉得教师更是火焰，温暖别人也光彩自己。教师的事业在学生身上，教师的成功也在学生身上。因此，我们要用爱心温暖学生，用人格感染学生，用知识浇灌学生，用理想激励学生，成就学生的大学梦，成就学生的人生大舞台。这是我们教师的责任所在，使命所在，光荣所在，成功所在。

四、追求卓越

聚天下英才而教之，是人生一大乐事。总体来说，一中学生都是同龄人中的佼佼者，我们能够成为他们的老师是很光荣的，也是很幸运的。但是，天资好的孩子不一定都能成才，优秀的学生都是培养出来的。同时，教学相长，好学生也助推着优秀教师的成长。希望你们从今天开始，安下心来教书，静下心来育人，努力践行邯郸市一中教师的三项核心师德——爱心、责任、敬业。培养自己的爱心，增强自己的责任意识，树立爱岗敬业的精神，追求卓越，使自己早日成为一名合格的、优秀的一中教师。

在学科组长工作经验交流会上的讲话

当前我校的教学活动可圈可点，“一课一研”、全员优质课、评优课、研究课、示范课等活动贯穿了一个学期。特别是高三年级，坚持每一次考后都上试卷讲评示范课，增强了研究氛围，提高了教学有效性。从学科组编辑的学案和试题来看，整体情况也很不错。特别是各位学科组长，在教学中起到了组织者和带头人的作用，引领着我校的教学工作健康发展。

从本学期的“一课一研”的情况来看，多数学科组搞得有板有眼，时间固定，人数整齐，说课教师充分准备，内容充实，效果良好。但有个别学科组应付差事，时好时坏，不能始终如一，影响课堂教学质量。希望各位组长认真反思本学期“一课一研”的得失，认真谋划好下学期的教研工作，真正做到“一课一研”活动“三定”“三有”“三落实”，即，定时间，定地点，定主讲人；有主题，有讨论，有记录；落实学案、《一课一练》《课间餐》制作人。特别要突出抓好限时训练、周测、日测的试题命制工作，提高试题质量，增强检测效果，提高教学水平。

长期以来，我们都是课前一张一张发放学案，多数学生保管不好，花费好多时间去寻找学案、整理学案，也有个别学科组把学案编印成册发给学生，这样便于保存，节省了学生大量时间。学校决定推广这种做法，要求各学科组从今天开始，做好组内分工，放假前集中编制好下学期需要使用的学案，并交给工厂，工厂加班印出学科学案并装订成册，开学后发给学生使用。如果内容太多，学科组可将下学期的学案分成上下两册，放假前至少将上册交给工厂，开学后再编辑、印制下册，学校要求各年级教学主任认真抓好这件事情，督促各学科抓紧编辑，统计交给工厂情况，放假前务必工作到位，并将统计结果报给教务处李进斌主任。

从 2017 年开始，学校安排图书馆给每一个学科组订一份学科杂志，每月交由学科组长组织大家学习，学期末由图书馆收回并装订成册供大家永久参考。希望新的学期各位组长带领老师们在脚踏实地搞好教研、教学的同时，仰望星空，了解学科发展，深入研究教学规律，尽快提升业务水平，从“教书匠”向“教学专家”迈进。

好的状态决定好的结果

当前是高三阶段最难过的时期，也是冲破黑暗的黎明之前，考试频繁，讲解不够全面、深入，学生内心恐惧紧张，老师每天疲惫不堪。如果顺利越过这个“高原期”，就会迎来高考前的曙光，老师们都要努力调整状态，做到以下几点。

一、充满信心，鼓舞学生

一次又一次考试，分数提高并不明显，教师迷茫，学生焦虑。此时，我们一定要相信量的增加会促进质的飞跃，要鼓舞自己同时更要鼓舞学生树立必胜的信心。同时，一个问题一个问题解决，对学生的点滴进步都要积极肯定。一分一分提升，功夫不负有心人，相信我们每一名学生都能考出理想的分数。

二、科学规划，加强教研

进入二轮复习，做好时间规划特别重要。每一次模拟考试都要有明确的考试目标，都要重点解决某一个或某几个问题。时间越是宝贵，越要科学规划。为此，必须加强教学研究，学科组长要负起应有的责任，把每一次教研任务分配好，活动组织好，研究教与学，解决真问题。特别是要研究好假期补课的六个循环，也就是六次课的教学内容，统一进度和学案，有的放矢，实现高效课堂，提高教学效益。千万不能各自为战，浪费课堂宝贵的时间。要从教学中悟出考试的方向、考题的类型、出题人的思路等。要依靠全学科组的智慧和力量，做备考的专家，不做得过且过的糊涂人。

三、珍惜时间，上好每一节课

二轮复习时间很紧，其中考试还要占用一定的时间，留给讲课的时间十分有限。为此，要上好每一节课，不能浪费课堂的点滴时间。这就要求我们要充分备好每一节课，要遵循讲练结合的原则，除了老师的精讲，还要设计问题让学生当堂训练，培养学生良好的解题习惯，提升应试的能力。

四、抓住关键生，“一对一”过关

每个班要抓的关键生首先是985、211大学有希望的学生和本一线上下的十几名学生，尽最大努力把他们推到本一线上，提升我校的名校录取率和本一录取率，向家长、向社会、向领导有一个交代。除此之外，实验班、尖子班的关键生是有希望上清华、北大的学生，他们更是邯郸市一中办学水平的标志，全校师生的期待。抓关键生必须有针对性，要一对一地过关。这需要老师们付出艰辛的劳动。为此，班主任要经常召开任课教师协调会，要求学科老师指导好关键生日常的学习，特别是寒假十天的学习。把抓关键生的任务分配给每一位老师，让关键生每天向学科老师或班主任短信报告学习情况。老师们要愉快地接受任务，真抓实干，一对一精准帮扶，实实在在地帮助学生查漏补缺，提高分数。

五、克服困难，确保全身心投入工作

除了事业，老师们都有各自的家庭和诸多的问题需要处理、需要时间。然而，高考的日子日益逼近，迎接高考的重担别人无法替你承担。在这关系到学生们一生前途和命运的关键时期，在这关系到邯郸市一中声誉和发展的决定性阶段，作为一名有良心的老师，我们别无选择，只有奋不顾身，克服各种各样的困难，全身心投入到工作之中，才能不负历史的使命，不负人民教师的尊严，尽职尽责，在成就学生的同时成就自己的事业和人生。

第四部分　德育篇

关于生命教育的基本问题

一、关于教育的基本概念

（一）人是什么？

从生物学的角度讲，人是灵长类高级动物。

从社会学的角度讲，人是社会关系的总和。

从教育学的角度讲，人的生命有三重意义。首先，人作为自然生命的存在，必然会去追求自然生命生长的需要，满足人的自然本能；其次，人是一种社会生命的存在，强调与社会和谐相处；最后，人更是一种精神生命的存在，时时都在追求生命存在的价值，提升生命存在的意义。

教育更多地是改变人的精神，改善人的生存条件，提高人的生命质量。

（二）教育是什么？

教育是培养人、塑造人的社会活动。

（三）教育为了什么？

教育为了人的终身发展和幸福。教育的出发点是人，归宿也是人。教育离不开人，教育的生命力也在于人。没有人，没有人的生命就失去了教育的意义，教育也就无从谈起。因此，教育要尊重人、尊重生命的独特存在和成长规律。诚如德国哲学家雅斯贝尔斯所言："教育，包括知识内容的传授、生命内涵的领悟、意志行为的规范……使他们自由地生成，并启动他们自己的天性。”

温家宝总理在制订《国家中长期教育改革和发展规划纲要（2010—2020年）》听取社会各界人士的意见建议座谈会上的讲话中指出：“我们教育的目的是培养德智体美全面发展的优秀人才，特别是拔尖人才。”

（四）教育的最大问题是什么？

胡锦涛在全国加强和改进大学生思想政治教育工作会议上的讲话中提出“教育的最大问题是培养什么人和怎样培养人”。

二、当前我国基础教育存在的主要问题

（一）缺少灵魂——对生命的关怀

现今的教育，从课程体系、内容到授课形式，并不缺少先进的教学方法和教学设备，也不缺少教育思想和教育著作，唯独在教育的实施过程中缺少对生命的关怀，而此正是教育的灵魂所在！那种饱含对生命的真挚关怀，对人的自由、公正和尊严的关怀的教育是我们应追求的。在很大程度上，教育受到利己主义和实利主义的侵蚀。如果我们把下一代教育成有知识无智慧、有智商无情商、有目标无信仰、有规范无道德、有欲望无理想的一代人，作为教育者，这是很可悲的。

（二）处于两难之中——素质教育与应试教育

教育者应该对谁负责？对国家和民族负责，那就应该扎扎实实去抓素质教育，让孩子按天性愉快成长，按兴趣自由发展，不以分数比高低，不以考试论输赢。对家长负责，那就应该认认真真去抓应试教育，千方百计让孩子考高分、争“状元”。因为，只有高分才能进名牌大学，只有“状元”才能获得多种奖励。

多年来，教育主管部门、社会舆论十分痛恨应试教育，认为中国不能产生诺贝尔奖得主，罪责全在应试教育；学生课业负担重、身体素质差也是应试教育惹的祸。学生家长口中反对应试教育，心里却盼着孩子考高分。因此，素质教育现身明处，众多教育理论家摇旗呐喊，“赢”在理论上；应试教育隐在暗处，众多学校或默不作声死抓分数，或对外高喊素质教育，对内封闭管理，搞“精神特区”，把应试教育抓得滴水不漏，把学生训练成了考试机器。结果，高考分数领先，名利双收，“赢”在实践上。

（三）忽视生命教育

教育，就是要让学生认识生命，珍惜生命，学会保护和发展生命，实现生命的价值，过上幸福的生活。而许多学校教育在实际操作上偏离了“生命”这一基点和核心，忽视了生命现象与规律，以粗暴和冷酷取代了爱心，以严格的管理取代了细致入微的思想教育；只教学生“何以为生”的本领，放弃了“为何而生”的思考，培养的学生有知识，有理性，但无爱心，无情感，无人性味，无品味，甚至心理问题严重，等等。

三、创建优秀的学校教育，寻求特色发展的健康之路

（一）关怀生命，回归教育的本真

新一轮基础教育课程改革是我国教育领域的一场深刻变革，是既具有前瞻性，又基本符合我国国情的课程变革。但并无现成的经验供模仿和借鉴。各省、市的实验也是有得有失，毁誉参半，到目前并没有成功、成熟的模式。因此，回顾八九年来的高中新课程实施历程，有成功的喜悦，也有无助的困惑；有义无反顾积极反思、不断改进的交流声音，也有风雨兼程、疲于奔命的沉重喘息以及充满期待的呼唤，再加上基于各自价值或利益追求的不同声音，就构成了课改这一特殊阶段的“交响曲”。出现不同的声音并不是一件坏事，没有困惑、苦恼，甚至彷徨，说明改革还未真正起航；没有问题和挑战，说明改革还停留在表面；没有争论甚至反对声，说明改革还没有触及要害。

在这场回归教育本质和规律的新课程改革中，我们要把“关怀生命”作为邯郸市一中教育的原点，作为一切教育行为的参考。把“生命教育”渗透到学校工作的方方面面，贯穿于教学活动的点点滴滴。通过介绍生命的起源，使学生认识到人从哪里来，人类与动植物的关系，多彩的生命世界等，使学生理解人与自然的关系；通过案例教育及社会实践活动，使学生能够认识生命的可贵，从而拒绝自杀，远离毒品，不去网吧，注意饮食卫生、科学，学会健身，追求内心的宁静等，能够处理好他人与自我的关系；通过“发展生命，超越生命”的教育，使学生满怀理想，充满奋斗的动力。以古今中外的名人事迹为素材，使学生学会尊重，懂得感恩，学会关爱，学会做人。同时，启迪学生思考生命的终极意义，认识到生命的有限、价值的不同，使学生学会处理与他人、与社会的关系。

（二）破解教育两难问题

素质教育和应试教育将是长期困扰我国基础教育的两难问题，我们要勇敢地面对并努力破解。要创建优质的中学教育，寻求学校健康发展之路，我们就必须“两难一起抓，两者不偏废”。因为，不抓应试，今天过不了关，无颜面对江东父老，就没有生存的环境；不抓素质，明天过不了关，无颜见后代子孙，就没有发展的空间。但抓应试的前提是绝不以牺牲师生的身心健康为代价，绝不以放弃道德、理想教育为代价，绝不以泯灭人格、修养为代价，而是向课堂要效益，让精神变物质，使师生在高效的学习、工作和生活中体验成功和幸福。因此：

1. 教育者必须眼中有人。既着眼于学生的今天，又不能忘记教育的终极目标——为了人生的幸福。

2. 教育者应该了解生命的现象和规律。使教育不再简单、粗暴、苍白无力，而是充满智慧、温暖和感动。

3. 教学不仅仅为考试服务。更重要的是帮助学生构建知识体系，训练思考问题、分析问题和解决问题的方法。

4. 但是，教学必须为考试负责。因为，考试是对教学的某些方面或教育的某些成果进行检测。

5. 优质的教学不仅使学生考试成绩优秀，更重要的是在无法考到的地方——师生的生命状态更健康！

四、“生命教育”是国际教育的发展潮流

1968 年，美国学者唐纳·华特士针对当代青少年吸毒、自杀、他杀、性危害高发等不良现象，首次提出了“生命教育”的思想，并撰写了《生命教育》一书；20 世纪 70 年代，中国台湾部分学校引入了生命教育。目前，台湾地区生命教育向下与向上延伸至小学和大学，生命教育在其十六年学校教育中实现了全程化、一贯化与完整化。

1997 年，华东师大叶澜教授从改革传统教育的角度出发，提出了“让课堂焕发生命活力”的思想。2003 年 9 月，北京心理危机研究与干预中心成立。2004 年，清华大学开展了生命教育的拓展训练。同年辽宁省启动了中小学生命教育工程。2005 年，上海出台了《上海市中小学生命教育指导纲要》。2008 年，云南省开始在各类学校学生中实施以生命教育、生存教育和生活教育为内容的

“三生教育”。

联合国教科文组织国际21世纪教育委员会指出：“教育应当促使每个人的全面发展，即身心、智力、敏感性、审美意识、个人责任感、精神价值等方面的发展。应该使每个人，尤其借助于青年时代所受的教育，能够形成一种独立自主的、富有批判精神的思想意识，以及培养自己的判断能力，以便由他自己确定在人生的各种不同的情况下他认为应该做的事情。”这既体现着当代教育培养具有独立人格的现代人的意义，也体现着对生命教育的重视。

五、生命教育理论的主要内容

（一）生命教育的概念——什么是生命教育?

1. 广义的生命教育

生命教育是依据生命的特征，遵循生命发展的规律，以学生自身潜在的生命基质为基础，通过选择优良的教育方式唤醒生命意识，启迪精神世界，开发生命潜能，提升生命质量，关注生命的整体发展，使其成为充满生命活力，具有健全人格、鲜明个性，掌握创造智慧的活动①。

生命教育就是要尊重生命主体，为其创设生动活泼、充实丰富的环境和条件，以促进生命主体全面、和谐、主动、健康发展的教育。在价值取向上，它强调人的精神生命的主动发展；在教育过程中，它关注人际交往中精神能量的转换；在保障机制上，它注重生命自主能动的投入和合作②。

广义生命教育的立足点是培养健全的人格，既从生理上关注个体的生长发育，也从心理上关注个体的成熟与健康，更从伦理的视角关注个体与自己、他人、社会、环境、自然、宇宙的关系。

2. 狭义的生命教育

狭义的生命教育即有关生命的教育，其内涵主要是教育学生认识生命，体验生命，珍惜生命，尊重生命，热爱生命，实现生命的价值，追求人生的自由和幸福的一种活动。简要地说，生命教育就是告诉学生爱惜自己的生命，尊重别人的生命，并培养积极向上的人生观，以面对生活中的各种问题和挑战，其实质就是让学生认识生命的本质，捍卫生命的尊严，激发生命的潜能，提升生

① 王北生，赵红云. 从焦虑视角探寻与解读生命教育［J］. 中国教育学刊. 2004（2）：16—19.

② 刘济良. 生命教育论［M］. 北京：中国社会科学出版社. 2004：8—9.

命的品质，实现生命的价值。

为了不将生命教育的外延无限扩大，也不使生命教育的内涵过于狭窄，便于我校广大师生的认识、理解和实践，我们认为：生命教育就是将人的生命的孕育、成长、素质、状态等有关知识及重要规律传授给学生，使学生认识生命的特征，体验生命的美丽，感悟生命的价值，享受生命成长的乐趣，理解生命的社会意义，构建与自我、他人、自然的和谐关系。

（二）生命教育的特点

1. 生命教育是以人为本的教育

人既是教育的起点，又是教育的归宿，离开人就谈不上教育。但长期以来，我们把教育视为一种社会现象，更多地论述和关注教育的政治、经济和文化的功能，甚至将人异化为社会发展的工具，而人的生命及其价值的实现却被淡化。进入新世纪，党中央提出科学发展观，把以人为本作为其第一要义，充分肯定了人在社会发展中的主体地位和作用，也使教育能够回归到关注学生的生命及价值，关注学生的个性完满发展，关注人的自然生命和精神生命的和谐统一。

首先，生命教育尊重生命的独特性。学生是一个个拥有独特的、鲜活的生命个体，其个性千姿百态、千差万别。生命教育尊重每一个生命体的独特性和唯一性，包容、理解、成全每一个生命体，努力把学生禀赋中具有独特性的、内在真实的力量培育出来，促使学生在天赋允许的范围内自由、充分地发展。尊重生命的独特性，关注学生的需要是教育取得成功的必要条件，教学中任何环节的成功都要以学生的需要为前提。因此，生命教育应帮助学生从小开始探索与认识生命的意义，尊重与珍惜生命的价值，热爱并发展每个独特的生命，并将自己的生命与天、地、人建立美好的共融关系。

其次，生命教育关注人的主体地位的确立。努力使受教育者摆脱对他人的依赖、对外物的依赖，做自己的主人。教育是有目的地培养人的社会活动，而人是能动的主体，离开了学生自己的努力，一切教育的作用都将荡然无存。在教育过程中，必须确立学生在自我认识、自我发展、自然完善过程中的主体地位，既要把学生视为积极主动的认知者，更要把学生视为生命体，指导学生如何做人，如何高扬生命旗帜，唱出生命的赞歌。

最后，生命教育关注生命的完整性。人的生命既包括自然生命，又包括精神生命。从本质上说，人是精神的存在，精神生命是自然生命的灵魂，但精神生命又以自然生命为载体，二者和谐统一构成完整的生命。

生命教育的第一个层次就是要进行珍惜生命的教育，引导青少年认识生命，使青少年学会保护生命、尊重生命。生命存在才有发展的可能和生存质量的问题，一旦生命不复存在，又何谈生命的意义和价值？生命教育的第二个层次是培养生存的能力。这是个体生命得以存在和发展的前提。生存能力教育主要教给学生基本的生活自理能力、适应环境的能力、安全防范能力、抗挫折能力等。生命教育的第三个层次是精神生命的价值提升。生命的价值不仅仅在于自然生命的存在，更在于人格的健全。人正是在追求和实现自己的精神世界的过程中不断超越自己的生命，创造自己的生命价值。生命教育应该引导学生更好地理解生命的意义，不断追求真、善、美，提升生命的价值。

2. 生命教育是创造和谐的教育

生命教育是围绕人的生命而展开的教育活动。生命的存在与周围的环境密切相关，与自我、他人、社会、自然、宇宙都有密切的关系，生命教育就是要帮助学生建立好这五大和谐关系。

（1）人与自我的和谐关系。要帮助学生科学地认识自我、悦纳自我，开发自我生命的潜能，不断超越自我、实现自我、完善自我。所以，心理健康教育是生命教育一个重要的组成部分。

（2）人与他人的和谐关系。人的一生与周围的人有着密切的关系。生命教育要帮助学生学会人际交往的原则，认识人与人之间的伦理关系，认识公共道德的重要意义并提高尊重公共道德的自觉性。学会关心他人、尊重他人、关爱他人、包容他人、欣赏他人，关心弱势群体，创造和谐的人际关系。

（3）人与社会的和谐关系。人是社会关系的总和。个体生命只有融入社会之中，生命才有价值，生活才有光彩。生命教育教会学生处理个人与集体、社会的关系，做到既能维护个人的正当权益，又能维护公共道德和集体的利益。培养学生具有营造良好社会环境的意识和珍惜保护生存环境的意识，培养学生良好的社会适应能力，实现个人发展和社会发展的同步。

（4）人与自然的和谐关系。自然界是人类赖以生存的环境，自然界中所有生命都息息相关。生命教育要引导学生尊重生命的多样性，珍惜自然环境，保护自然环境，与自然和谐共处，“天人合一”，维护生态平衡。

（5）人与宇宙的和谐关系。生命教育要引导学生思考信仰和人生的问题，探索生命的意义，努力创造自己的亮丽人生。同时，要以宽广的胸怀和视野去审视人类存在的意义和价值，认识国家、社会的伦理，关心人类的危机，树立地球村的观念，活出全方位的生命。

3. 生命教育是体验和感悟的教育

生命教育本质上是一种生命态度的教育，是提升人的生命感悟能力的教育，是触及学生心灵的教育，其核心要素在于心灵的体验和人生意义的感悟，这与知识学习的记忆、分析、综合、批判等是完全不同的。我们并不反对有关生命知识的传授和智慧的开启，但更重要的是引导学生在生活实践中进行生命的体验，获得人生的经验与信念，在丰富多彩的生活经历中获得感悟，从而把握生命的意义。人生有了体验，才能把所学的知识融入自己的知识结构中，通过庄子所说的“体道”才能去领略人生的价值，完善心智，净化灵魂，找到正确的生活方式。黄克剑先生提出：“生命化教育是以心灵之觉为它的韵致所在的。因此，它的主导途径便不在于逻辑思辨或道理上的条分缕析，而在于通过范本的直观达到心智的开悟。”范本教育强调直面生活，直面经典。所谓直面生活，是用他自己最情愿的方式把亲历亲记的生活感受说出来。所谓直面经典，就是直接去读古今中外的经典作品，读这些作品就是跟一个又一个范本照面，跟提供这些范本的一个又一个活生生的灵魂照面。照面是无言的，却是神交的，神交的过程就是接受范本教育的过程。这种直面生活、直面经典的教育是受教育者的生命始终在场的教育，换句话说，是“生命化的教育”。那么如何引导学生去体验和感悟生命的意义？这有赖于不同主体间的对话和交流。生命是不能预设的，学生又是未成年的个体。因此，教师、家长只有与学生进行平等的对话和交流才能丰富学生的精神体验，才能使学生自由地表达心声，从而避免学生成为知识的奴隶和情感上的乞丐。

4. 生命教育是回归生活的教育

日常生活是个体生命存在的基础，也是生命教育得以展开的基础。斯宾塞的教育“为完满生活做准备”，杜威的“教育即生活”，陶行知的“生活即教育”，尽管出发点不同，观点各异，但都论述了教育与生活的关系。生活世界中的人才是活生生的人，只有在生活的世界中，才能领悟生命的丰富意蕴。生命教育回归生活是向现实的人的回归，是让人在日常生活中真实地感悟生命。

生活是教育生长的土壤，为教育提供丰富的素材，生活中的鲜活事例更有利于学生对生命的理解和领悟。生活日常的平凡和瞬间的高亢，平凡中闪烁的人性光芒与瞬间铸就的人格丰碑都是生命教育最好的教材。

陶行知批判传统教育脱离生活，主张教育要到大自然、大社会中去。他认为人生不是为教育而生活，而是为生活而教育，教育必须与生活实践相结合，才能发挥教育的“效力”。他说：“生活教育是给生活以教育，用生活来教育，为生活的向前向上需要而教育。”“事怎么做就怎样学，怎样学就怎样教，教的法子要根据学的法子，学的法子要根据做的法子。”

蔡元培力倡“尚自然”“展个性”。他说：“知教育者，与其守成法，毋宁尚自然；与其求划一，毋宁展个性。”教育者应“深知儿童身心发达之程序，而择种种适当之方法以助之”。就像农家对待植物那样，“干则灌溉之，弱则支持之，畏寒则置之温室，需食则资以肥料”。为了贯彻发展个性、崇尚自然的教育原则，就要求教师在教学中摒弃注入式教学，运用启发式教学，以发挥学生的主动性和积极性。

中国当代教育家叶澜教授在《让课堂焕发生命的活力》一文中提出：“把丰富复杂、变动不居的的课堂教学过程简括为特殊的认识活动，把它从整体的生命活动中抽象、隔离出来，是传统课堂教学观的最根本缺陷。”认为“课堂教学蕴含着巨大的生命活力，只有师生的生命活力在课堂教学中得到有效发挥，才能真正有助于新人的培养和教师的成长，课堂上才有真正的生活”。她在《教育理论与学校实践》一书中，进一步把“生命作为教育的基础”，认为生命的价值是教育的基础性价值；生命的精神能量是教育转换的基础性构成；生命体的积极投入是学校教育成效的基础性保证。

（三）生命教育的主要内容

生命教育作为教育的价值追求、终极目标，其目的是指导学生认识生命、尊重生命、珍爱生命、发展生命、超越生命，学会追求幸福生活，能够化解生命危机，提升生命价值，使生命的精神之火发出恒久的光和热。为此，生命教育应从以下几个方面展开：

1. 认识生命，理解生命

开展生命教育，首先应使学生认识生命，理解生命。一使学生认识生命的起源、组成、特点及生命的诞生、成长、生病、死亡等有关知识，使学生在理解生命的必然性、偶然性和不可逆性的基础上，树立正确的生命价值观，自觉及时地赋予自己的每一时刻以生命的价值，不虚度光阴，不浪费生命。二使学生认识生命存在的意义、价值和真谛。了解生命科学、生命哲学，认识什么是人、什么是人性，知道“人为什么活着”“人应该怎样活着”等人生命题，从而领悟生命的意义和价值，形成强烈的社会责任感和使命感，树立正确的幸福观，追求高品质的生活。应主要包括：

（1）认识生命的起源。

（2）认识生命的历程。

（3）认识生命的存在及意义。

（4）认识生命对自己意味着什么。

（5）认识生命对他人意味着什么。

（6）认识生命对社会意味着什么。

（7）树立正确的生命观。

2. 尊重生命，珍爱生命

（1）从死亡看生命的可贵。

（2）从劳动看生命的价值。

（3）从创造看生命的魅力。

（4）从信念看生命的尊严。

（5）健全体魄，从生理上爱护生命。

（6）丰富情感，从心理上呵护生命。

（7）远离诱惑，靠意志磨砺生命。

（8）直面苦难，在挫折和绝望中升华生命。

3. 发展生命，超越生命

（1）确立生命的坐标。

（2）珍惜生命的时光。

（3）开发生命的潜力。

（4）创造生命的辉煌。

改变我们的育人观念

学校教育归根到底是为了培养人、发展人、成就人，是为了学生终身幸福和更为优秀。我们必须明白，今天不幸福的教育不可能造就明天幸福的人。因为幸福是一种感受，是一种获取的能力。幸福就应该在当下，在日常的学校生活之中。因此，我们必须改变当下的育人方式和氛围，使我们的学生每一天都感受到生活的激情和幸福，在幸福的成长过程中学会创造幸福，过幸福的生活。为此，我们应该做以下改变。

一、改变我们的评价方式

真正的教育应该是不断激励的过程，它不可能在指责、贬斥，让人感到失望甚至无望的境地里产生。每个人身上都有值得肯定，值得赞许的闪光点，教育就是要发现这些闪光点并不断扩大人性的光辉，使学生在积极的期盼、及时的激励之下愈加阳光，使生命温暖而舒展，使学生在体验成功中走向更大的成功。教育要多一些肯定，多一些激励。因为每一个人都是如此不同，都是独特的个体，都是活泼的生命，仅用单一的标准（如学业的优秀与否），只会抑制个性的健康成长，使缤纷的生命色彩成纯然一色，使独特的生命黯然失色。

改变我们的评价方式，就要从单一走向多元，同时要把握以下几个原则：

（一）评价必须有标准

评价在一定程度上既是一种客观的量化，又是一种价值判断，切不可太随意。评价有失严肃和客观，就会造成适得其反的后果，还会使评价结果成为儿戏和笑柄，失去应有的激励作用。

（二）评价必须重证据

评价是对客观的量化，必须有实实在在的证据，必须实事求是。学生正在成长过程中，他们的一些积极行为可以做适当的正面放大，但要切忌无中生有，人为地扩大事实，给人似虚幻的假象。这样，不但使旁观者不信服，也使被评价者心虚、不自在。

（三）评价应有程序

程序是保障公平、公正的途径。没有程序就不可能保证客观，而不客观的评价有害而无益。

（四）评价结果的运用要庄重

现代奥林匹克运动之父，也是伟大的教育家顾拜旦，在论述奥林匹克精神的时候指出，运动员获胜的“感觉”和“乐趣”，如果只“保留在运动员的内心深处，在某种程度上只是自得其乐”。但如果有了庄严的仪式，“当这种愉悦为阳光所萦绕，为音乐所振奋，为带圆柱形门廊的体育馆所珍藏，该是何等的情景呢?”顾拜旦所推崇的正是超越竞技精神的那种荣誉感，那种在庄严的仪式中感受到的崇高荣誉。因此，我们运用评价结果表彰学生的时候，要精心设计表彰仪式，要庄严而隆重，要激动人心，给学生以崇高荣誉的心灵震撼，产生深刻的激励作用，使学生久久不能忘怀。

二、改变我们的教育顺序

不断追求教育的本质，在追问中不断澄清教育本质的价值与意义，并将此确立为坚定不移的教育追求、教育信条，确立为坚守的方向，是我们每个教育人的天职。长期以来，我们遵循德、智、体全面发展的教育方针，认为教育“德育为先”。然而在人的生命成长中，身心的发展应是排在第一序列的。人要成长为人，首先需要健康的生命、阳光的心灵。因此，学校教育应该把体育、把学生的健康放在优先的位置。灵魂要栖息在健康、强壮的身体上，一个健康、强壮的身体才能栖息一颗高贵的灵魂。

学校体育不是为了锦标桂冠的荣耀，也不是为了挑战“更快、更高、更强”的生命极限，而是为了增强体育意识和健身能力，养成良好的生活方式和健身习惯，从而成就学生强健的体魄和顽强的生命精神，为终身幸福奠定基础。因此，学校一切教育的开展都不能以妨害人的生命健康为前提和代价，体魄强健应成为学校教育的首要序列与标准。

“体魄强健”只有赋予美好的心灵才有价值和意义。品行高尚的人才能走得更远。我们需要生命的茁壮，更要看到生命的阳光。学校的另一层本质含义是教人向美、向真、向善。具体到我们的学校，学生的做人教育要从五项“核心品格”入手，以“诚实”铸就学生做人之基，让“诚实”成就学生的本色人生。当一个人做到“我可以不告诉你，但我讲的都是真的”时，需要何等勇气，具有何等的人格魅力啊！“诚实、勤奋、自信、责任、感恩”要结合实际，用时代的语言，用我们自己的语言去诠释；用时代的标准，用客观的标准去要求。要让这五项品格深入我们每一名学生的心灵，融入每一个孩子的血液。

强健的体魄、美好的心灵，只有不断的用知识去滋养，用智慧去丰盈才能成就卓越人生。人类本来就有获取知识的渴望、学习未知知识的本能，学习不应该成为痛苦的煎熬。我们要努力还学习以快乐，让孩子们在学习的过程中不断感受成功，增强自信。

三、重新明确课程目标

卢梭指出：“教育即生长，生长就是目的，在生长之外别无目的。”现代课程之父泰勒强调课程应该关注“达到怎样的教育目标”“怎样实现这些目标”以及“怎样确定这些目标正在实现”等基本问题，其核心就是要让课程规划、实施、评价的每一个环节都努力体现出一所学校的教育追求。学校教育的目的就是成就人、成就学生的生命。为此，要重新认识每一学科——课程的教学目标，真正把握好每一节课的知识与能力目标、过程与方法目标、情感态度与价值观目标。同时，能够使每一名教师从宏观上整体把握课程的终极目标，不使我们的课堂迷失方向。比如，语文课程的终极目标可以确定为“培养终身读者”，我们不能为了使学生在某一个阶段语文考高分而丢弃阅读，也不能使阅读过于功利，而应该始终为了“培养终身读者”这一目标实施语文教学，始终不渝地培养学生的阅读习惯，提高学生的阅读能力，使阅读成为学生的生活，让学生终身与好书为伴。

四、改善课堂教学组织

学校就像一艘把“自然人过渡到社会人”的渡船。今天的学校教育要培养明天高度民主、高度现代化的先进社会的公民。课堂是学校教育的基本组织形式，课堂教学要遵从人的认识规律，要坚持为育人目标服务。改善我们的课堂教学，使孩子们在新型课堂里不但学到知识，而且学会发表自己的见解，学会倾听、学会与人交流、学会合作。因此，结成小组的课堂教学组织形式应运而生，小组式合作学习已经成为我校的一大特色。在六个人组成的学习小组内，我们还要把它结成三个“对子”，使每两个同学在每一节课都有互当“老师”和“学生”的机会。中、美学习专家研究表明：最有效的学习方式，是把学习的知识及时讲授给别人。我们的课堂要努力创造每一个孩子给别人讲授的机会，使“向他人讲授”成为一种常态，以此提高学习效率，并锻炼孩子的语言表达能力。

以高尚的人格培育优秀的品质

教育的根本问题是培养什么人和怎样培养人。作为教育工作者，我们从事着培养人、塑造人的事业，把学生培养成什么样的人，是我们必须直面并回答的问题。首先，人作为自然生命的存在，必然会去追求自然生命生长的需要，满足人的自然本能。其次，人是一种社会生命的存在，要与社会和谐相处。最后，人更是一种精神生命的存在，时时都在追求生命存在的价值，提升生命存在的意义。教育不能被实利主义所淹没，不能把我们的下一代培养成有目标无信仰，有规范无道德，有欲望无理想，有知识无品味，有智商无情商，有野心无爱心的利己主义者。教育应该首先告诉学生如何做人，应该把品质培养放在重要地位。

“品”乃标准，“品质”则是“标准的等级”。做人有一个好品质，就是“一个高尚的人，一个纯粹的人，一个有道德的人，一个脱离了低级趣味的人，一个有益于人民的人”。（毛泽东）也就是“大写的人”。

好品质应包含以下几个方面。

一、诚实

“千教万教，教人求真；千学万学，学做真人”是陶行知先生半个多世纪以前对晓庄师范师生的叮嘱，今天看来，仍不失为朴素的真理。教人求真，是品质培养的首要任务。因此，我们把“诚实”放在邯郸市一中学生“五项核心品格”的第一位。诚实乃做人之本、成功之基，它是做人的基本品质，是中华民族的传统美德。诚实就是言行一致，表里如一，忠诚老实，践诺守信；诚实就是不弄虚作假，不文过饰非，不歪曲事实，不上推下卸。作为学生，就要具体做到：

1. 懂得只有靠自己的努力获得的知识与能力才真正属于自己，靠自己的奋斗获得的成绩和荣誉才具有真实价值。尊重事实，绝不作弊。

2. 真诚待人，拒绝谎言，不说违心话，不做违心事。

3. 言而有信，信守承诺，敢于负责。

4. 了解自己的优势与不足，真诚地对待自己，不自欺欺人。

二、勤奋

勤奋是好品质的重要内涵。勤奋乃做事之本，立业之基。勤奋就是坚持不懈地努力工作、刻苦学习；勤奋就是克服生活中的种种艰难困苦，不抛弃，不放弃，不用扬鞭自奋蹄；勤奋就是珍惜时间，甘于付出，为心中的理想不怕吃苦流汗，奋斗不已。勤奋的学生应该做到：

1. 勤学：在学习上全神贯注、珍惜时光，把点点滴滴的时间都用在学习和健康向上的活动之中。

2. 好学：在学习上遇到困难，自己首先刻苦钻研，努力加以解决，实在解决不了的问题，不耻下问，向同学或老师请教。

3. 乐读：“腹有诗书气自华”。只有博览群书，才能与智慧者为伍，与优秀者相伴；只有博览群书，才能拓展视野，陶冶情操；只有博览群书，才能儒雅大气，才华横溢。作为学生，读书就是生活，读书就是在汲取成长的营养。

4. 善思：古人云，学而不思则罔。在学习过程中，不能囫囵吞枣、照单吸收，而要开动脑筋，多问几个为什么。学贵有疑，有疑就要沉思，有思考才能有创新，有创新才能有发展、有进步。

三、自信

自信是优秀人才的重要品质。自信就是相信自己，就是面对挫折毫不退缩，面对失败毫不气馁，面对挑战奋勇争先，面对绝境永不言弃。一个自信的人应该做到：

1. 正确评价自己，悦纳自己，在虚心改掉缺点的同时更多地看到自己的优势，相信自己能行。

2. 认真对待学习和生活，掌握必要的知识和技能，相信“知识就是力量”。这是自信的基础。

3. 越是知识丰富、能力强大的人越自信。努力做好学习、生活中的每一个细节，用点点滴滴的成功来证明自己的能力，增强自己的信心。

4. 勇于面对挑战，相信自己是笑到最后的人。这不仅是一种积极进取的态度，更是一种难能可贵的乐观主义精神。

四、责任

责任是指一个人应该担负的使命和应尽的职责，它是一个人品质的核心。当代中学生的责任应包含四个层面的含义，即对自己负责，对他人和集体负责，对家庭负责，对社会和国家负责。具体要求是：

1. 对自己负责。培养自尊、自律、自主、自强的意识，对自己的前途和未来负起责任。

2. 对他人和集体负责。尊重与接纳他人，富有爱心与合作精神。主动关心他人，爱护集体的荣誉，自觉参加集体事务和各项活动并履行应尽的义务。学会共享，主动为集体发展尽职尽责。

3. 对家庭负责。尊老爱幼，体谅父母，认真听取父母的意见，主动与父母沟通，营造温馨、和谐的家庭氛围。

4. 对社会和国家负责。讲爱心和奉献，积极参与公益活动，爱护环境，讲究公德。热爱自己的国家，自觉维护祖国的尊严，爱护国旗，会唱《国歌》，树立远大理想，立志报效祖国。

五、感恩

感恩就是把受到他人关爱和帮助后的感激之情呈现出来，感谢别人给予的关怀，并设法以自己的努力来报答。这是人类高尚的情感，也是为人的基本道德准则。它要求我们做到：

1. 不断培养感恩意识，形成“知恩”的道德判断，懂得每个人都在享受着别人给自己带来的服务和帮助。

2. 努力塑造一颗善于感恩的心。学会对别人报以微笑，学会把感激之情用语言和行动表达出来。

3. 要善于从身边的小事体察生活，体会来自家庭、学校、社会乃至大自然的恩情。常怀报恩之心，常思报恩之举，用实际行动来报答家庭、学校和社会对自己成长的关心和爱护；

4. 把感恩的情怀升华为“无边的大爱”。用爱心来回馈亲人、社会和大自然，让世界充满爱、充满关心、充满温馨。

教育不仅仅是说教，更是示范和行动。影响学生品质的不是语言而是教师的人格，造就学生品质的不是逻辑而是教师的行动。品质的培养是以人格育人格，以道德育道德，以情怀育情怀。一位不能坦然面对自己的错误、谎话连篇的教师不可能培养出诚实的学生；一位投机取巧、贪图安逸、在教学上不下真功夫的教师不可能培养出勤奋的学生；一位课上讲不透、课下不耐心、课后办辅导班收取学生费用的教师更不可能培养出负责任的学生；一位对社会牢骚满腹、对他人恶语中伤、对学生漠不关心的教师绝不可能培养出懂得感恩的学生。因此，学生品质的培养，教师的示范作用至关重要。

在培养学生高尚品质方面，优秀的教师应该具有：

（一）爱心

有爱心的教师应该具备以下品质：

1. 亲和力。学生在其心目中占有中心地位。主动亲近学生，愿意花时间与学生在一起，能够赢得学生的信赖，与学生成为朋友。

2. 愉悦感。在与学生的交往中能感到愉快、开心，对学生的进步和成就感到由衷的高兴。

3. 成就感。感到工作有意义、有价值、有成就，在心理上有一种被肯定的成就感。

4. 忘我的境界。对学生、对工作忘我付出，不计回报。

（二）责任

有责任心的教师应该具备以下品质：

1. 自觉性。对教育教学工作自觉自愿去做，而不是在外界的指导、督促下才去完成。

2. 角色意识明显。能意识到自己是学生做人的表率、处世的楷模、做学问的导师，因而处处严格要求自己，勤业慎行，为人师表。

3. 自律性。在教育教学质量上从不马虎，从不得过且过、当一天和尚撞一天钟。

4. 遇到困难时积极应对，不逃避，想方设法克服。

（三）敬业

有敬业精神的教师应该具备以下品质：

1. 有明确的人生目标，忠诚于教育事业，对从事教育事业无怨无悔。

2. 用心做好工作中的每一件事情，用生命回应职业的需要。

3. 精益求精，有不满足感，积极进取。

4. 有良好的专业知识和较强的教学能力。

5. 有创新精神，有超越自我的意愿。

领悟教育真谛，服务学生成长

教育具有先入为主的特点，儿童对第一次接触的人、事、物印象深刻。他们离开家庭来到学校，对他们影响最大的人就是老师。老师是孩子们一生中最重要的人。老师可以让孩子过得幸福或者痛苦；可以成就一个孩子，也可以毁掉一个孩子。从性质上讲，教育是为了人的成长和社会的进步，它的核心价值是对人的尊重，对生命的敬畏和期待；从本质上看，教育的真谛是爱，没有爱就没有教育；从方法上看，适合的教育才是最好的教育。因此，肩负重大责任和光荣使命的教师，应当领悟教育的真谛，全身心服务于学生的成长。

一、师者，人之模范也

"当你要担当一个人的导师时，你自己要首先成为一个人。"教育是在儿童的心灵播种，教师的人格与爱心比知识更重要。学生心目中的老师有不同的形象，其中三个值得我们终生追求：①老师是朋友，平等而民主；②老师是知音，能说心里话；③老师是榜样，是自己学习与做人的楷模。

微笑是爱的外衣，老师们要学会微笑，学会用微笑、赞赏表达对学生的爱。武打明星李连杰在接受记者采访时说："我最大的武功是'微笑'，我最强的项目是‘爱’。”是啊！当一个人用微笑和爱去对待他周围的人，他就没有敌人需要去征服，他就是最强大的人。

对人的热情、对知识的热情、对探究未知的热情，应该是教师最主要的品质之一。一名成功的教师总是有良好的“舞台感”，对课堂有特殊的激情和敏感，他在课堂上总是具有饱满的精神状态，从容而有节奏的语言，生动而又恰当的肢体动作，遇到问题时巧妙而又自然的调节，始终使自己和学生浸润在积极向上的氛围之中。总之，一名成功的教师在课堂上总比平时更有神采、更具魅力。

教师是人不是神，日常也有喜怒哀乐。然而，一名优秀的教师，一定不是一个喜形于色、情绪化很强的人。一名优秀的教师，一定是一个理性的、不轻易冲动的人。因此，无论做人还是做事，老师都应该是人之模范。

二、教师要永远保持一颗童稚的心

苏霍姆林斯基说过：“没有一个孩子是毫无才能的庸碌之辈。他们有着各种各样的兴趣和禀赋，只要遇到合适的土壤，每个人都能取得属于他自己的发展成就。”孩子就是孩子，他们的世界与成年人不同，他们的喜怒哀乐和需要也与成年人不同。因此，教师要赢得孩子的心，给孩子们美好的影响和教育，首先就要懂孩子。而懂得孩子的前提是教师的爱，是对孩子尊重的爱、平等的爱、民主的爱、理解的爱、信任的爱、宽容的爱。只有教师的大爱，才能赢得每一名学生的信任，才能让孩子向你敞开心扉，才能更有效地在其心灵里播下美好的种子。而爱的基础是尊重。爱默生说：“教育成功的秘诀在于尊重学生。”孩子虽然年幼，但却能够感到老师对他们的态度。因此，有的教育家倡导教师要蹲下与孩子讲话，要用孩子听得懂、喜欢听的方式与他们讲话，并在字里行间都流露出对孩子发自内心的爱。这样的老师，才能够赢得儿童的爱戴。这就必须做到：①大声表扬，悄悄批评；②把微笑带进课堂；③搞好师生关系，力戒对抗。

三、创造有生命力的课堂

所谓有生命力的课堂，就是唤醒生命、师生互动、充满生命成长的激情和律动，既有知识的成长，又有情感体验的课堂。这种课堂以育人为出发点，以

“为孩子终身学习打下基础”为目标，充分重视学生自主学习的过程，激发学生学习的兴趣，着意培养学生良好的学习习惯。这是一种高效的课堂，其构建关键在教师。需要从以下几个方面明确认识，精心操作。

（一）确立“三个服务”理念

1. 要确立教师为学生发展服务的理念。教师不是教材的使用者，而是教材的开发者，给予教材鲜活生命的人。课堂不是教师展示个人魅力的舞台，而应该是学生生命成长的沃土，教师要尽可能把最多的时空留给学生。教学不仅是解决问题，更是发现问题、研究问题的过程，高明的教师总是从问题出发驱动学生的学习热情，引领学生一起探究未知的真理，为学生的发展“导航”。

2. 要确立教材为学生发展服务的理念。叶圣陶先生讲：“语文课文无非是个例子。”学生在语文课堂上，要学字、词、句、篇，要练听、说、读、写，至于选用哪一篇课文作范例，实在不大要紧。从这个意义上说，教学目标就像目的地，而教材只是到达目的地的车或船。教学的“原点”是问题而不是教材，教学要从问题出发，而不是从教材出发；教师不是“教教材”，而是“用教材”。要深刻理解教材，要超然于教材之上，以达成教学目标。在当今新课程背景下，教材五花八门，辅导资料更是俯拾皆是，优秀的教师总能从学生的发展需要出发，实事求是地选用教材，不受其束缚，使教材能够真正贴近学生的实际，为他们的成长服务。

3. 要树立教案为学生成长服务的理念。学生是有鲜活生命的个体，知识也不仅仅是结论，教师更应该关注其产生的过程。因此，课堂的教学过程，应该是师生互动，学生在教师的“导演”“导航”下自主探求、感受知识生成的过程。作为课堂教学要素的教案，它不应该仅仅是教师预设的教学“蓝本”“信息库”“参考本”，更是促进学生自主学习的“蓝图”，实现学生学习目标的“导航仪”，引导学生成长的“路线图”。因此，闪烁在教案中的首先应该是一个个活生生的学生而非罗列的“知识点”。课堂上有效的、鲜活的知识生成与情感体验是新课程教学的灵魂，教案不仅是为教师的教学服务，它更应当服务于课堂教学的全过程、服务于学生的成长。

（二）维护学生的四种权利

1. 参与的权利。学生课堂学习的参与可分为课前、课中、课后三个阶段。课前参与是前奏，包括查资料、做预习、列问题等；课中参与是关键，包括思维、讨论、提问、发表意见等；课后参与是延伸，包括整理、反思学习内容，独立完成作业，合作研究等。课前参与使学生带着有准备的头脑和问题来上课；

课中参与是知识生成、情感体验、价值判断的关键所在；课后参与是巩固学习成果，温故知新的必然要求。

2. 质疑的权利。学生学习过程中的质疑是其思考的表现，成长的开始，也是创造的前提。教师要努力保护、激发学生这种质疑的积极性，鼓励学生质疑。教师任何时候都没有评价学生质疑水平的权利。

3. 出错的权利。学生是未成熟的求知者，他们在学习过程中出错，甚至屡次出现同一种差错，是“认识过程的反复性”的体现，不足奇怪。因此，优秀的教师总是让每一个敢于回答问题的孩子都毫无遗憾地坐下，即使回答的内容完全是错误的。总之，让每一个敢于质疑的孩子都有一次表现欲的满足，即使他的质疑毫无道理。

4. 越“轨”的权利。所有的规矩都是成年人制定的，孩子的世界可能并不以为然。因此，面对孩子的越“轨”，优秀的教师绝对不会暴跳如雷，而是首先尊重孩子的想法，平等地、和风细雨地交流，合情合理地、恰当地处理好问题。

总之，教育的过程是师生心灵感应、共沐人性与科学光辉的精神之旅。教育的真谛本真而质朴，教师只有领悟教育的真谛，才能走近学生的心灵，融入学生的生命，才能让生命之花开得更加绚丽。

加快高中教育改革，培养全面发展的优秀青少年

教育部发布的《国家中长期教育改革和发展规划纲要（2010—2020年）》在第十二章“考试招生制度改革”中有关“克服‘一考定终身’弊端”“着重考查综合素质和能力”“实行择优录取、自主录取、推荐录取、定向录取和破格录取”的提法，体现了国家对于推进教育改革、实施素质教育、培养全面发展的优秀人才的决心和要求，将直接影响到各级学校今后的改革和发展。作为承担为高等院校输送人才的普通高中学校，我个人认为应当把握好《纲要》中的实质精神，加快高中教育改革，致力于培养全面发展的优秀青少年。

一是明确高中办学的立足点——为学生的全面发展、终身发展服务。要找准素质教育与应试教育的最佳结合点，并着力为学生综合素质的培养和提高搭建广阔平台，让学生快乐学习、健康成长、全面发展。切忌急功近利、以泯灭学生个性为代价片面追求升学率的短视行为。

二是明确高中教育的核心——坚定不移地推进新课程改革。要深化课堂教学改革，全面落实必修课内容，让学生成为课堂的主人，实现轻负担、高质量的目标。在完成基础课程教学的同时，要创造性开发丰富多彩的选修课程，着力培养学生自主学习、研究性学习和实践的能力，促进学生全面而有个性的发展。

三是明确高中教育发展的根本——转变教师观念。要高度重视和发挥教师群体在教育改革中的主体作用，适时组织教师进行新课程理念和实践技能培训，促使教师通过理念的转变来推动自身教育教学手段、方式的丰富和改进，以自身素质的提高来促进学生的全面发展。

四是明确高中教育发展的重点——改革和完善学生发展及学校发展指导和评价制度。高中学校应当结合自身实际，在新课程体系内完善学生评价制度，突出对学生道德修养和创新实践能力的评价，同时教育行政部门应适时调整、改革对高中学校教育教学质量和综合办学水平的考核评价制度，避免单一的升学率评价方式，为高中学校的发展明确方向并提供制度保障。

五是努力破解高中教育的难点——把素质教育与应试能力统一起来。素质教育与应试教育是长期困扰我国基础教育的两难问题，在新课程背景下我们要勇敢地面对并努力破解，把应试能力作为素质教育的一部分，“两难一起抓，两者不偏废”。但抓应试能力的前提是绝不以牺牲师生的身心健康为代价，绝不以泯灭人格、修养为代价，绝不以放弃道德和崇高的理想为代价，而是向课堂要效益，让精神变物质，使师生在高效学习、工作和生活中体验成功和幸福。

创新人才培养模式，实施“一贯制”英才教育

——学习《国家中长期教育改革和发展规划纲要（2010—2020 年）》感悟

教育部近期出台的《国家中长期教育改革和发展规划纲要（2010—2020 年）》是实施科教兴国战略和实现教育振兴的一部纲领性文件，它的颁布与实施，为我国当前和今后一段时期教育的持续发展指明了方向，明确了目标，具有伟大的历史和现实意义。《纲要》第十一章“人才培养体制改革”中指出：“创新人才培养模式。遵循教育规律和人才成长规律，深化教育教学改革，创新教育教学方法，探索多种培养方式，形成各类人才辈出、拔尖创新人才不断涌现的局面。”这一理念无疑使中小学校在人才培养模式的探索中面临新的机遇与挑战。各校只有破除传统观念，不断地进行教育教学改革，才能使基础教育焕发出新的生机与活力。作为河北省首批示范性高级中学，我校深知责任重大，也感受到进行人才培养模式创新的紧迫性。近年来，我校结合青少年身心成长的特点，按照因材施教的原则，实施分层教育，在着眼于各层面学生的全面、个性化成长的同时，致力于高智商群体培养模式的探索，以“五年一贯制”“十年一贯制”的英才教育模式为国家重点院校培养和输送创新型、拔尖型人才。

“五年一贯制”实行初高中连读（初中 2 年、高中

3年），“十年一贯制”实行小初高连读（小学5年、初中2年、高中3年）。这两种英才教育模式的定位与目标是：选拔适龄青少年中智力超常者，对其实施适合其认知、思维以及情感发展水平的特色教育，即从与社会隔绝的功利性的“精英教育”转向植根社会的教育，使他们优秀的天资得到充分开发、自由释放，成长为共和国未来的“国际型”精英人才。

“五年一贯制”和“十年一贯制”是适合国家提出的高中学校培养创新型、拔尖型人才的英才教育模式，其在实施教育教学过程的突出特点表现在以下两方面：

一是以国家必修课为基础，设置适合学生最近发展区的前瞻性课程，提升发展水平。我校对必修课内容进行有效整合，对教学进度进行适当调整，并结合学生的思维和成长特点，开设具有校本特色的选修课，如培养团队意识的户外拓展训练课，了解邯郸风土人情的地方文化选修课，提高动手与实践能力的通用技术课，鼓励发明创造的科技制作课，以及文学鉴赏、书法绘画等各类文体兴趣班，使学生历练品质，挖掘内潜，张扬个性，自主发展，进一步提升他们的思维、合作、实践与创新等综合能力。二是推行学思结合、知行合一的教育教学方式。以“两导一点”课堂教学理念为指导，实施小班化教学，采取小组合作探究式的学习方式，教师做好导演、导航和点拨，突出学生的主体地位，倡导学生自觉、自主探究。同时，坚持教育教学与社会实践相结合，努力寻求知识与社会的紧密结合点，开展一系列以引导学生树立正确价值取向和培养适应社会发展能力为主旨的活动，如举办体验从商技能的“跳蚤”市场、增强环保意识的城市污水处理社会调查、培养社会责任感的主题团日活动等。既重视了学生多种智能的均衡发展，又重视了学生“社会和情感需求”的培养。

经过六年多的探索与实践，我校英才教育模式成效凸显。“五年一贯制”两届120名学生有10人被中科大、东南大学少年班录取，8人被清华、北大录取，95%以上考入全国重点院校深造；“十年一贯制”学生参加全国中小学生机器人大赛、“CCTV杯”少儿英语大赛、全国数学信息技术大赛、河北省棋类比赛获奖近100人次。

创新型人才的培养需要教育理念和教育教学方式的更新，需要冲破传统模式的束缚；创新思维，深化教育体制的改革，需要全体教育工作者的不懈追求与探索。只有如此，国家教育和人才培养才能迎来美好明天。

优质学校必须从严管理

当今世界，管理同科学、技术一起被称为现代文明的三大支柱，管理出质量，管理出效益。我们要努力把教育教学等各个方面、各个环节纳入学校规范化管理的轨道，推行规范、严格、民主的管理，以优质高效的管理，办出优质高效的学校。

管理务必从严，管而不严，等于不管。管理务必持之以恒，忽冷忽热的管理，等于没有管理。要切实做到真抓实管、严抓细管、敢抓善管，真正落实党中央倡导的“踏石留印，抓铁有痕”的精神。这样，我们学校的各项工作就会再上一个台阶，真正办成家长满意、政府放心、学生成才的优质教育。

我梳理了一下我校管理中的几个重要方面和几个重要问题，请大家在“管理从严”的思想指导下，对号入座，思考、破解管理方面的难题，抓住重点，推动工作。

一、管理的九个重要方面

1. 出入校门的管理。
2. 宿舍纪律、内务和安全管理。
3. 学习时间的统筹管理。
4. 体育、实验和阅读课的管理。
5. 教师劳动纪律的管理。
6. “一课一研”的管理。

7.“三位一体”值班老师的管理。

8. 师生饮食的健康与安全管理。

9. 特长生的管理。

以上九个方面请有关部门认一认，结合管理实际，提出改进措施，拿出新学期的管理方案，开学后坚决贯彻执行，使我们的管理工作提高水平，再上台阶。

二、管理的九个重要问题

1. 学生早恋问题。

2. 学困生、双差生的教育管理问题。

3. 残缺家庭子女的学校教育问题。

4. 有心理疾病学生的教育管理问题。

5. 学生干部队伍的建设问题。

6. 搞好家校配合问题。

7. 宣传、招生问题。

8. 校庆等各项活动的筹备问题（如口号、标识、展馆、活动等）。

9. 临时工教育管理问题。

以上九个重要问题要求各年级和各职能部门认真对号入座，提出解决的办法和预案，以使我们居高临下，有的放矢地防患于未然，使管理工作走在前头，做好每一个细节。这是成功的保障，同时也是抛砖引玉，希望各个部门从具体实际出发，找出本部门管理方面的重要问题和突出矛盾，早做解决预案，做到事半功倍。

三、抓常规管理，要做到严、细、实

（一）真抓实管，从严管理

严就是切实严格执行各项管理制度，只认制度不认人，从而高标准、高质量地完成各项工作，使我们学校处处体现这种严的精神。

1. 用制度约束教师。学校制定了《邯郸市一中教师行为规范》和《教育教学事故及处理办法》。规定教师不许迟到、早退，中午不许喝酒，酒后不许进入教室，公共场合不许吸烟等。干部要带头执行，违反要加重处分。要逐渐从习惯走向自然，使我们的校园不仅环境优美，而且有一支高素质的干部、教师队伍和深厚的文化底蕴。

2. 用制度规范学生。在校学生人手一册《邯郸市一中学生手册》，其中包括了德育工作，学生的权利和义务，学生一日常规，自习课和早、晚读纪律，请假制度等，对学生的言行举止和各项活动都有明确的规定，使学生能够摒弃恶习，发扬优点，纠正错误，规范行为，让学生积极健康地发展。年级可以要求各班每学期给每个学生赋值100分，根据学生的表现和行为进行加减，使学生们都能够自觉地进行自我教育、自我约束。如学生在校园见到垃圾要捡起丢入垃圾箱里；走廊不许猛跑，不许大声说话，更不许打闹；靠右行走；在校内统一穿校服，不许留长发，语言要文明，不许顶撞老师；在食堂和宿舍做到“食不言，寝不语”，等等。通过我们上下一心，加强整顿，规范管理，使我们的校园肃然整洁，秩序井然，环境优美。

（二）严抓细管，实行精细化管理

细节决定成败。我们要不断地研究、制定精细化管理模式，使工作更加规范化、制度化、科学化。在管理的主体上实行民主化的全员管理，校务委员会的每一名干部都是管理者，都要尽到管理的责任；在管理的方式上实现制度下的规范性管理，不搞粗放式的随机性管理。特别是以下几件事情上，要做到严抓细管。

1. 早操和课间操。要坚持做到高一上午早操，高二上午跑操，高三下午跑操。要明确上好早操和课间操的责任人是年级主任，要安排好体育教师和班主任按时值班，组织管理好学生，要跑出作风，跑出精气神。让学生既锻炼了身体，增强了体质，又提高了团队精神，体现了年轻人朝气蓬勃的精神风貌。

2. 宣誓仪式。每天早晨和下午第一节课前，各班都要进行宣誓。各班根据自己的特点编写誓词，激昂的誓词能够鼓舞士气，振奋人心，而且简便易行的宣誓仪式能够提醒学生们马上进入学习状态。

3. 早、晚读活动。一是语文、英语学科组要提前给学生布置好读的内容，二是指导课代表和其他学生干部组织好学生集体诵读和自由诵读，严明纪律，秩序井然。三是学科教师要进班指导。四是年级要组织好检查，定期对背诵质量和纪律进行评比。如果能坚持抓好，我校语文和英语成绩的提高指日可待，可尽快变短板为优势。

4. 宿舍管理。严格要求学生“寝不语”，熄灯后迅速安静下来、入睡；早晨起床铃响后，先醒的同学必须叫醒所有的同学，然后上铺的同学先整理床铺、后去洗漱，下铺的同学反之。20分钟之内保证整理好床铺，洗漱完毕，准时离开宿舍，做到有条不紊、迅速、整洁。

（三）敢抓善管，提升干部教师队伍素质

我校有一支业务精湛、勇于奉献、凝聚力强的干部队伍，在座的每一位都是其中一员。但是，光有我们还不行，还必须着重建设好班主任队伍和学科组长队伍。队伍建设要上行下效，以身作则。因此，学校要求：

1. 年级主任和教育、教务主任，每天上、下午上课铃响前、后要转一遍自己分包的班级和年级，发现问题及时解决。其他部门的主任和负责人也要对自己管辖的范围每天两转，在走动、观察的过程中发现问题，及时处理。在这一方面，校级干部要率先垂范，以身作则，每天至少转一遍自己分管的年级或处室、校园。

2. 开好例会。各年级和处室每周至少开一次例会沟通情况，分析、研究工作。年级最好做到主任每天碰一次头，及时通报情况，主动开展工作。中层干部例会和校长办公会原定时间不变。各层面的例会一定要形成制度，坚持好。

3. 深入课堂，充分了解教学一线的具体情况。学校要求中层以上干部每周必须听课3节以上，年级主任、副主任每周听课2节以上。听课记录由教务处负责检查统计，每月一通报。在听课的同时，要及时评课，不仅鼓励老师授课过程中的优点，又能及时指出存在的不足。通过听、评课调动教师参与教研的积极性，提升业务水平。

4. 开展课堂教学比武活动。各年级要从实际出发，本学期重点开展好全员优质课展评活动，可以按年龄分组，也可按学科分组。总之，要认真对待、认真组织，保证听课人数和评课效果，要在“一课一研”活动中让做课人说课，大家点评，年级教务主任要下大力气抓细、抓实这一点，这是我们带队伍、提质量的法宝。

5. 开展教师业务考试。考试的内容就是做一套高考试卷。教务处牵头组织，各年级做好配合，年级之间交叉阅卷，公布分数。

6. 开展师生同考一套题活动。为了使任课教师更好地了解学生，把握学科教材，月考或期中考试时，年级组织好同学科教师与学生用同样的时间同做一套题，促使教师钻研教材，提升业务水平。

四、下大力气，提升学生的成绩及素质

（一）深入开展“五项核心品格”教育

陶行知先生说过：“千教万教，教人求真；千学万学，学做真人。”新学年，我们要将“诚实、勤奋、自信、责任、感恩”五项核心品格分专题进行系统教育，利用升旗仪式和主题班会广泛宣讲，让它们植根于学生的心灵，熔化于学生的血液，成为一中学生鲜明的人格特质。

（二）磨炼意志

无数事实证明，成功的人不一定是最聪明的，但一定是最坚持的、意志力最强的。各年级要创造性地开展万米长跑竞赛活动和自习课不走动、不交头接耳说闲话等，以此磨炼学生意志，培养学生坚忍不拔的精神。

（三）班级竞赛

我们要树立高考从高一抓起，拼搏三年不放松的意识，教育学生勤奋好学，求真务实。要开展部与部之间的班级竞赛和班级内部同学之间的挑战与迎战。通过月考与期中、期末考试，激励学生奋发求学，争分夺秒，形成班风正、学风浓、团结向上、你追我赶的良好氛围。

（四）干部以身作则，落实责任制

从本学期开始，校务委员会中各位任课的干部要自觉做到教一科，管一线，包一级，主动参加教研活动和年级工作组会议，积极上好示范课，听、评课，认真批阅作业，进班辅导，为教师们做出表率，为教学质量提升做出我们的突出贡献。

管理，是用外在的约束教育人；教育，是用内在的思想管理人。学校教育管理，贵在严、细、实，贵在持之以恒，坚持不懈，养成习惯。新的学年，让我们充满信心，满怀斗志，迎接挑战，去争取更大的胜利、更大的光荣。

管班从严，严中有爱，用爱心塑灵魂

班级是学校的组织细胞，而班主任就主宰着这个细胞健康与否。学校管理中，最重要的岗位是班主任，最辛苦的岗位是班主任，最光荣的岗位也是班主任。班主任肩负着班级管理的重任、组织纪律的重任，指导学生学习做人、学做学问的重任。在学生面前，班主任横平竖直示范着做人的标准，古今中外诠释着文明的基因。班主任是与学生最近的人、最亲的人，是班级管理的第一责任人。本学期，学校对班主任的管理工作提出的要求是：管班从严，严中有爱，用爱心塑灵魂。

一、管班从严

古语说："养不教，父之过；教不严，师之惰。"无数实践证明，班级纪律、考试成绩、升学状况等，无不与班级管理有关，管理严格的班级，纪律就好，成绩就稳步提高，高考升学率就高，学生、家长就受益，班主任的口碑就好，社会的满意度就高；而管理松散、软弱的班级，无不问题成堆，指责声一片，升学率不高，给学校、集体带来很大的负面影响。因此，本学期，学校要求各位班主任对班级从严管理，高一从军训开始，高二、高三及其他年级从开学第一天开始，在以下几个方面从严要求：

（一）制定详细的班约班规

班主任要与班干部一起制定出班约班规初稿，发动全班学生讨论、修订，在达成广泛共识的前提下把班约班规张贴上墙，全班同学共同遵守，一旦违约违规，按章处罚。班约班规要从学生一天活动的各个环节考虑，越细致越便于操作，越实用越好，切忌大而空，有事对不上号，不能操作。教育处要检查各班班约班规制定情况，并评出样板向各班推荐。

（二）制定严格的课堂纪律

课堂纪律包括上课纪律、自习纪律、考试纪律等，要严禁上课趴桌、睡觉、说话、走神等现象，要严禁自习课出入教室、走动、说话、讨论问题等行为。要严惩考试作弊等严重违纪行为，对以上种种违规、违纪行为，要有相应的惩处措施，要教育在先，声明在前，惩处在后。对受到处分的学生，也要关怀备至，做好善后工作，避免产生不良的后遗症。

（三）制定严密的请销假制度

学生请假，班主任务必与家长沟通后方可准许，避免“两边不见人”，出了问题说不清楚。尤其是新校区学校全封闭，什么样的理由才能请假，请假履行哪些手续，如何通知家长，什么时间返校，如何请假等，都要严密而细致，减少请假的随意性和因请假而带来的学习上的困扰。

（四）制定科学的家长约见制度

学生最怕班主任叫家长，但有些事情一旦发生，不见家长又解决不了。为此，班主任要制定科学的家长约见制度，并告知全班同学，使大家尽量做好自我约束，避免给家长找麻烦，万一达到约见家长的条件，也不至于怨恨班主任老师。

（五）制定稳妥的班主任代理制度

班主任不可能一天 24 小时盯在班里与学生朝夕相处，但可以做到你不在的时候有人代替你履行部分班主任职责，这就是班主任代理制度。能代理班主任的可以是当日值班的年级主任、辅导教师、宿管处干部或主要学生干部。这个制度建立以后，也可方便学生在找不到班主任的情况下处理一些特殊问题。

（六）制定详尽的卫生清扫管理制度

打扫卫生，看似小事，但日复一日，必须每天做好。卫生有时是环境面貌、班级精神状态的重要标志，因此需要班主任用心管理好。班级卫生清扫管理制度要做到公平、详尽，使人人参与、人人有明确的具体任务和标准，有详尽的检查评比办法和奖惩措施，逐渐使卫生工作成为学生每天必须做的功课，成为日常的良好习惯。

二、严中有爱

常言道，没有爱就没有教育。爱是教育的真谛。凡是能够赢得学生佩服、喜欢的班主任，无不对学生充满爱心。应该说，我们每一位班主任对学生都不乏爱心，但有时候学生没有感觉到，老师还伤心。这就有一个什么是爱、如何表达爱的问题。我以为，班主任对学生的爱是一种布置任务时的信任，遇到挫折时的鼓励，犯了错误时的宽容，是遇到尴尬时维护学生的自尊，是润物细无声地帮助学生走出困境，是对每一个敏感的灵魂细心的呵护和对每一次成功的由衷赞赏。严厉的班主任不必每天拉着脸，让学生望而生畏；严厉的班主任也不必每天疾言厉色，让学生战战兢兢；严厉的班主任爱字当头，爱是底色，让学生严厉中感受原则不可违，改掉错误才有希望。爱也不意味着是非不分，奖罚不明，无原则地宽容；严，也不意味着大小事情都不放过，不问青红皂白一顿猛批。爱，应该是调查清楚问题后的实事求是，恨铁不成钢的悲悯情怀；她让学生感到事情还有希望，自己还能成功。具体而言，班主任对学生爱的教育应该包含以下几个方面：

（一）对祖国、民族的爱

爱国是一种高尚的情感，由爱国之心激发起的斗志是青年学生学习进步的重要动力。优秀的、严格要求学生的班主任一定会重视爱国主义教育。培育学生爱国爱党的崇高情怀。

（二）对家乡、父母的爱

人都有热爱家乡、热爱父母的天性，这也是人类美好的情感，班主任要努力把它激发出来，转化为学生追求进步、刻苦学习的力量。爱家乡，爱父母，首先要了解自己的家乡、父母。因此，班主任要不失时机地引导学生说出家乡的文化、历史，说出父母的性格、爱好和愿望，从而激发学生来自内心的爱，来自精神深处的力量，使他们成长起来，成熟起来。

（三）对学校、老师的爱

学校、老师就在学生的身边，但我们往往缺乏对学生进行这一方面的教育。学生许多不良的行为，如破坏环境、对老师出言不逊等就是明证。学校是学生成长的摇篮，老师是学生成长的引路人、导师，每一个人都没有理由不爱他们，但是，如果长期缺乏这方面的教育，学生认识这个世界的价值观念就要偏离，就感受不到，也产生不了对学校、对老师的爱，学生的情感世界就会出现空白，我们的教育就会失败。所以，我必须大声呼吁：要认真对学生开展爱校、爱师教育！要激发学生爱校、爱师的情感，要培养他们高尚的道德情操！

（四）对同学、朋友的爱

人是社会关系的总和，从来不曾独立存在过。要让学生知道，同学是一生中最重要的人脉资源，同学之间有着最为珍贵的情感，同学、朋友之间要互相宽容，互相爱护。要让学生知道，同学、同习岂能甘居人后；同座、同窗岂能分比人低。同学之间就要你追我赶比进步，你学我拼比成绩。同学之间的爱就是因为有你我才更精彩，珍惜同学之间的情谊，就是要互相激励，互相帮助，共同进步。

（五）对环境、世界的爱

爱护环境、爱护我们人类共同拥有的这个世界也是人类高尚的情感，要努力培养学生爱护环境、热爱世界的博爱情怀。要教育学生从小事做起，见到垃圾弯腰捡起丢进垃圾箱，爱护校园环境，尽到自己的责任。

班主任对学生日常的关心爱护，对学生进行爱的教育，既是我们应该做好的分内之事，也是一名班主任严之有爱的具体内容。

三、用爱心塑灵魂

班级是学校管理的基本单位，更是学生发展的直接环境。班级文化浓厚与否，班级学习风气良好与否，班级学生团结与否，都直接影响学生的发展进步，而班主任又是这些工作的直接领导者和参与者。也就是说，班级工作千头万绪，总要汇入班主任身上。班级管理中既要搞好常规教育活动，又要处理好偶发事件；既要指导学生学习，又要帮助学生生活。总而言之，班级管理是一项复杂的工作。因此，如何使班级管理工作由复杂变得简单进而走向高效，是每一位班主任迫切需要解决的问题。总结优秀班主任的经验后发现，不管是浓厚班级文化氛围的创建，还是良好学风的倡导，抑或是班级凝聚力的创造，都离不开爱心、细致和建设一支强有力的班干部队伍。

（一）用爱心去管理班级

教育，从本质上说是一种以人为本的关怀，是一个生命对另一个生命无私的关爱。爱，是教育的核心。面对问题学生，许多教师心中无爱，对他们充满厌恶，甚至按捺不住大声呵斥、怒目批评、冷嘲热讽，甚至恶语中伤、暴力惩罚，这是教育的下下策。真爱，是耐心，是宽容，是感化，是等待，这是教育的上上策。苏霍姆林斯基指出："有时宽容引起的道德震撼比惩罚更强。"

况且，每个学生的家庭环境、社会环境、自身的心理品质和基础不同，他们在校的表现当然也就不一样。另外，学生的道德品质和学习成绩还会随着年龄的增长，外界因素的影响而变化。所以，作为老师，我们要将心比心，以心换心，用爱心去感化、滋润学生。只要我们始终如一地用爱心对待自己的学生，走进学生的心灵，什么问题都会迎刃而解。作为班主任，要正视学生中有的勤学守纪，有的厌学调皮；有的识大体顾大局，有的自私自利，以自我为中心。要用人格的力量去感化他们，用博大的胸怀去宽容他们。因为不管什么样的学生，他们都不会反感老师爱他们。爱优秀生，能更好地发现他们的缺点，进而帮助他们克服，更进一步；爱学困生，能鼓励他们增强自信，不断进步；爱班干部，能更细致地指导他们改进管理方法，支持他们做好工作，提高能力；爱调皮捣蛋的学生，发掘他们的亮点，扬长补短；爱教育教学，能使我们勤奋工作，精通业务，育桃李遍天下。爱，是班主任做好工作的前提；爱，会滋润学生的心田，使每个学生身上洒满阳光。

什么样的教师会让学生一辈子感激，一辈子难忘？不是那些刺激学生脆弱的心灵来促使他们"觉悟"的老师，也不是那些动辄冷言讥讽，孤立学生，让他们早早体验"师心"冷暖的老师，更不是那些将分数凌驾于一切之上，将学生划分为几等的老师。这样的老师在学生心中留下的只有恨，只有难以摆脱自卑的阴影，更可怕的是这种阴影将在学生的一生中如影随形，也许就因此，他们不再自信，不再开朗，不再接受爱，也不再懂得爱。因此，我们呼唤老师做爱的使者，因为教育是爱的奉献。

有的学生因为一些原因导致厌学、叛逆，使家长绝望、老师失望，但并不是所有的问题学生都无法培养，他们将来也要走向社会，为人父母，他们也是家庭和社会的未来和希望。他们当中多数人就像迷途的羔羊、不羁的浪子，在爱的滋润下，在名师的教导中可以"改头换面"，变成一个优秀的学生。我坚信，有爱的心能够被爱心进一步滋润成长，顽劣的心、叛逆的心也能被爱心感化。

（二）班级管理需要细致观察，以身作则

细致地观察每一个学生，发现学生的优点，用发展的眼光看学生。如果总是盯着学生的过去和现在，那么在处理问题时就容易旧账新账一起算，这样就容易使学生产生"新仇旧恨"。如果放眼未来，我们在观察学生时赞许就多了，祝愿也多了，有了这种对学生放眼未来的观察和思考，作为班主任，处理问题时心境也就好了，心态就会更平和，方法也就会更温暖，那么，教育学生时说的话更能引起学生的共鸣，效果自然事半功倍。

19 世纪俄国著名教育家乌申斯基曾说过："教师个人的范例，对于青年人的心灵，是任何东西都不可能代替的最有用的阳光。"一个受学生衷心爱戴的老师，一定不是一个唯利是图的人，而是最富有爱与责任的人，他是学生回忆成长过程中在灵魂深处留下的一份最无邪的感动。

教师的一言一行对学生的思想、行为和品质具有潜移默化的影响。因此，教师要处处为学生做榜样，凡是要求学生做到的，自己首先做到；凡是要求学生不能做的，自己坚决不做。高度负责，严于律己，以身作则，才能让学生心服口服，把你当成良师益友。比如，有的老师要求学生在教室能够静下心、坐得住，自己就坚持在教室办公，与学生一起学习、自习，成为学生坐得住的榜样；再比如，有的老师要求学生爱护环境，老师自己不论是什么情况，只要看到地上有废弃物，都会默默捡起放入垃圾箱里，成为学生爱护校园的榜样。老师们的这些行动，终究会唤起学生的良知，唤起学生做人、做学问的自觉性和主动性并养成良好的习惯。

（三）建设一支强有力的班干部团队

每一个好的班干部，都是班主任的得力助手，选好、用好班干部，不仅能使自己从繁忙的班级事务中解脱出来，而且可以培养学生独立工作的能力。班干部是老师与学生之间的桥梁，优良班风的树立需要班干部与班主任的合作，需要同学们的配合。因此，建设一支优秀的班干部团队，使班级事务分工负责、分层合作是很重要的。班长、纪律委员、卫生委员等要分工明确，并制定详细的工作条例，使每一名班干部都有明确的权利范围和责任。这样，使班级管理有理有据，更具有说服力。为了使班级工作更加有序，建议各班设立几名班级管理监督员，让他们监督班干部和班主任的班级管理工作。班委会成员各司其职、分工合作、相互制约，使班级工作呈现事事有人管、事事有人干的局面。

当然，组建一支强有力的班干部队伍，需要班主任投入大量的时间和精力。选出的班干部毕竟不是完人，需要定期召开班干部会议进行培训、指导。对班干部的指导要耐心，批评班干部的不良行为要严厉，同时要尽可能多地给班干部表现与锻炼的机会，班干部能处理的事情全部由班干部处理，周日班会总有一部分时间是留给班干部的，班级常规工作尽量让班干部讲，包括总结上周班级情况和布置当周班级工作，这样既满足了他们表现欲，提高了他们的工作热情，又提高了他们的班级管理能力。鼓励他们以身作则并带动其他同学，促进整个班级树立良好的班风。

万事开头难，我认为班级管理最难的时间段是高一上学期。一届三年中，高一上学期是管理班级中投入最大的时间段。一年之计在于春嘛，班级管理工作同样需要一个良好的开端。班主任工作任重而道远，但一个班级的管理如果有了一个良好的开端，我想班主任在管理这个班级时就已经成功了。

总而言之，班级管理是一项复杂而艰巨的工作，班主任工作涉及学生的德智体美等各方面的发展进步，只要我们心中有爱，用爱心去浇灌，我们一定能变繁为简，变难为易，我们一定能栽出常青林。

为明年今天的微笑而准备

——致新高三同学们

首先，我来谈一下什么是高考，或者说高考是什么。

高考的全称是普通高等学校招生考试，其实质就是一种考试。考试分水平考试和选拔考试。水平考试一般门槛较低，达到即合格，就可以过关。比如高中学业水平会考、机动车驾驶证考试就是这种性质，达到基本水平就毕业，就能领到毕业证或驾照。另一类是选拔性考试，不管参加考试的人水平多高、多低，通过考试都要把他们区分开来，分成三六九等。高考就是一种选拔性考试，就是要把参加考试的学生分出层次，为不同大学选拔不同的新生源。

就今年的高考题而言，大家普遍反映数学题太难，其实这是正常的。我国的高等教育采取重点发展的战略，“211 工程”大学、“985”大学、“珠峰计划”等都是这种战略的体现。不同的大学，国家投资、办学条件、师资水平相差很大，它们肩负的使命也不同。温家宝总理在《国家中长期教育改革与发展纲要（2010—2020 年）》征求意见座谈会上曾讲过：“我们的教育，就是要培养德智体全面发展的优秀人才，特别是拔尖人才。”高等教育就是为培养拔尖人才服务，为民族振兴服务。高考题不难就选拔不出拔尖人才，就无法实现国家的人才培养目标。因此，高考题难是正常的，是无可非议的。

其次，我再谈一谈高考考的是什么。

表面上看，高考考的是题目，是学生掌握知识的状况，是学生的解题水平。实际上高考考的不仅是知识，还有世界观、人生观、价值观及运用知识正确解决问题的能力。比如今年语文试卷上的作文题："有鱼吃还抓老鼠干吗?"看似让你写一篇800字文章，实际上是看你文章背后的思想深度、认识高度和世界观、方法论是否正确，可以说，要求你展现的不仅仅是文章，更是思想。一名死读书、读死书，只会背诵唐诗宋词，没有一定思想深度的人是写不好这篇文章的，是不会得到高分的。

再次，再来谈一谈如何备考。

由于高考题一定会很难，由于高考题考的不仅是课本知识，因此，备考时就必须做到以下几点：

1. 明确目标。明年的今天，你想高考取得多少分数，考上哪一所大学，想学什么专业，现在就必须明确。就应该从今天起认真分析一下这几年你理想中的这所大学的录取分数以及自己的差距（我建议班主任把这方面的信息收集起来放在电脑中，供同学们对照），一天一天努力，一步一步靠近，不懈怠，不悲观，力争把今后的每一次考试都当作是高考，勇敢承受一次又一次失败和打击，及时找出一点一滴的不足，尽快弥补，奋勇向前。

目标的制定，既要有雄心壮志，敢于追求，又要从实际出发。既要相信"目标越伟大，进步越迅速"，也要知道没有基础建不起大楼。同学们确定自己的目标时，可以请父母或老师做参谋、提建议。一旦确定，就要勇敢地把它张贴出来，让它成为自己前进道路上的灯塔和旗帜，时时给自己以鼓舞和勇气。

2. 克服侥幸心理，下真功夫。不要认为这几年都没有考过的东西明年就不考，不要认为这么难的东西明年就不考。要认真研读考纲，在第一轮复习的六个月里配合课本，用好"1+1"这本资料，一字不落地读，一题不漏地做，把它读透、做烂。第二轮复习的二个月至少要精做30套专题练习，10套仿真模拟题。在第三轮复习的一个月里，要至少再做10套高考模拟题。我们都不是神，不可能先知先觉地猜中考什么，不考什么。只有下到足够的功夫，做够足量的题目，才能实现由量变到质变的飞跃，才会不惧怕任何形式、任何难度的考题，才会成竹在胸、坦然面对高考。我个人认为，凡是高考时怯场的同学都是因为准备不足，复习不充分，备考不到位。因此，要想考场发挥好，关键在备考。

一个人的精力有限，很难做到玩并学习着，因此大家在这一年，要暂时放下所有的兴趣、爱好，除了必要的休息和锻炼，每天的生活就是学习、再学习。上好每一节课，抓住每一个小时，让每一点进步为自己增强自信，在每一次考试中寻找自己成功的感受。总之，梦想不能靠做梦去实现，脚踏实地，下真功夫才是成功的保障。

3. 学思结合，融会贯通，提升认识水平，增进思想深度。“学而不思则罔，思而不学则怠。”只有学思结合，才能把握知识框架，理解思想方法，提升认识水平，达到融会贯通的境界。因此，备考阶段学思结合，不断反思总结，不断梳理知识脉络，形成知识体系，养成严谨、规范、科学的思维习惯和表达方式，至关重要。

总之，备考决定着高考，备考时多流一滴汗，考场上就少发一份慌。只有充分有效地备考，才有考场上的正常发挥。

最后，谈谈做好自我心理调节。

从生理学的角度讲，人是一种有感情的动物。感情这个东西在某种程度上就是不讲道理，没有道理。常言说爱屋及乌，说的就是感情。同学们十八九岁，正是情感丰富、心理激荡最剧烈的时期，情绪极易波动，一旦调节控制不好就可能影响学习乃至生活。然而，这也是人生的必经阶段，成长的必经过程。没有这些激荡，人就不可能成熟。因此，同学们心理上产生这样或那样的困惑或波涛不足为奇。

但高考具有时效性，心理的变化不能影响备考。智者、强者都是情绪的主人，弱者、懦夫才是情绪的奴隶。故而，备考过程中的心理调节是一个不容忽视的问题。

1. 任尔东西南北风，咬定青山不放松——意志坚定。古人云：“古之立大事者，不唯有超世之材，亦必有坚忍不拔之志。”孟子也说过：“天将降大任于斯人也，必先苦其心志，劳其筋骨，饿其体肤，空乏其身……”今天在座的同学都是同龄人中的佼佼者，有良好的天资，未来民族复兴大业的希望就寄托在你们身上。因此，你们不但要有干一番事业、担当大任的雄心壮志，还要有确立不同阶段的人生目标、咬定青山不放松的坚强意志，顽强进取，执着前行，集中全部精力，克服各种困难，为实现自己的理想而奋斗。

毛泽东同志说过：“学习上最大的敌人是自己。”当我们心烦气躁，不能全身心投入学习的时候，需要战胜的是我们自己；当我们面对挫折，信心不足，苦闷，彷徨的时候，需要战胜的也是我们自己。“胜人者力，胜己者强；知人者智，自知者明。”只有战胜自己的人，才是最强大的。当前，同学们需要从以下几个方面坚定意志、战胜自我：

（1）心理上鼓舞自己，始终坚信“我能行”，满怀信心，积极地、主动地攻克学习难关，夯实知识基础。

（2）在生活上规范自己，制定切实可行的作息时间表，把锻炼身体作为每一天的重要生活内容坚持下去。把无益于学习的生活琐事、人际交往、个人情感控制好或排除掉，确保学习的时间和效率。

（3）在学习上下功夫，对每一个考点反复训练，力争牢固掌握，在方法和能力上不断归纳，善于总结，深入思考，领悟内在的联系和知识背后的思想方法，增强独立思考的意识，提高准确度，向满分努力。

美国坦普尔大学教育心理学教授希尔伯曼在他的著作《积极学习》一书中，开篇第一段是：“对于我听过的东西，我会忘记。对于我听过和看过的东西，我会记得一点儿。对于我听过、看过并问过的问题或与人讨论过的东西，我会开始理解。对于我听过、看过、讨论过和做过的东西，我会从中获得知识和技能。对于我教过另一个人的东西，我会掌握。”他甚至说：“如果没有机会去讨论、提问、做乃至是教别人，真正的学习是不会发生的。”

身心靠自我磨砺，学习靠自我领悟，生活靠自我调节。每一天对于我们都是新的，每一天的收获也全靠同学们自己把握。只有意志坚定的中国工农红军才能爬雪山过草地，飞夺泸定桥，抢渡大渡河，完成波澜壮阔的二万五千里长征，最后取得革命的胜利。让我们每个人都明确自己的升学目标，以咬定青山不放松的坚强意志，战胜软弱，战胜各种不利因素，顽强拼搏，去夺取胜利！

2. 苟有恒，何必三更眠五更起；最无益，只怕一日曝十日寒——持之以恒。从现在到高考八个月的时间里要完成极其繁重的备考任务，劳动强度之大、心理压力之大都是人生至此前所未有的。

这也是人生不可多得的艰苦锻炼、艰难跋涉时期，经此考验而不倒、而胜利的人无疑是同龄人中的佼佼者、精英。这个阶段也是人生思维敏捷、风华正茂的黄金时期，经此锻炼也必然积累人生最深刻的体验、最宝贵的财富。

凡在这个过程中胜出的人无不专心致志、持之以恒。那些三心二意、心猿意马之人则多半途而废，少数侥幸过关终也难成大事。

苟有恒，何必三更眠五更起，是指备考阶段同学们在学习上要持之以恒，生活上要有规律，不能心血来潮挑灯夜战，更不能稍有不顺心灰意懒。

3. 有志者事竟成，破釜沉舟，百二秦关终属楚；苦心人天不负，卧薪尝胆，三千越甲可吞吴——敢于胜利。外力可以把一个人打倒，但不能把一个人战胜；它可以让一个人消失，但不能把一个人毁灭。楚霸王破釜沉舟，百二秦关终归楚有，是浩气冲天的大丈夫所为。霸王别姬、乌江自刎也不灭其英雄气概！

卧薪尝胆，忍辱负重，最终以三千越甲灭吴的越王勾践更彰显了男儿的志气。坚定不移地朝着目标，坚苦卓绝地不懈奋斗，敢于胜利的英雄主义精神是成就伟业的三大法宝。

最后，我向大家推荐一篇文章，刊登在《读者》2010 年第 11 期的《我们都不是上帝的孩子》，建议同学们认真读一读。

考前50天班级教育工作的重点

刚才，六位班主任从不同角度谈了高三后期班级管理工作的思路和做法。从中可以看出他们的智慧和艰辛。下面，我想强调三点：

1. 对于高三年级而言，高考前50天是一个非常特殊的时期，许多学生学习上进入了“高原期”，下了很大功夫，做了许多题目，考试分数却不见长进。绝大多数学生渴望考到自己理想的分数，渴望成功，却屡屡失败，备受打击。部分学生开始动摇，怀疑自己的能力，表现为斗志不强，灰心丧气。这是量变到质变的分水岭，是黎明前的黑暗。跨过这个坎就是一片光明，学习成绩也会跃上一个新的台阶。因此，这个时期班主任工作的总基调是：鼓舞信心，提振士气，放大每一名学生取得的成绩，从而树立信心，增强斗志，永不言弃。宏观上表扬每一名学生的点滴进步，微观上引导学生查找每一门学科上的问题及解决办法。既给学生精神上的支持，又给学生学习切实的帮助，使他们突破“高原”障碍，迎来成功的曙光。

2. 许多学生在时间利用上，进入一个“迷茫期”。他们感觉到每天都有许多事情要做，学习上还有一堆问题要解决，许多学习任务要完成，但又感到时间不够用，无从下手，心中迷茫，效率低下。这就要求班主任指导这一部分学生做好每一天的学习计划，管理好自己的时间，什么时间干什么做到心中有数，有条不紊地利用好点点滴滴的时间，有效地完成一点一滴的学习任务，使自己日有所进，收获明显，由量变向质变突破。班主任指导学生订好第二天的学习计划，一定要细致耐心，督促落实，从而稳定学生情绪，提高学习效率，有节奏、高效率地度过每一天的学习生活。

3. 许多学生在心理上进入一个“渴望抚慰期”。高三是一个漫长的过程，许多学生长期努力学习，付出很多，心理压力很重，越接近高考，越感觉自己无助、委屈，特别是考试成绩不好的时候，更想找班主任或在什么地方哭一场。此时，班主任要理解他们渴望抚慰的心灵，把他们当孩子一样安抚。同时，教育他们要坚强，要知道高考不仅是一场知识、能力的比拼，更是意志、品格的较量，关键时候要坚强，要咬牙坚持住，要有战胜自己的信心和力量，从迷茫中走出来，从困惑中走出来，从委屈中走出来，造就强大的心灵，成就强大的自我。要坚信，成功一定属于我，胜利一定属于我！

下面，我再给高三的班主任提三点具体要求：

1. 走到学生身边，走进学生心灵，问问他们需要什么，有针对性地帮助他们排忧解难，提高成绩。这就要求班主任经常性地召开小型座谈会，把三五个同学叫到自己身边，倾听他们内心呼喊，及时提供支持，帮助他们渡过难关。

2. 高度重视班会，高效率开好每一次班会。希望班主任能够明确每一次班会的目的，精心准备，有计划进行，使学生有所收获。从今以后高三每周一下午开班会，建议班主任约请任课教师到班担任嘉宾，回答学生的问题，并给学生知识方法上、人生经验上以指导，帮助班主任解决好学科学习、心理等方面的问题。

3. 发挥好家长的积极作用。目前，高三有不少学生走读，早晨家长送来上学。班主任要特别关注这一部分学生的学习状态，让家长管理好孩子在家里的时间，不能熬夜，不要迟到。对于住校的孩子，如果非访校时间特别想见到家长，班主任也要通融，让家长见孩子，听孩子诉说，给孩子以鼓励。这样可以有效缓解学生心理压力，释放不良情绪，补充正能量。总之，要分析、研究每一名孩子的具体情况，对症下药，发挥好家长的积极作用，家校合力帮助孩子顺利度过这一人生特殊时期，高考时充分发挥，考出优异的成绩。

考前一个月叮嘱

高考在即，考生还有近一个月的备考时间。时间虽短，但足以影响考生的水平。如果考生能够有效利用好这段时间，做好三轮复习，调整出最佳的备考状态，将有利于考出理想的成绩。为此，建议考生从以下三方面努力，力争高水平跨越这道门槛。

一、科学安排学习

（一）紧跟老师节奏

众多考生都是第一次面对高考，对高考缺乏足够的认识和准备。各科老师自然成为考生应对高考的最佳指导者，他们都会依据《考纲》有针对性地安排知识复习和节奏调整。因此，考生要注意紧跟老师的教学，认真、规范、严格完成老师布置的学习任务，切忌盲目自以为是地搞个人计划，这会打乱已有的复习节奏，最终得不偿失。

（二）找出学科缺陷

在高考前最后一个月的三轮复习中，每一名考生都会做大量的模拟试题，每天绝大多数的时间都用在了做题上。此时，同学们的头脑千万要清楚，做模拟试题并不是越多越好，如果只追求数量，认为做够多少套题高考自然就能考好是大错特错的。做模拟题的目的主要有两个，一是进一步熟练知识的运用，把会的做对，不丢分；二是查找学科知识和能力的缺陷，尽快弥补，再提分。如果每天只是埋头做题，结果做了那么多题，会的还是会，只是更熟练一些罢了；而不会的总是出错，结果还是不会，考分未必能够提高。因此，每套试卷做完后，找出不会做的或做错的题目；几套试卷做完后，把错的、不会的题目摆放到一起，分析共性的问题，找出知识或能力的缺陷，在老师的帮助下有所弥补和突破，这样，分数才可能提高，“少丢分，再提分”的目的才能实现。

（三）掌握解题技巧

不同学科的不同题型都有各自的答题程序和解题技巧。熟练掌握这些规律和技巧，有利于帮助考生缩短答题时间，提高答题的正确率。因此，考生在最近一个月的时间里要专门通过选作一定量的试题尤其是老师安排的仿真题、“保温题”，来检验、巩固老师平时讲授的诸如选择题、填空题、解答题等不同题型的解题方法和技巧。

二、注重心理调适

高考在一定程度上是对考生心理承受能力的检验。当前，全力冲刺的考生们内心肯定有许多想法，会感到时间很紧，却又盼着早日考完，甚至有的同学会因为过于紧张而导致情绪出现极大波动，表现为坐立不安、食欲不振、睡眠失常等。如果能够调整好心态，积极地去备考，会取得事半功倍的效果。

（一）正确对待焦虑

绝大多数考生会在考前出现焦虑现象。考生和家长要认识到考前心理波动属于正常的心理现象。保持适度的紧张，有利于维持考生的兴奋性，增强学习的积极性和自觉性，提高注意力和反应速度等，因此不必过于担心。

（二）学会自我调适

考生要学会自我调适，可以通过制定切合实际的奋斗目标、高喊积极向上的口号等方式对自己进行积极的心理暗示，鼓励自己主动迎接挑战；可以通过参加文体锻炼进行适当的宣泄，以排遣过重的心理负担；可以积极主动地与任课教师、学校的心理教师进行交流，讲出自己的实际感受，缓解心理压力。另外，考生还可以尝试心理专家推荐的腹式呼吸法、神游法、肌肉放松法、微笑疗法等方法，每天在疲劳或是紧张的时候进行放松练习，有利于及时排遣压力，调整心态。

三、保持良好生活习惯

（一）规范作息时间

高考虽已临近，但一个人的精力毕竟有限。大脑长期高负荷思考，不利于记忆，甚至会导致体质的下降。因此，在考前一个月里，考生不仅要善于利用时间，更要按照学校的统一要求规范自己的作息时间，切忌中午加点、晚上“开夜车”等行为。

（二）积极参加锻炼

不要有体育锻炼会占用学习时间的想法，应当主动上好体育课，积极参加晨跑、课间操等体育锻炼活动，确保每天至少有 1 小时的锻炼时间。这不仅有利于增强体质，避免考前生病等不利事情的发生，还有利于舒缓疲劳，缓解心理压力，改善精神状态，帮助考生以更加积极、乐观的态度迎接高考。

主题班会设计

班主任：同学们，今天的班会，我们一起来探讨一个词——委屈。首先请同学们思考并回答你对这个词的理解。

同学甲：……

同学乙：……

同学丙：……

班主任：同学们，“委屈”一词，《新华字典》的解释是：一个人“受到不应有的指责或待遇，心里难过”。

我认为，对“委屈”的解释，还有以下几点值得思考：

一、“委屈”来源于“自己人”

用毛泽东的话说，这是阶级内部矛盾，而不是敌我矛盾。解决这类矛盾，不能用“人若犯我，我必犯人”、针尖对麦芒的方式，针锋相对，争一个你死我活。下面我举一个极端的例子。

我们知道韩信“胯下之辱”的典故：韩信很小的时候就失去了父母，主要靠钓鱼换钱维持生活，经常受一位靠漂洗丝绵维生的老妇人的周济，屡屡遭到周围人的歧视和冷遇。但他是个有远大理想的人，也有极大的才华没被发掘。有一天，一群恶少当众羞辱韩信。有一个屠夫对韩信说：“你虽然长得又高又大，喜欢带刀佩剑，其实你胆子小得很。有本事的话，你敢用你的佩剑来刺我吗？如果不敢，就从我的裤裆下钻过去。”韩信自知形只影单，硬拼肯定吃亏，于是，当着许多围观人的面，从那个屠夫的裤裆下钻了过去。

韩信是一个有很大抱负的人，他的人生目标是统兵百万，改造社会，影响历史，可见，这个屠夫不是他人生的敌人。此时此地，韩信如果不能忍受“委屈”，拔剑相向，结果一定很严重，肯定是一个你死我活，中国历史上也不可能出现“萧何月下追韩信”和“韩信将兵，多多益善”的典故。

二、天下人人都“委屈”

首先，从出生起，每个人都是带着“委屈”而来。本来，婴儿在母亲肚子里温暖舒适，多么幸福，离开时多么痛苦。因此，刚出生的婴儿，哪一个不是号啕大哭，充满了“委屈”。其次人在成长的过程中不可能一切都顺从自己的心愿，一点儿都不受委屈。人人都会遭遇挫折，都会受到委屈。比如被尊为“万世师表”的孔子。他自己曾说：“吾少也贱，故多能鄙事。”据说年轻时还做过乡间的吹鼓手，别人家有了丧事，他就去帮忙挣碗饭吃。55 岁了，还得不到鲁国国君的重用，难以施展自己的政治抱负。不得已带领颜回、子路、子贡、冉有等弟子，开始了长达 14 年的周游列国。这个过程，他自己说“惶惶如丧家之犬”，受到的委屈不胜枚举，甚至被包围、侮辱，七天无饮食，差点儿丢了性命。再比如中国人民伟大领袖毛泽东同志的一生也是充满了坎坷，备受委屈。1934 年，毛泽东、朱德领导红军采取机动灵活的战略战术，粉碎了蒋介石几十万敌军的三次大“围剿”。在江西瑞金开辟了一块很大的根据地，发动人民群众打土豪、分田地，成立了第一个苏维埃人民政府，革命根据地的形势一片大好。然而，这时在上海的中央机关撤到了瑞金。毛泽东和朱德对他们的到来非常欢迎，组织了根据地的军民召开了热烈的欢迎大会，发表了热情洋溢的讲话。但是天有不测风云，以博古为首的这“二十八个半布尔什维克”在苏区稳定下来之后，凭借着书本上的马列主义，对毛泽东的战略方针开始横挑鼻子竖挑眼起来，指责他实行的战略方针是“右倾保守主义”，是“山大王”，是“山沟里的马列主义”，并立刻解除了他的兵权，把他发配到一个偏僻的乡村里让他“闭门思过”。后来，毛泽东说：“那是我人生最痛苦的时候。”中国改革开放总设计师邓小平同志在其一生中更是“三起三落”，受到过很多不公正的待遇，受了不少委屈。

三、胸怀决定身价

法国著名文学家雨果有一句名言："世界上最宽广的是海洋，比海洋更广阔的是天空，比天空更广阔的是人的胸怀。"但我认为，并不是所有人的胸怀都比天空更广阔。"将军额头跑得马，宰相肚里能撑船。"所谓宰相、将军与凡夫士卒的区别，唯胸怀有别耳。供奉弥勒佛的寺庙常可以看到这样一副对联："大肚能容，容天下难容之事；开口便笑，笑世间可笑之人。"据说全国每天都有7 000余人自杀，其中不少是感到自己受了大委屈、大冤枉不能自拔。国外也一样，苏联震惊世界的第一颗人造卫星发射火箭和第一艘载人飞船总设计师科罗廖夫，因肃反蒙冤蹲了近10年监狱。

古往今来，多少有才之人，荆棘满途，怀才不遇；多少刚烈英雄，怒目苍天。然而，委屈可以使人变得卑微甚至瘫软，也可以使人变得坚强，变得高大。正如一位老者所言："人下跪有两种结果：一种人下跪后，认为是莫大的屈辱，尊严和自信被彻底摧毁，他们从此消沉下去，最后被所有人遗忘；另一种人下跪后，努力从屈辱中摆脱出来，他们对成功的渴望与日俱增，最后成就一番事业。其实成功者并不见得比失败者聪明多少，但他们认识到一点，那就是——屈膝是为了跳得更高。"关于委屈，司马迁体悟最深，他曾满怀感慨地说："西伯拘而演《周易》，仲尼厄而作《春秋》；屈原放逐，乃赋《离骚》；左丘失明，厥有《国语》。"真乃千古良言，历久弥珍！我们甚至还可以将司马迁的名言续写下去：太史公受辱，而作《史记》；杜甫流落乃成《三吏》《三别》；吴敬梓落第方有《儒林外史》；曹雪芹困顿而著《红楼梦》……中国历史上这些辉煌灿烂的不朽作品，无一不是作者因饱受"委屈"而成。假如当初这些先贤没有遭受如此委屈，恐怕人类就不会有这些优秀的文明成果了。

胸怀是对委屈的忍耐，是世态炎凉、岁月沧桑熬制出来的，胸怀宽广之人，受到冤枉，当作清水淡饮，遇到嘲讽，笑看清风拂面。胸怀是信念对委屈的升华，是目标对道路的不拘。有坚定的信念和明确的人生目标，就能胸怀坦荡，光明磊落，这才是干大事业的人，才有可能成为成功者。

四、胸怀是委屈撑大的

阿里巴巴总裁马云曾经说过："男人的胸怀是委屈撑大的。"如果你想成为一个真正优秀的人才，成为一个胸怀宽广的成功人士，承受委屈是你的必修课！一位智者也说过："一个人在40岁之前要想尽办法去受尽人生所有的苦难，千万不要等到年老时再来受苦。"修养胸怀，必须要承受得起委屈、误解和磨难，真心做到能忍能容天下难忍难容之事。年纪轻轻就很成功未必是件好事，因为名闻利养常常会助长一个人的恶习，使他听不进别人的忠言逆耳，恃才自傲，不可一世，最后，任由名利蛀蚀他的生命，《伤仲永》就是很好的例证。

"自古雄才多磨难，从来纨绔少伟男。"故"天将降大任于斯人也，必先苦其心志，劳其筋骨，饿其体肤，空乏其身，行拂乱其所为，所以动心忍性，增益其所不能"。纵观古往今来，能成大事的人多受过委屈！勾践卧薪尝胆十年，终于灭吴，孙膑被庞涓陷害受了膑刑，含屈忍辱，最后报仇雪恨。一个有气度、有理想的人，不论何时，都会高悬理想的明灯，树立坚强的精神支柱。当自己受到屈辱时，会如韩信一样低头钻过，然后狠狠地将它嚼碎，吞到肚子里消化掉，最后化成一股热量，向前奔跑！

下面，请同学们看一篇你们当中的某一个人发在网上的帖子：

如果高一同学今天上午在一楼看了昨天违纪情况通报，应该能看到里面写了高一×××同学昨天晚上在410宿舍里，被宿管记名后联合其他同学到宿管办围攻宿管，经宿管劝解后方才平息。本人是409宿舍的，当时事情发生时我就在场，一起去宿管办的人也是我，现在我想说一下这件事的真实情况。当时宿管正在四楼查人数，事件的起因是因为我们班一帮人闹着玩儿，把410的门从外面锁上了，当然钥匙是留在外面的。然后被宿管看到了，让把门打开。×××就把锁打开了，宿管抢过锁，把名字记下来了，要通报批评。然后一群人就向她解释，我们语气已经尽量很温和了，可是宿管不买账，当时就在楼道里叫了起来，摆出一副倚老卖老的架势，讲起了大道理。这个宿管，"自信苑"的同学们应该都知道，小低个儿，卷发，红衣服，只要是她值班的那天，被批评的宿舍肯定上黑板。对于这种心理变态的人，我表示很佩服，毕竟，能整天被一大群人诅咒还不死的，世上也没几个人。我希望宿管自重一下，不要以为你是我们长辈，就可以随意处置我们。为什么就不能通融一些，给我们留些余地？我不奢求你的原谅，我只想说，君子报仇，十年不晚，咱们走着瞧！

请同学们讨论上面的帖子，谈一谈该如何对待委屈。

做一名优秀的班干部

今天，在这里参加培训的都是我们邯郸市一中各班的精英分子。大家在忙于学习的同时，还担任班干部，协助老师处理班级日常事务。我想“做一名优秀的班干部”是我们共同的心愿。所以，我想围绕这个主题同大家进行一次交流。

一、定位：同学们的服务员，老师们的好帮手

如何才能做一名优秀的班干部？我想大家首先需要对班干部有一个充分的认识和准确的定位。

《中国共产党章程》明确指出：“干部是党的事业的骨干，是人民的公仆。”这是对我国干部本质特征所做出的科学概括，它明确指出干部应当是国家建设的中坚力量，是人民的服务员。由此我们可以引申出：班干部是班级事业的骨干，是同学们的公仆，是学生领袖、青年英才，是一个管理者，是一个班级学生队伍中的领头人，是带领大家去完成目标的人。所以，我给班干部的定位做了一个总结：同学们的服务员，老师们的好帮手。一名优秀的班干部应当竭尽全力为同学们服好务，应当为老师管理好班级事务分忧解难，协助老师提高班级的凝聚力，增强班级的战斗力。

二、素质：人与人最根本的区别

“当好服务员，做好帮手”，说起来不过9个字，很容易，但做起来并长期坚持下去却并非易事。这需要我们做班干部的必须具备比其他同学更为优秀的素质。

（一）强烈的责任感

在学习和生活中，我们经常会听见“责任重于泰山”这样的话语，却很难真正了解和领悟责任赋予我们的意义是什么。我认为责任从大道理说就是最基本的职业精神，从小的方面来说即是一个人做事的基本准则。

1920年，美国一个11岁的男孩子踢球时踢碎了邻居家的玻璃，邻居向他索要12.5美元，当时这是一笔不小的数字了，他向父亲承认错误，父亲把钱给他的时候说道：一年以后把钱还给我。从此小男孩开始了辛苦的打工生活，半年后，他终于把钱凑齐，还给了父亲。这个小男孩便是以后的美国总统里根。他的父亲其实是在让他明白，要勇于承担责任，不逃避，不推卸。

这个故事告诉我们：一个人有责任心就拥有了至高无上的灵魂和坚不可摧的力量；一个人有责任心便有了前进的动力，在这种责任心的鞭策下自己才会努力向前。由此可以看出，责任是获取成功的必备素质，责任是迈向成功的必经之路。一个有责任心并有能力的人才是充满人格魅力的。

作为一名学生干部，就需要这种强烈的责任感。只有如此，才能够深刻认识到工作的重要性，进而热爱自己的本职工作，并不断地鼓舞自己履职尽责。具体来说，这种强烈的责任感集中体现在：（1）要有强烈的集体观念和集体荣誉感，考虑问题和处理事情要从有利于学校、班级的大局出发，如怎样加强班级学风建设，提高班级凝聚力，绝不能对班级中的不良现象不闻不问，事不关己，高高挂起；（2）从维护班集体利益出发，注重反馈信息，将班级中出现的问题尽量反映给班主任和任课老师；（3）要从同学的角度出发，贴近同学，设身处地地为他们着想，做他们的贴心人，深入了解同学们的学习生活情况和思想情况，帮助同学们反映、解决学习和生活中的困难。如果大家能时刻牢记对学校、班级、同学的责任，我想，你已经迈出了成长为一名优秀班干部的关键的一步，成功、幸福已经离你不远。

（二）超前的思考力

爱因斯坦曾说：“学习知识，善于思考、思考、再思考，我就是靠这个方法成为科学家的。”由此可见，学习和思考是所有人提高修养、增长才干、成就事业的必由之路，古今中外概莫能外。

无独有偶，法国化学家别涅迪克因善于思考而成功。在一次实验时，他不小心将一个瓶子打落，但瓶子却没有摔破，他很疑惑但一时又找不到答案，于是就先将瓶子注明问题后保存起来。过了不久，他看到了一则关于客车相撞后车窗破裂而伤到乘客的新闻。对此，他开始思考，如果能研制出一种不碎的玻璃就好了。他想到了上次那个不碎的瓶子，对此进行深入研究，最终发明了不碎的玻璃窗。

在当今社会，因为善于思考、深入思考而获得成功的人不胜枚举。华罗庚善于思考成为伟大的数学家；鲁班被草划破手后善于对此进行思考，发明了锯子；邓小平为了香港的顺利回归深入思考，提出了“一国两制”主张；泰戈尔看过窗外飞过的萤火虫进行思考，写出了《飞鸟集》……太多太多的例子告诉我们：思考，可以打开成功之门，走向辉煌。

思考的重要性，对每一位同学来说都是毋庸置疑的，而对于班干部来说，则尤为重要。你们不仅仅是执行教师布置的任务，更要创造性地开展工作。因为，你们的工作对象是一个个充满朝气的青春学子，他们生活背景不同，性格各异。如何让这个集体乐意接受你的服务，能够为了班级的荣誉、团队的成长而团结一心、共同进退？如何科学地去布置老师安排的任务？如何说服同学们接受你的意见？如何调动文艺骨干精心策划一次班级晚会？如此等等，一系列的问题需要你们去超前思考，合理安排。只有学会思考，才能科学地解决班级中的各种问题，才能开创性地推进班级工作。

（三）非凡的自律性

无规矩不成方圆。纪律和规则是我们平时学习和生活中不可缺少的。很多事实都能说明这个道理，比如买东西、打饭要排队；见到老师要问好；自习课上要保持安静；甚至我们平时的一举一动都受到一定的要求和约束，否则任何事情都毫无秩序可言。而我们高中学生，正处在行为习惯养成的关键时期，需要有纪律和规则来要求我们，告诉我们该怎么做不该怎么做。但是，如果我们总在一种被要求的环境下学习和生活是很难进步的，所以我们应该由被管理向自我教育、自我约束、自我管理迈进，即要做到自律。

范仲淹 2 岁的时候死了父亲。母亲很穷，没有依靠，就改嫁到了常山的朱家。范仲淹长大以后，知道了自己的身世，含着眼泪告别母亲，去应天府的南都学舍读书。他白天、深夜都认真读书。5 年中，竟然不曾经脱去衣服上床睡觉。有时夜里感到昏昏欲睡，就用冷水洗把脸。范仲淹常常是白天苦读，什么也不吃，直到日头偏西才吃一点东西。就这样，他领悟了六经的主旨，后来又立下了造福天下的志向。

古希腊哲学家毕达哥拉斯说，不能约束自己的人不能称为自由的人。我们的自律并不是让一大堆规章制度来层层地束缚自己，而是用自律的行动创造一种井然的秩序来为我们的学习生活争取更大的自由。作为班干部，班里几十双眼睛都在关注着你，你的一言一行有可能被大家评论、效仿，甚至会影响到全班的风气。所以，作为管理者，你需要用自己的实际行动去告诉同学们什么是班规校纪，什么是遵规守纪、文明有礼。这意味着身为班干部的你们应该具有非凡的自律性，能够时刻严格要求自己的言语，规范自己的行为，成为同学们自律的表率。具体来说，就是要求别人做的事自己带头去做，要求别人不做的事自己坚决不做；就是要独立思考，独立解题，独立完成作业；要自觉做好自己该做的事情，包括做好预习、复习、自习，上课专心听讲和按时完成作业；要遵守校纪班规，不早退，不迟到，衣着简单大方、干净整洁，举止文明礼貌，等等。这样你才能得到同学们的信任，才能树立起威信，同学们才愿意跟你走。

在加拿大有一处森林苗圃的墙上贴着这样一句话："种下一棵大树有两个最好时机，一是25年前，第二个好时机就是今天。"今天就让我们种下自律这颗树苗吧！

（四）不屈的正义精神

何为正义？柏拉图认为，各尽其职就是正义。正义即公平、公正。正义是法源之一，更是法的追求与归宿。我认为，人们的最终追求是幸福，所以坚持正义的根本目的也是为了人类的和谐幸福。因此，坚持正义是教育最重要的追求之一。

20年从警生涯，一直坚持正义，把人民群众的疾苦和安危放在心上的公安局长任长霞，是中原大地上的一个女英雄。扫恶打黑。除暴安良，她铁面无私；嘘寒问暖，扶危济困，她柔肠百转。十里长街，白花胜雪，挽幛如云，那是流动在百姓心中的丰碑！一个弱女子能赢得百姓的爱戴，是因为，在她的心里有对百姓最虔诚的尊重和对正义最执着的追求。任长霞局长坚持了正义，她是幸福的。

学生团体是一个国家中不可忽视的一股正气凛然、蓬勃向上的力量，而学生干部正是联系这股力量的纽带，引领这股力量的航标，升华这股力量的关键。因而，学生干部具有怎样的品格，学生就有怎样的精神；学生具有怎样的精神；

国家就有怎样的灵魂。

我曾经看过林肯的一句话："有什么样的公民就有什么样的国家。"所以，身为一名学生干部，伸张正义不仅是我们要坚守的道德底线，我们更有责任将其发扬成为一种精神风尚。

而在我们身边，有些同学习惯将向班主任或任课老师汇报情况形象地称为"打小报告"，将班干部管理班级事务称为"多管闲事"。因此，有的班干部顾及自己的"人际关系"和"威严形象"，对一些败坏风气的行为，不闻不问，导致学生干部从班主任的助手变成了学生的帮手，最终彻底变了味。作为一名班干部，他是老师的得力助手，就应该具备正义感，知道作为一名学生什么是对，什么是错，什么事情能做，什么事情不能做。这样才能带动整个班级正直向上。因此，我们的学生干部要有一身正气，要公道正派，主持正义，平等待人；见到违纪违规和不良现象要勇于指出，并严正诚恳地提出批评，帮助改正。这样才算得上一名合格的优秀的学生干部。我相信这样的干部必定能够创造一个和谐集体，能够帮助集体中的每一个生命幸福地生长。

（五）顽强的坚持能力

意志坚强者具有较强的自觉性、果断性、顽强性和自制力，能够坦然地面对挫折和机智灵活地克服困难，并最终成就自己的梦想；而意志薄弱者缺乏主动性，优柔寡断，害怕困难和挫折，往往难以成功。

世界政坛上有一位十分出色的女性政治家，她就是英国前首相撒切尔夫人，人们都称她为"铁娘子"。撒切尔夫人并不是出生于名门世家，丈夫也只是普通人而已。在传统势力占主导地位的英国，这样的人在政治上很难有所作为，更不用说一个女性了。但撒切尔夫人偏不信这个邪，她凭借自己的信心、才华和顽强的毅力考上了世界著名的牛津大学，并在不满 24 岁时就压倒了 21 位男性竞争者，成了一个区议会的保守党候选人。长期的政治生涯磨炼出撒切尔夫人无比的自信和顽强的毅力。1974 年，在保守党内部展开了一场围绕领袖地位的竞争。当时，保守党领袖希思在党内有着根深蒂固的势力，曾经有人向他发起过挑战，但最后都失败了。但是，撒切尔夫人却带着她的自信，走进希思的办公室，对他说："阁下，我来向你挑战。"简单、有力的话语震惊了希思和他的同僚。之后，撒切尔夫人开始了积极的竞选工作，终于以绝对优势取得了胜利，成为英国历史上第一位女党魁。

由此可见，自信和毅力是任何一位成功人士所必不可缺的品质。它更是我们所有班干部当好服务员、助手的"秘密武器"，是引导你们成长为一名优秀班干部、迈向成功的阶梯。

班干部平常既要处理好自己的学习和工作的关系，又要处理好自己和同学的关系、自己和老师的关系。你们可能会遇到各种各样的困难，比如同学的质疑、不配合、不理解，抑或是自己成绩的暂时下滑等，这些都会挑战甚至是打击你的毅力和心理。没有顽强的坚持能力，你可能选择从干部队伍中退出，那么你就失去了比别人更快成长的机会。而且这件事情将会传染至你的一生，你将害怕面对困难和挑战。因此，要想把握住这个机会，要想从我校 6 000 余名学生中脱颖而出成长为一名优秀的班干部，你需要具备坚毅的品格和顽强的坚持能力，始终保持“锲而不舍，金石可镂”的态度，长期负责，常抓不懈，耐心持续地做好学生工作，这样你才能在学习和工作中扮演好不同的角色，才能百折不挠地去克服困难，赢得同学们的支持和帮助，才能带领全班同学朝着既定的目标去努力奋斗。

三、工作：价值的体现、成长的阶梯

对于班干部而言，学习必须坚持不懈地抓好，同时你们还应该满怀热情和信心地干好身为班干部所承担的各项工作。我认为，要想把工作干好，需要具备以下几个素质：

（一）爱班爱校爱祖国的情怀

世界上最宽阔的是海洋，比海洋更宽阔的是天空，比天空更宽阔的是人的心灵。成就大事的人往往具有宽广的胸襟，做到了心中有爱。爱是化解矛盾最强的一种力量，它能让你拥有宽广的胸怀，充满感情地面对他人，拉近你与他们的距离。对于我们来说，爱的最高层次是把自己献给祖国，爱的最低要求是对我们身处的集体和环境充满敬意。因此，对于一个学生干部来讲，你的爱就应当是对班级、对学校、对祖国的爱。

“我是祖国的儿女，祖国永远在我心中，她的历史、她的发展、她的未来都会与我紧密相连，也许我不能发挥太大的作用，对祖国的贡献意义不大，我还是会坚定地去为心中的祖国做出奉献，即使微小，那是我对祖国的爱。”

这是一篇学生的作文稿。其实，不用解释，我想大家一定能够明白祖国地位的神圣。这里我要强调的是我们应当把对祖国的爱传递给我们学习和生活的班级、校园。

一中是学生和老师的学园、家园、乐园，它的每一次进步，都来自我们每个一中人的辛勤努力。这是我们的家，我们要全身心地去爱。而作为学校的基本构成单位，班级的风气、面貌构成了学校的校风、学风；班级力争上游的劲头能成就学校蓬勃向上的氛围。可以说，一中的发展、班级的成长与我们息息相关，我们每一个一中人都应该充满感情地去经营我们共同的家。比如班里的一个同学病了，我们都应该伸出援手，帮他接杯水，帮他拿书包等，让他感受到集体的关爱；集体活动的时候，大家互帮互助，争先恐后，为班级争光，让大家感受到集体的温暖，等等。而班干部就更要身体力行，要做到时刻以学校的荣誉为先，要熟悉、关心每一个同学，关心班里发生的每一件事情，时时、处处为学生着想，时时、处处为班级着想，出色地完成学校、老师交给自己的任务。只有这样，才能成就自己、成就班级、成就学校。

（二）敢抓敢管、尽职尽责的作风

“敢”可作勇敢、果断理解。勇敢是一种气质，勇敢的人从不选择逃避责任，做事从来都是那么的自信、果断。

敢抓敢管、尽职尽责首先表现为对同学们的严格要求。要严格按照班级制定的制度进行管理，无论谁做错了事，都要受到相应的惩罚，对待每一个同学都要用同一把尺子去衡量。只有做到不偏不倚，才能让被惩罚的同学心服口服。如果对自己较好的同学网开一面，而对别的同学又非常严格、不留情面，那么对你的各种非议将会接踵而至。倘若还不及时改正的话，你就该把职位让给比你贤能的人了。

敢抓敢管、尽职尽责表现在能够发现不良现象，并及时予以制止。作为班干部，班级的纪律需要你们去维护，班级的人际关系需要你们去协调。因此，在任何时候你都应该能够挺身而出，批评那些违纪现象且从不畏惧，永远敢于挑起肩上的重担，承担责任。这样的班干部在班上想不受欢迎都不可能。

敢抓敢管、尽职尽责还表现在要坚持原则、不怕辛苦。作为学生干部要有原则性，要严于律己，热心待人，对所有同学应该是一视同仁，不能因为是老乡、好友，就不讲原则，甚至以原则做交易。坚持原则，敢管敢批，办事公道，可能会暂时遭到误解，甚至得罪某些同学，但是，为了维护集体的根本利益，为了搞好本班本组的工作，也必须一如既往，坚持下去。如果因为是熟人、同乡、好友，明知不对，也不坚持原则，甚至掩护、包庇对方的错误，“任其下去，求得和平和亲热，或者轻描淡写地说一顿，不作彻底解决，保持一团和气，结果是有害于团体也有害于个人”。毛泽东同志的教导是重要的，我们学生干部应该牢牢记住，只要我们办事公道，坚持原则，热心为大家办实事，一定能博得同学们的信任，带动全体同学共同进步。

（三）团结包容、以身作则的为人之道

一个具有宽广胸怀的人，可以容纳身边的错误，并能给予帮助与补救。作为班干部，在任期间，会面对太多的利益问题，如果没有一个宽广的心胸是不能妥善处理这些问题的，因为利益的背后，是整个集体的人心向背。当割舍的决定一出，自己的眼前利益会失去，但班干部本人却赢得大家的认同，并提供了一个好的范例，对于集体凝聚力的塑造具有很大的影响。所以，班干部在日常工作中应该以班级利益为大局，以团结、包容为准则。

首先是团结。显而易见，我们班干部应抱有一颗负责和奉献班级的爱心，做到只想给予，不求回报。班干部这一团体的性质决定了我们没有不团结的理由和资本。但是，班干部们个人成长环境和学习经历的不同，自身素质和理解水平的差异，都会给这个团队带来一些不稳定的因素，影响到整个队伍的团结。其实人人都知道团结的重要性，明白聚沙成塔的道理，但如何“聚沙”却是需要工具、方法和推手的。因而我们班干部必须加强责任心和自律心的自我教育，并以身作则，使大家在帮助别人的同时自己在世界观、价值取向和服务水平上也得到提升。我们还特别强调各班干部在进行班级辅助管理中要努力提高沟通的艺术、平衡的艺术和妥协的艺术，营造宽松和谐的班级氛围。

其次是包容。我们常常告诫班干部们要有包容之心，明白“水至清则无鱼，人至察则无徒”的道理，让大家知道为什么中国人特别推崇中庸之道。中庸是中华民族主流文化儒家学说的核心范畴，系以适中、和谐、适得事理之宜为其基本特征。中庸之道在儒家学说中是伦理道德上的行为准则，因而成为中华民族传统文化的主要思维方式。西方也有人讲，真理往往在两个极端之间的某一个位置上。国家要和谐，社会要和谐，校园要和谐，就要做到包容——用中庸之道去待人处事。其实，对人包容，也是给自己一条退路。在相互交流中，为班级成员留点余地，遇事能让三分，自己就会多一份爱心。为他人留下三分宽恕，人际关系就不会紧张。凡是能为他人留有余地，校园就会多一份美好。所以，包容是和谐校园建设的重要部分，也是我们班集体健康发展的必要条件。

班干部可以做到全心全意为班集体服务，也会在日常工作学习中改变自己，但是有一点很重要，就是要认清自我，以身作则。因为每一位班级成员都在用自己锐利的眼睛观察着我们的言行举止、思想品德，并以此作为学习的榜样，这就使得班干部必须严于律己，以身作则，在班级中树立起崇高的威望。

如某班班长张同学是班里出了名的脾气坏、是非多、小气狭隘的学生。在一次举办元旦晚会时，主要负责人文艺委员李同学给她分配了一份服务性的并不够露脸的任务，她觉得班长应该职务上高于文艺委员，就不听从指挥，在一旁“袖手旁观”。同学们看见班长都不听文艺委员的指挥，所以也都“团团转”，任凭文艺委员怎样指挥都无动于衷，最后导致这次元旦晚会的效果极差。班主任得知事因后免去了张同学班长的职务。由此可见，每一位班干部既要分工负责，又要团结合作，讲求团结，以身作则。

优秀的班干部，能充分地发挥他们的主观能动性和合作精神。他们懂得，当好班干部不仅是学校对自己的要求，也是全班同学对自己的期望，所以，每一位班干部还应该在变化中及时改正自己的缺点，同时也要及时提醒自己守护本色。一个班干部能在工作中赢得大家的信赖与支持，必然有他的独特之处。因此，在观察自我的同时，要注重自我本身的维持，这样才会在不断进步的同时给集体注入一个稳定的特性。只有稳定，集体才有根，集体才会是一个朝气蓬勃、积极向上的班集体，大家努力获得的丰硕成果也才能得以完好保留。

（四）立足本位、联下通上的工作方法

达尔文说：“最有价值的知识是关于方法的知识。”

工作要讲究方法。正所谓“工欲善其事，必先利其器”，方法像是过河的桥和船，要过河首先应解决桥和船的问题，而要做好工作，就必须先准备好方法，以减少同学的误解。另外要注意团结同学，充分调动同学的积极性，意志坚定，善于决策。

常言道：“良言一句三冬暖，恶语伤人六月寒。”这要求我们班干部在执行任务时要多动脑，多思考，以和为本，采取合适的方法解决问题。比如，班干部要求做好“六少六多”，即：少向老师告状，多和同学商量；少用大声语，多说悄悄话；少出口伤人，多以理服人；少凭权压人，多用权理事；少自以为是，多和气待人；少埋怨赌气，多默默奉献。当然要做到这“六少六多”并不是一件容易的事，还需要我们在平时的工作中相互学习与交流，以达到相互促进、共同提高的目的。

（五）不甘平庸、追求卓越的进取精神

追求卓越的进取之心是人类智慧的源泉，它就好像从一个人的灵魂里高竖在这个世界上的天线，通过它可以不断地接收和了解来自各方面的信息。它是威力最强大的引擎，是决定我们成就的标杆，是生命的活力之源。

苏秦，东周洛阳人。他周游列国，向各国国君阐述自己的政治主张，希望能施展自己的政治抱负。但无一国君欣赏他，苏秦只好穿着旧衣破鞋回到洛阳。

洛阳的家人见他穷困潦倒，都不给他好脸色，连苏秦央求嫂子做顿饭，嫂子都不给做，还狠狠训斥了他一顿。但是，苏秦进取之心并没有磨灭，而是坚持不懈地苦心攻读，甚至把头发束住吊在房梁上，用锥子刺自己的腿，以确保自己能够全神贯注地学习。著名的“头悬梁，锥刺骨”就是由此而来的。

苏秦“头悬梁，锥刺股”的故事，让我们懂得了一个人只要有追求卓越的进取之心，就没有战胜不了的困难。大文豪鲁迅说过：“不满是向上的车轮。”社会之所以能够不断发展进步，一个重要推动力量，就是我们拥有这只“向上的车轮”，即进取之心。一个人有进取心，才会取得成功。

著名成功学大师卡内基曾说过：“有两种人绝不会成大器，一种是非别人要他做，否则绝不主动做事的人；另一种人则是即使别人要他做，也做不好事情的人。”只有那些不需要别人催促就行动起来，而且不会半途而废的人才能成功，这一类人懂得要求自己多付出，而且做得比别人预期的更多。卡内基的话告诫我们：进取心是实现目标不可少的要素，它会使我们不断进步，使我们受到关注并给我们带来好机会。

拿破仑也曾说过：“进取心是一种极为难得的美德。”进取心不仅是生命的动力，更是一种求知欲望，一种好奇心。有了进取心，我们的思维才能始终保持活跃状态，才有了进一步获取新知识的渴望，以不断充实自己、提高自己，让自己能更好地体现价值。

列夫·托尔斯泰曾说：“人类的使命在于自强不息地追求完美。”而对于正值年少、满腔抱负的学生而言，甘于平庸、安于现状从来不是我们的选择。学生干部如果没有追求卓越的精神，那要用什么来领导学生完成更高的理想、取得更大的成就、创造更好的未来呢？进取心塑造了一个人的灵魂。我们每个人所能达到的人生高度，无不始于一种内心的状态。当我们渴望有所成就的时候才会冲破限制我们的种种束缚。如果一头牛不想喝水，你无法按下它的头。一个没有进取心的学生干部，我们怎么能奢望他付出更多的努力去管理好整个班级呢？

我认为一名优秀的学生干部一定要有一颗追求卓越的进取之心。第一，我们必须克服拖延、推诿的习惯，做到主动积极地对待每一项班级任务。第二，要有对现状永不满足的精神，时刻激励自己前进。要努力培养自己仪容风度，保持乐观心态和充沛精力。只有健康、快乐、活力无限，才能感染和激发其他学生干部和同学的潜能，唤起大家积极上进的热忱。第三，马基雅维利在其《君主论》中写道：“君主赢得世人的尊敬，最佳的做法莫过于做出惊天动地的伟业以及将自己个人的卓越才能尽情地施展出来。”我们不是君主，也不可能以班长或支书之职做出惊天动地的伟业来，但我们可以从这句话中体会到自己的聪明才智、学习成绩、综合能力等在班级管理工作中的重要作用。有智慧才能胜人，有知识才能稳己，有能力才能胜任。具体说来，就是要求我们加强学习、不断提高，努力使自己成为班级的领头雁，事事永争第一，改善工作方式，激励同学们参与，追求工作实效。第四，逃避一次战斗，就失去一次凯旋。人活着要有一种永远不被击败的傲然。作为一位学生干部，我们应该时刻提醒自己：你就是你们伟大集体的旗帜，一杆向未来开战的旗帜。只要军旗不到，迎风飘扬，那么整个班集体就会斗志昂扬、朝气蓬勃，每一位战士就生龙活虎、百战不殆。而“军旗”不倒起码需要具备三个条件：思想刚强坚定；说话果敢自信；做事雷厉风行。

优秀学生干部之所以被历史见证闪闪发亮，并不是因为荣誉的光环笼罩，而是因为正义和进取的精神永驻心中，励志博学、追求卓越的品格永放光芒！

最后，我就当前我校学生干部工作明确几个要点：

1. 配合老师，敢于担当，抓好学风建设

学风乃学生的学习、行为和作风的总称。突出表现在自习课纪律、文明就餐、宿舍文明、诚实考试等方面。学生干部是班级学风建设的骨干，是老师得力的助手，为此要做到：

（1）贯彻老师意图，认真组织好早、晚读。作为班长、学习委员、课代表，组织好早、晚读是义不容辞的责任。一是课代表要提前与老师沟通，准备好早、晚读的内容；二是强化时间观念，按点准时开始、结束；三是班长和学习委员主动配合，一人固定，一人游动，对班内个别不在状态的同学提示、教育，维持班内良好的纪律；四是对表现好的同学及时表扬，对不良现象提醒注意或适当批评；五是及时向老师报告存在的问题及改进的意见，使早、晚读的效果越来越好。

（2）坚持晚自习、夜自习值班制度，提高自主学习效率。班长、团支书要组织、分配好自习课（包括白天课内自习、晚自习、夜自习）干部值班，凡没有老师上课的课堂，都要有班干部在讲台上值班，一来维持班内纪律，二来记录自习课期间发生的各种情况。

（3）按时、按要求收交作业。

2. 树立正气，勇于管理，建设好宿舍文化

宿舍文化绝不仅指地面的清洁、床铺的整齐和墙面的文化，更是指宿舍内

全体同学共同的价值观念和行为方式。优秀的宿舍文化应该营造出和谐团结、互相包容、充满关心、亲如兄弟姐妹的气氛，使大家都能够轻松愉快地生活在一起，并结下真挚而深厚的友谊。一是班干部要严格自律，以身作则，不做损害同学们的事，自觉遵守纪律，维护团结。有活儿干在前面，有苦自己先苦，能帮人处且帮人。二是善于提醒。对不拘小节和违规违纪的同学，要悄悄地提醒他，甚至大声地批评他，使不正之风没有市场，使歪风邪气远离我们的宿舍。三是配合老师工作，真心地关心每一位同学。四是任何时候都不能向歪风邪气低头，与不正之风同流合污。五是靠正气树立威信，不靠小恩小惠赢得一时赞赏。

3. 爱护环境，从我做起，以主人翁的姿态建设好我们的新校园

对环境的态度能够反映一个人品味的高低。我们共同生活在这个校园里、这块土地上、这个地球村中，如果你随地吐一口痰，随意丢一张废纸，你就在有意或无意中污染了我们共有的这个环境，破坏了大家的心情，损害大家的利益，你就是不道德的、低品位的，甚至是教养不够、素质不高的，是让人看不起的。我希望今天在座的每一名学生干部、每一名同志，在校园内见到废纸和垃圾时躬身弯腰捡起来放到垃圾箱里，从我做起，影响、引领全体同学爱护环境，遵守秩序，共同建设好我们这个美丽的校园。

优秀学生的个性心理特征

优秀男生的个性心理特征：

情绪稳定；好强执着、独立积极；自主、当机立断；信赖随和；坦白直率、天真；安详沉着、有自信心；心平气和。

优秀女生的个性心理特征：

外向、热情、乐群；情绪稳定；好强、执着、独立积极；有恒、负责；精明能干、成熟；理智、注重实际；信赖随和、安详沉着、有自信心。

优秀学生的行为方式：

1. 有计划性。

2. 有恒性。

3. 有自律性。

4. 情绪稳定。

一、优秀学生情绪稳定，具有良好的自我控制能力

他（她）们对自己的情绪、思想、行为、意识状态、非理性本能冲动等方面有良好的自我控制能力，表现为既成熟稳重，又富有朝气和活力；既客观理智，又热情富有情感；既大胆，又心细。行为得体，收放自如。

二、优秀的学生独立积极，好强，执着

他（她）们对学习、工作和人际交往等，都有自己的独立思考，知道自己要什么，不要什么。学习上独立思考，直到弄明白、想清楚、牢固掌握知识为止，从不马马虎虎，似是而非。他们与勤奋好学的人交流，少与懒惰、消极的人交往。他们做事积极，对事物抱有好奇心。他们争强好胜，坚持自己的想法。同时，他们也能够接受自己的错误，知错就改。

三、优秀的学生信赖随和，安详沉着

他（她）们相信别人，与人相处随和，在小事上不计较，有大智若愚的风范。他们平时沉着安详，从不大呼小叫、大惊小怪，给人一种安全感。

四、优秀的学生心平气和，有自信心

他（她）们气稳神闲，一般的喜怒哀乐不形于色。他（她）们为人平和，从不激烈对抗，而是摆事实，讲道理，以理服人。他（她）们目标明确，勤奋用功，他（她）们有十足的自信心，相信自己能够成功。他（她）们总是依靠自己的力量克服困难，取得理想的成绩。

五、优秀的男生自主性强，做事当机立断

他们在学习上自己主动，从不用人督促；工作上主动作为，从不让老师操心。他们做事考虑全面，当机立断，很少顾此失彼、犹豫不决。

六、优秀的男生坦白真率，天真大方

他们心胸宽阔，坦荡率直，与人交往光明磊落，从不搞阴谋诡计。他们天真大气，心不设防，充满阳光，容易与人交往、取得他人信任，有一定的感染力和号召力。

七、优秀的女生精明能干，成熟，理智而着重实际

她们处事精明，为人泼辣，十分能干。她们知道自己想要什么，不想要什么，对无故的干扰能够十分成熟地处理，恰当地应对。她们做事理智，很少头脑发热，不顾后果。她们注重实际，从不活在缥缈虚无的世界里。

八、优秀的女生外向、热情、乐群

她们外向、热情、富有朝气，让人喜欢接近、乐于合作。她们热爱集体，与人和谐相处、热情交流。因此，她们能够赢得众多的朋友和支持者，能够在集体中发挥积极、模范作用。

同学们，你可能已经具备了上述心理特征，说明你是一个优秀者；你可能正向往着这些个性心理特征，说明你正在向一个优秀者迈进，不久的将来，你就会成为一个优秀者。当然，作为一名学生，学习应该是最重要的，学习不好，不可能是一个优秀者。然而，学习不是孤立的，不是一蹴而就的。当你努力具备了这些个性心理特征的时候，你的学习也必然是突飞猛进的。因为，优秀从来都不是孤立的，而应该是综合的、整体的。我衷心希望同学们“学会做人，学会做学问”，成为一个全面发展的优秀者。

让阅读成为习惯，用经典滋润人生

当世象迷乱看不清心中世界的时候，我们要回到人类的精神家园寻找安宁；当教育面临挑战日趋功利化的时候，我们要回到科学与人文的圣殿寻找经典。经典之所以为经典，是因为其历经岁月洗礼而风采不减，历经沧桑依然温暖。我们渴望我们的孩子们精神高贵、一生幸福，孩子们也渴望学富五车、身心健全。为此，让我们从历史的海岸线采撷珍珠缀成一串串，作为典籍放到孩子们的面前，让他们从中读出“我是谁?”“我们从哪里来?”“我们要到哪里去?”让他们明白什么是真理，什么是高贵，什么是美好，什么是尊严，从而，引领他们健康发展，学会求真、求美、求善。这是为师的责任，也承载着为师的期盼。

梁启超先生讲：“少年智则中国智，少年强则中国强，少年富则中国富，少年独立则中国独立。”自古英雄出少年，英雄虽然具有强烈的时代性，但他们身上总是具有超越时代的共性，比如，志向远大，坚忍不拔，品德高尚，知识丰富……同学们正当少年，希望你们多读书、读好书，为健康成长提供丰富的营养，个个都长成参天大树，都结出硕大无比的果实，都成长为新时代的“英雄”。

辜鸿铭精通近10种语言，学贯中西，他说：“汉语是一种心灵的语言，它具有诗意韵味。”汉语在哪里？它不只在日常的口语中，更在经典的美文里。感恩厚重的中华民族文化，感恩先哲们留给我们美妙的汉语，她使我们今天有如此丰富的精神食粮，她如母亲的慈爱抚平我们躁动的心灵。少年部语文组老师们编辑的《书香》，就是呈现给同学们的经典选读，都是营养丰富的滋补品，希望同学们认真阅读，细细品味，汲取养料，滋润心灵，并结合实际，学以致用，不负恩师的厚望和时代的召唤，努力成长为具有民族情怀和行动能力的卓越少年、青年！

向荀子学习做学问

我们邯郸市一中的校训是“学会做人，学会做学问”。今天，我向大家谈一谈怎样向一位伟大的古人学习做学问。他，就是战国时期出生于我们邯郸的著名思想家、文学家——荀子。

荀子曰：“目不能两视而明，耳不能两听而聪。”这就是说，做学问的人眼前不能纷扰迷乱，耳中不能八面杂声，必须专心致志，心无旁骛。对于我们学生而言，要想学习好，就必须上课时目视黑板，紧跟老师，听明白老师讲解的每一个概念、每一个知识点；两耳不闻窗外之事，目不转睛，旁若无人，一心一意听好课，一点一滴记在心。平时的自习课和在家里的自学，我们都应该用“目不能两视而明，耳不能两听而聪”提醒自己，努力做到专心学习、高效学习，在有限的时间里取得最好的学习效果。

荀子曰：“不积跬步，无以至千里；不积小流，无以成江海”，“积土成山”，“积水成渊”。这就是说，学习上不注重点滴积累，不珍惜分分秒秒的人，就不可能成为学识渊博的人。这就告诉我们，每一天都必须努力，每一刻都务必珍惜，分秒必争，把宝贵的时间都用在学习上。平时，我们要认真对待学习上的每一个细节，不放过任何一个疑难问题，想清楚每一个概念的含义，弄明白每一个问题的真谛，使我们学习的知识一点一点积累、一天一天增长，使知识装入我们的大脑，丰富我们的思想，在日积月累中，使我们成为一个博学的人、优秀的人。

荀子曰："锲而舍之，朽木不折；锲而不舍，金石可镂。"这就告诉我们，学习是一件很艰苦的事情，如果遇到困难就退缩，哪怕是很简单的知识也不可能学习到；而遇到难题不放弃，锲而不舍，即使坚硬的金石也可以雕镂出美丽的花朵，再难的问题也可以解决，再深奥的知识也可以学到、学好。因此，学习是要有一种持之以恒、坚忍不拔的精神。那些不用功、不刻苦，不能战胜懒惰的人，遇到困难和挫折不敢面对、意志薄弱的人，是不可能成为学习优秀的人。

荀子曰："蓬生麻中，不扶而直；白沙在涅，与之俱黑。"这就是说，一个浑身毛病的人放在优秀的集体中，不知不觉就会克服缺点，健康成长；而一个纯洁、健康的人，如果生活在一个黑白颠倒、是非不分、风气败坏的群体中，也会变质、腐败，成为社会的渣子、人群的败类。由此可见，一个纪律严明、学风端正、积极向上的班集体，对我们每一名同学是多么重要。我衷心地希望同学们共同努力，维护我们班集体的荣誉，遵守班集体的各项纪律，共同创造勤奋学习、你追我赶、拼搏向上的优秀班集体。因为，在这样的集体中，我们才能够成为一名做好学问、健康成长的优秀少年。

怎样学习最轻松

王国维先生用以下三句词来形容成就大事业、大学问者所经历的三重境界：

> 昨夜西风凋碧树，独上高楼，望尽天涯路。
>
> 衣带渐宽终不悔，为伊消得人憔悴。
>
> 众里寻他千百度，蓦然回首，那人却在，灯火阑珊处。

对于我们中学生来说，这大概就是苦学、好学、会学三种学习状态。感觉到学习是一种被迫行为，孤独无助又不得不学，这种学习状态可以称为“苦学”；对于学习有了兴趣，如饥似渴，常常到了废寝忘食的地步，这种学习状态可以称为“好学”；认识到学习本身其乐无穷，也初步掌握了一般的学习方法和规律，于是不断探求正确的学习方法，因而学习效率高，学得轻松，思想也灵活流畅，能够很好地驾驭知识，这种状态可以称为“会学”。

目前中学生的学习状态，苦学者居多，好学者为少数，会学者更少。其实，这种情况是很自然的。因为，学习的这种状态正如王国维先生指出的三种境界一样，是一个连续延绵的过程。如果不能“望尽天涯路”，就不会有“衣带渐宽终不悔”；没有做到“人憔悴”，又怎能在蓦然回首之际，发现那“灯火阑珊处”？同样地，先有了“苦学”，才有“好学”，进而“会学”。

这是一个递进的关系，人不可能一下子就达到“会学”的境地。

“苦学”，就是花费大量的时间和精力去学习，这是任何一种学习状态的基础。苦学磨炼的是人的气质，你必须有毅力、肯吃苦、有坚定的意志力才能顺利通过这一关。在这个阶段是没有任何技巧可言的，所有的学习方法、策略和窍门都是建立在舍得投入之上的。

“好学”，是体会到学习乐趣后表现出来的一种自我状态。为什么那么多的同学在学习上付出了如此多的精力而不觉得苦呢？这是因为他们在苦学中已经逐渐掌握了学习的方法，获得了学习上的成功，尝到了苦尽甘来的幸福。只有那些勇于克服困难，成功战胜困难的人，才能真正品尝到学习的甜美。

“会学”，是学习的最高境界。经过苦学与好学的摸爬滚打，那些善于总结经验者、勤于探求方法者必将大有收获，进而进入自觉自如的状态。这时由于掌握了好的学习方法，具备了出色的学习能力，学习效率会不断提高，真正成为学习的驾驭者。

怎样才能进入学习的最高境界，成为高效学习的驾驭者呢？

一、做一个有志向的人

这里有一份来自世界著名大学——美国哈佛大学的长达30年的跟踪研究报告：

研究人员任意选定一个班的学生作为调查研究的对象，并问全体学生一个简单的问题：“你对未来有具体的人生目标吗？请写在纸上。”据研究人员统计，只有3%的人有明确而具体的人生目标，27%的人有短期的、比较模糊的目标，70%的人几乎没有什么人生目标。

30年后，研究人员追访了当年接受调查的所有学生的人生发展状况和生活水平，为此他们几乎跑遍了全世界。追访的结果显示：当年白底黑字把自己的人生目标明确写出来的那3%的同学，都成了社会各界领袖和精英人物，无论事业发展还是生活水平都远远超出了其他人。那27%的有短期目标的人也都是社会的白领阶层。那70%没有什么人生目标的人，过得不如意而且还在怨天尤人。

我们所处的世界极端复杂，人的一生也很漫长。每个人的一生就好像是漂行在浩瀚大海中的一叶扁舟，倘若没有确定的志向作为导航的明灯，这艘小船就只能随波逐流，在一次次的颠簸中耗尽生气。很多有成就的人，都是在他很小的时候就已经投身到自己选定的目标当中去了。正是因为这样，他们很早就在自己理想的领域中耕耘，当他们大学毕业时，由于在某一方面远远超出了同龄人，所以他们能够在职场上、在人生赛场中抢得先机。

所以说，尽早地制定一个属于自己的志向、目标是获得成功的最有效的方法。同学们要知道，我们每天在“励志楼”学习，就是要求每一个同学都找到自己的人生目标，励志乃人生第一大事。拿出时间来认真地思考这个问题，或者和老师、家长一起谈论，都将是大有裨益的。想想看，描绘自己的人生蓝图将是一件多么激动人心的事情啊！

二、制定好学习计划

被老师“牵着鼻子走”太被动，要学的东西多了，“老虎吃天——无从下口”也太可悲。所以，我们需要制定学习计划。学习计划有两种——长期远景式学习计划和短期目的性学习计划。长期远景计划是指为高中三年制定的总目标，以及每学期开始为该学期制定的计划。制定长期远景式计划时要胸怀大志，统筹安排，目标要合理——既不能过高，也不要过低，要量力而行。

长远的人生目标固然是成功的关键，然而要将目标转化为现实还需要脚踏实地地去落实。就大多数同学的实际情况而言，考上理想的大学乃是实现自己心中美好目标的必由之路。因此，确定一份切实可行的学习计划是当务之急。

任何计划都是因人而异的。你可能会说，学校和老师已经将我的整个学习时间乃至生活时间都安排得满满当当，似乎我们按照这个安排走下去，不用自己计划就行了。然而，事实并非如此，同一个班里的同学，为什么有的人成绩突出，而有的人成绩却很不理想呢？在众多原因中，恐怕有没有一个适合自己的学习计划是很重要的影响因素之一。

（一）如何制定学习计划

高一、高二学年，要把重点放在课本上、课堂内。只有把课内知识学扎实，才能应对“课内知识课外考”的考试方式，才能圆满地解答课外题。当然，重点放在课本上，并不是将视野局限在课本内，仍要尽可能地阅读大量的课外书，尽可能地做各种教辅资料的试题，巩固、贯通课本知识，培养能力。

短期目的性计划是指一周安排，一日作息时间表及考前复习阶段的时间安排等。在高一、高二时要注重一日、一周和一月的计划，要注意自己订的计划一定要符合学校的作息时间表和教学进度安排，并特别注意知识小结，每天、每周都要小结，有问题及时发现、解决，以免积重难返。

一天的安排：早上起床后抓紧去跑操或去早饭，之后尽快进班，拿出前一天晚自习时制定的一日学习计划看一看，记在心中，马上开始背诵或早读，并做好上课前各种准备，包括课本、学案、笔记本等，能提前预习、浏览一遍当天学习内容最好。上课时一定要精力集中，边听边记。如果发困就站在教室后面听课，千万不要打瞌睡、走神。中午睡一小时左右，下午如果有自习课尽量去完成作业、练习题。晚上时间较长，但也要尽可能早地进入学习状态，先将作业完成，然后做一些与当天课程内容有关的练习，作为复习和巩固。如果还有时间，就开始读课本，做查漏补缺的工作，针对自己的薄弱环节强化训练。这样安排大概每晚要花三四个小时，可以保证十点半之前完成任务。

一日计划时间表最大的功效不在于逼迫你将尽量多的时间花在学习上，而是帮助你保持自己的学习节奏，使你有规律地作息。当然，每个人的一日计划不尽相同，要在实践中逐步调整后稳定下来，使之适合于自己，才能提高学习效率。

我校实行月考制度，月考前一定要有计划地复习一遍，为此，制定月计划时要注意考前复习的安排，应该前紧后松，而不能前松后紧。因为随着日期的推移，人的疲惫感会逐渐加重，效率自然有所下降。在后面多留点时间有利于随机应变、从容不迫、减少紧张、增强自信心，好处是不言而喻的。

制定好的学习计划，关键还在执行。执行靠什么？对美好未来的向往、良好的习惯、高度的自觉、坚强的意志，等等。除此之外，能够灵活地调整计划并对计划进行有效及时的自我监督，也是顺利执行计划的关键。

（二）制定学习计划应该注意的问题

1. 计划应该简单易行而富有弹性

我们所制定的学习计划只是一个学习时间和进度构想而已，只要列出在自己掌握的时间内的学习内容即可。千万别把计划订得过于详细、紧凑，过于刻板反而打击自信，干扰学习状态。最好能留下一点空白时间段，便于调整和处理偶发事件，以保证计划的全面实施、落到实处。

2. 计划要符合学校的教学进度

要想让自主学习与课堂教学相辅相成，就要以班级课程表为基础，参照老师的授课进度，再结合自己的学习状态制定计划。计划有多种，比如月计划、周计划、单元复习计划等，最好是每天晚上都能够制定出第二天的学习计划，可以提前制成表格，每天晚自习填空，把第二天的学习计划列出来。按计划学习可以提高学习效率，避免因学习内容繁杂造成心里不踏实而影响学习进程。当然，若实行一段时间，仍觉得自己的速度和老师的教学进度难以匹配，可以结合现状进行调整。

3. 学习计划要从自己的实际出发，符合脑科学原理

由于前摄抑制和后摄抑制，背诵、记忆的学习内容一般安排在早晨和晚上睡觉前为好。同时也应避免连续两三个小时学习同一门功课，要恰当转换学科，不断给大脑以新的刺激。应该在自己精力最旺盛的时候学习最难的学科。学习计划考虑到这些因素，效果会更好。

一切计划都要靠自己去落实，遇到困难更需要坚持。只要能对自己的学习生活有一番清晰的认识，不断调整计划，坚持走下去，你的付出一定会有回报，最后的胜利一定属于你。

现在准备好纸和笔，仔细回答下面的问题，对自己的学习状态做一个全面的把握：

①我的成绩是：□好　□较好　□一般　□较差

②我成绩最好的科目是______；我成绩最差的科目是______。

③我最喜欢的科目是______；我最头疼的科目是______。

④我的学习能力：□强　□较强　□一般　□较弱

⑤我是否善于利用零碎的时间？

⑥我目前所处的学习阶段是否是毕业班？

注：在回答上述问题时，最好多咨询一下自己的同学、老师，多听听“旁观者”的意见，会有助于你更好地认识自己的真实情况。

下面将针对测试中的六个问题，帮助你在把握自己的基础上制定出一份有效的学习计划。

（1）如果我的成绩已经很好了，还有必要制定学习计划吗？

对于任何人，学习计划都是必要的。

对于成绩已经很好的同学来说，在制定学习计划时，就要考虑自己学习是否感到吃力。如果学起来不吃力，说明你目前的学习方法基本上是科学的，符合你的实际情况，要继续保持。这时候，如果你有更大的追求，可以考虑适当加大学习量，将学习内容安排得更充实一些；你也可以在自己感兴趣的学科和领域加大学习力度，争取学得更深入。如果你的学习成绩虽然很好，但在学习过程中却时时感到吃力，那么，你需要在学习计划方面找找原因。比如，自己的目标制定得是否过高，学习时间是否过长，时间安排是否妥当，是不是有的

科目花费时间过多，以致于占用了其他科目的时间？自己注意力是否全部集中在学习上？等等。总之，要根据自己的实际情况来调整你的学习计划。

（2）如果我的学习成绩属于中游，该怎么办呢？

对于成绩中游的同学，在制定学习计划时首先要考虑，这是不是因为自己学习不够用功造成的。如果是，那就需要将自己的学习计划安排得紧张点儿。给自己一个稍有难度的目标，在平时的学习安排上多增加点儿压力。这些目标和压力会帮助你挖掘自己的潜力，以获得进步。当然，也不要一下子给自己定太高的目标，超过了自己的能力的目标不仅不能开发你的潜能，还可能挫伤你的积极性。最好是这个目标比你现在的成绩目标高一些，“跳一跳可以摘桃子”，经过一番努力能够获得。因此，你可以先制订一个较长远的计划（如一学期），然后根据这个计划再分步骤安排一些短期目标。在一步步的实行过程中，你就会经常不断地获得一些令人愉快的小成果，这不仅有助于树立你的信心，更重要的它会帮助你接近自己的理想，并最终使之得以实现。

（3）我的成绩很不好，不仅如此，我还对学习没有任何兴趣，我可能不会取得好成绩，该怎么办？

“天生我材必有用!”一个人学习成绩不好，或者对学习没有兴趣，都不能说明这个人不是人才。这种情况只能说明你在学习这一项上暂时落后，只要努力，这一切都会成为过去。

如果去选择发挥自己的特长而有所作为，有两个办法：一个在学习之外，一个在学习之中。在学习之外，你可以去选择发挥自己的特长，比如体育、艺术或其他。这个时候你需要权衡一下家庭条件及周围的环境，特别是要仔细地考虑这个特长是否是你真正的兴趣所在。总之，在学习之外仍有广阔的天地任你去驰骋。然而，无论在哪一个领域中，都需要有一份实施计划、学习计划，而你的这个计划就将是高度个人化的。在学习之中证明自己，需要你有足够的耐心和勇气，做好吃苦的准备，要有一股不服输的劲头，在制订计划时，不要把短期目标定得过高，然后通过努力使自己获得一点儿进步，享受一点儿收获的乐趣，这样自然就会越学越有劲，在不知不觉中获得较大的进步。总之，不论你选择什么样的方式来证明自己，只要对自己有信心就一定能获得成功。因此，万万不可自暴自弃，要知道，著名数学家华罗庚初中时数学经常不及格，但他没有知难而退，而是迎难而上，最终证明了他拥有杰出的数学能力。

（4）我每天都要上很多课，能用来自主学习的整块时间几乎没有，根本不可能安排下那么多的预习、复习或者练习。总之，我的时间总是不够用！

解决这个问题的唯一办法是：学会利用零散的时间。

对于同学们而言，饭前饭后、上厕所的期间、等车等人、宿舍、食堂、跑操前后等零碎时间，都是不可浪费的。充分利用这些时间的关键是要养成随时思考的习惯。例如，在排队买饭的时候，可以思考当天或前一阵子学习过的内容，可以默念学过的课文，背单词，还可以想学过的公式、定理等。随身装一个袖珍笔记本，记上各种有价值的东西，随时掏出来看看。可别小看这些小收获。古人说得好，“集腋成裘，积沙成丘”；“不积跬步，无以至千里，不积小流，无以成江海”。充分利用这些零碎时间，可以化整为零，帮助你更为牢固地记忆学习的内容，进一步提高你的学习效率，特别是培养了你随时思考的好习惯。

三、提高学习兴趣的策略

常言道，兴趣是最好的老师。美国著名心理学家布鲁纳说：“学习的最好刺激是对学习材料的兴趣。”对此，孔子也有精辟的论述：“知之者不如好之者，好之者不如乐之者。”只有对学习抱有兴趣的人，才能不知疲倦地去学习，而且越学越有兴趣，越学越有信心，形成一种良性循环，日久天长，学习就不再是一种负担，而是一种需要了。那么，我们应该怎样努力，才能在学习上实现从无兴趣到兴趣浓厚的飞跃呢？这就需要了解兴趣“三部曲”。

（一）欲望兴趣

这是学习之前的欲望兴趣，其实质就是人的欲望。比如，同学们高中入学前就渴望自己在高中能够学习优秀，出类拔萃，将来考一所理想的大学。因此，一入学就全身心投入学习之中，成绩也不错。可见，这个欲望是与理想、志向、志愿相联系的，是人为了实现自身价值而产生的。

（二）强迫兴趣

这是学习初期碰到的问题。要学习的东西对我们的头脑来说必然是从无到有的，而这些基本的东西只是构成以后再深入学习的兴趣单元，而这些东西对普通人来说一般不构成兴趣。因此，学习者非得有一段“强迫兴趣”的过程，而这个过程是比较痛苦的、被动的。因为强迫的东西总是不“悦人”的，因此，要获得“强迫兴趣”单元是要有一定毅力的。反过来，一点儿毅力都没有的人也是根本学不好任何科目的。

（三）惯性兴趣

有了强迫兴趣后，学习中会自然产生出一种惯性兴趣来。比如我们强迫自己对学习物理产生兴趣，一段时间后真的学懂了物理的一些概念、公式、解题方法，并取得了一些小小的进步。这时，自然就会对物理产生一种惯性兴趣。我们的进步主要是取得了从强迫兴趣到惯性兴趣的飞跃。如果实现了这个飞跃，我们的学习就会由“他觉”变为“自觉”了。所以，这个飞跃也是同学们学好某学科的最关键阶段。

当然，如果没有阻力，依照惯性，我们的惯性兴趣就会不断地进行下去。但一般来说，学习中有持续不断的阻力，这种阻力会使惯性兴趣成为“减速运动”。此时，就需要强迫兴趣再次登场，需要我们坚韧的毅力再次发挥作用，从强迫兴趣过渡到惯性兴趣，使惯性兴趣成为“加速运动”，持续不断地提高我们的惯性兴趣，一步一步地把学习成绩提上去。

四、追求卓越的自我意识

追求卓越是个体的自我观，是认识自己与对待自己的统一。成功是产生于那些有了成功意识的人身上，失败根源于那些不自觉让自己产生失败意识的人身上。一切卓越的人都是先从有了积极的、追求成功的自我意识而走向成功和卓越的。

（一）要正确地认识自我

正确认识自我是培养健全自我意识的基础。具体而言，要从两个方面认识自我。

首先要全面深刻地认识自我。一是通过自己和他人的比较来认识自我；二是通过别人对自己的态度，即从别人那里得到的反馈信息来了解自我；三是通过对自己活动成果反应来了解自我。

其次要客观准确地评价自我。一方面要进行纵向比较，将现实自我与理想自我做比较，看到自己的差距。同时，也要将现在的自我与过去的自我对照，看到自己的进步。另一方面，要进行横向比较，与超过自己的、与自己相似的、比自己稍差的人做比较，既不要妄自菲薄，也不要夜郎自大。这样，就能够比较准确地评价自我了。

（二）要积极悦纳自我

悦纳自我是发展健全自我意识的核心和关键。一个人首先要有自我接纳，才能被他人所接纳。悦纳自我就是要无条件地接受自己的一切，无论是好的，还是坏的，凡是自身现实的一切都应该积极接纳，理智地对待自己的长短优劣、得失成败，要乐观开朗，以发展的眼光看待自己，培养自信、自立、自强、自主的心理品质，从而发展自我、完善自我。

（三）要有效地控制自我

有效地控制自我是健全自我意识、完善自我的根本途径。一是要合理定位理想自我，要从自身实际出发，既不好高骛远，也不唾手可得，而是通过一定努力可以实现的适宜的目标。二是要培养健全的意志品质，在行动的自觉性、果断性、自制力和顽强性等方面都表现出较高的水平。只有意志健全的人才会做到对自我的有效控制，从而最终实现理想自我。因此，每个人都应该从培养健全的意志品质做起，增强挫折承受力，提高自控能力。

在美国的一间黑人教堂的墙上刻着这样一句话："在这个世界上，你是独一无二的一个，生下来你是什么，这是上帝给你的礼物；你将来成为什么，这是你给上帝的礼物。"上帝给你的礼物，我们无法选择。你给上帝的礼物——你将来成为什么样的人，全由你自己创造，主动权在你自己，那就是：认识自我，悦纳自我，激励自我，控制自我，完善自我，超越自我。这才是走向卓越和成功的自我。

在高三年级成人仪式暨高考百日誓师大会上的致辞

老师们，同学们：

今天，我们在这里隆重举行高三年级成人仪式暨高考百日誓师大会，这标志着又有一批同学步入成年人的行列。在这个富有纪念意义的时刻，我代表全体老师向你们表示热烈的祝贺！祝贺你们吹响青春的号角，踏上美好的征程！

同学们，你们今天 18 岁啦，伴随着成人礼而来的是你们人生中第一次重大的考验和选择——高考。100 天后你们就将奔赴高考的战场，这标志着现在的备考已经到了冲刺阶段。在此，我代表学校向废寝忘食辛勤耕耘的老师们表示衷心的感谢！向锐意进取发奋攻读的同学们致以亲切的问候！

下面，我把作家龙应台写给儿子安德烈的一段话读给大家："孩子，我要求你读书用功，是因为我希望你将来会拥有选择的权利，选择有意义、有时间的工作，而不是被迫谋生。当你的工作在你的心中有意义，你就有成就感。当你的工作给你时间，不剥夺你的生活，你就有尊严。成就感和尊严，给你快乐。"

同学们，我要求你们顽强拼搏，高考考出好成绩，考上理想的大学，也是希望你们将来有尊严地生活，为社会和祖国做出更大的贡献。请同学们记住，今天的奋斗，是为明天的尊严而战；今天的拼搏，是为了明天的生活能开放出幸福的花朵！

18岁，只有一次；青春，只有一次。置身成年人的行列，就要拿出“天生我材必有用”的信心。面对日益逼近的高考，我希望你们不要彷徨，不要犹豫，不要退缩，更不要幻想，要脚踏实地地辛勤耕作在知识的田野里。请相信，成功的机会永远只青睐于有付出的人、有准备的人。100天，对于我们来说意义重大，不同凡响，十分宝贵，万金难买。把握住这最后的100天至关重要，意义深远。在此，提几点希望和要求：

一、要有坚定的必胜信心

信心是动力的源泉，信心是成功的保证。凡事只有敢想，才能有做到的可能。有信心就有勇气，有信心就有力量。面对强手，我们要争做勇者，敢于亮剑，要有克服一切困难、坚韧不拔的必胜信念。我相信，只要有老师的执着专注与同学们的坚定信心相结合，有老师的勤奋与同学们的刻苦相统一，同学有信心，家长有信心，老师有信心，众志成城，形成强大的合力，我们完全有能力实现我们的预定目标，打赢高考这一仗。

二、要有科学的学习方法

高考备考既是一项艰巨的个人脑力劳动，更是一场智慧的竞争。在这100天里，同学们要讲究科学的复习方法，要虚心听取各科老师的意见，要以查漏补缺的方式，巩固基础知识；以反思总结为手段，构建知识体系；以培养习惯为目的，增强书写规范意识；以强化动手练习为重点，提高解题得分能力。同学们在后期的复习当中要找准学科的重点和难点，突破知识的盲区和误区，合理地安排时间，既要争分夺秒，又要科学有效，这样就一定能取得理想的成绩。

三、要有顽强的意志毅力

人的一生紧要关头只有几步，现在到了同学们迈向辉煌未来的关键一步。在这100天时间里，我们要以顽强的毅力、拼搏的精神，战胜一个又一个困难。“行百里者半九十”，最后一程往往是最为艰苦的。同学们，无论前进的道路多么崎岖难行，都不要放弃，坚持到底才能胜利。请大家牢记，“海到无边天作岸，山登绝顶我为峰”，只有凌绝顶，才能一览众山小！

四、有健康的阳光心态

在这100天里，我们要不断调适自己的心理，保持健康、乐观、阳光的心态。高考冲刺时间紧，任务重，100天除去考试和考前准备，平均一个学科不到20天，这么短的时间，必须要求高效率、高质量，需要同学们具备高度集中的注意力。要克服一切私心杂念，心无旁骛，全神贯注，全心全意，把全部精力都投入到高考复习中来。

高考冲刺的战鼓已经擂响，高三的同学们，在未来的100天里，家长是你的后勤兵，老师是你的导航员，学校是你的坚实后盾，全校师生都在为你们呐喊助威，希望你们，带着家长的殷切希望，带着老师的真诚祝福，带着破釜沉舟、卧薪尝胆的气势，拿出你们的智慧和毅力，用100天给自己一个机会，用100天为自己创造一个奇迹，考上理想的大学，实现人生的梦想。

在高三成人仪式上的致辞

新年伊始，我校迎来了高三学生成人礼。在此，我谨代表学校向迈入成人行列的同学们表示最热烈的祝贺！向为你们健康成长而辛勤工作的广大家长和老师，表示衷心的感谢！

18岁，正当华年。你们生逢盛世，展现在你们面前的是众多的机遇和广阔的舞台，你们面临的使命和责任也无比重大。作为跨世纪的一代，制定好自己的发展目标，走好今后的人生道路，这是步入成年的你们需要严肃认真思考的重大课题。今天这个机会，我送给同学们三个关键词：责任、目标、坚毅。

当你们举起右手，向祖国、向人民、向父母、向老师发出成人誓言时，这意味着你将以一个共和国公民的名义，去享受宪法和法律所赋予的全部权利，去承担宪法和法律所要求的全部义务，因此请牢记“责任”二字。

当我们明确了对祖国、对家庭、对自己所负有的神圣的责任时，我们首先应该明白自己的目标是什么，达到什么样的目标才能尽到我们的责任，才能问心无愧地对社会、对家庭做出自己应有的贡献，使自己过上理想的生活，不虚度此生。人无远虑，必有近忧，我想问一问同学们，你有目标吗？你今天的目标是什么？时至今日，每个同学的心目中都有一所自己理想的大学，这就是今天的目标。我国大学有很多所，仅我们河北省就有100多所大学。然而，河北有一所是你理想的大学吗？我可能会告诉你，河北工业大学还不错，燕山大学也不错。然而，这与你心中的大学可能还有距离。因为你的理想是考上 985、211 等知名大学，同学们，去年我们考上 985、211 大学的共有 900 余人，今年会好些，我估计会突破 1000 人，这 1000 人中有你吗？加油吧！同学们！为了我们心中美好的目标，为了我们肩上沉甸甸的责任！拼搏吧！同学们！人生能有几次搏，此时不搏后悔迟！

研究表明，决定一个人成才、成功的因素不是高智商，而是“坚毅”，其含义主要是毅力、勤奋、坚强，是对目标的激情和持久的耐力，是不忘初衷、专注投入、坚持不懈，是一种包含了自我激励、自我约束和自我调整的性格特征。向着既定的目标，坚持自己的激情，即便经历失败，依然能够坚持不懈地努力下去，这种品质就叫坚毅。专家们对数以千计的高中生进行了调研，并跟随考上一流大学的同学进行观察和分析，发现无论在何种情况下，比起智力、学习成绩或者长相，坚毅是最为可靠的预示成功的指标。国外心理专家认为，预示孩子未来成功的“七大秘密武器”分别是坚毅、激情、自制力、乐观态度、感恩精神、社交智力和好奇心。

事实上，成功很少发生在第一次、第二次考试上。达到理想的成绩，通常是一段相当漫长的旅程。学习遇到困难，一次没有考好，并不意味着你很笨，只要你有毅力，只要你永不言弃，只要你充实、忙碌、紧张地过好每一天，锲而不舍地过好每一天，你的成绩就会不断进步，就会一点一点接近你理想的大学。

今天的仪式，还有特别的意义。距离高考只有不到 5 个月的时间了。作为高三学生，你们当前最大的任务是要奋力拼搏，坚持到底，打赢高考这一仗。学习上的困难需要你们付出加倍的努力和更多的汗水去克服。当你们披荆斩棘，迈向成功的巅峰时，一切困难和挫折都会显得那么的渺小，而你们也为自己人生的成长历程添上了无比辉煌的一笔。期待你们高考取得优异成绩！

同学们，18 岁如旭日东升，朝气蓬勃，希望无限。让我献给你们真心的祝愿：相信你们一定能用自己的激情、坚毅和勤奋，把每一个梦想变成现实！生活幸福，学业成功，身心健康！18 岁，你们明天的骄傲，就从今天开始吧！

在学生毕业典礼上的致辞

今天，邯郸市一中全体师生在此隆重集会，召开毕业典礼暨高考壮行大会，在此，我谨代表全校师生向所有即将毕业的高三学子献上最诚挚的祝贺，祝贺你们即将顺利完成高中学业，成为一名合格的高中毕业生。同时，也为你们即将出征高考而壮行！

三年来，为了追逐梦想，你们在晨曦中闻鸡起舞，在夜幕下借光夜读，辛勤的汗水化为青春的热血，一中的热土上留下了你们步履坚实的脚印。三年来，在老师的教导和熏陶下，你们学习了如何做人，如何做学问，懂得了诚实、勤奋、自信、责任和感恩。面对困难和压力，也许我们都徘徊过，彷徨过，但我们从未颓废过，停滞过，因为我们知道“阳光总在风雨后”。在你们身上，老师看到了拼搏的精神，看到了青春的活力，也看到了美好的未来！一中为你们奠定了坚实的人生基础，而你们也将以自己的青春年华再为一中增添绚丽的光彩！你们取得的每一点进步，每一个成绩，一中都将为你们骄傲！为你们喝彩！

同学们，再有一周的时间你们就要走进考场，以自己十几年的学习、十几年的积累迎接高考的挑战。在此，老师们想助你们一臂之力。

一、老师们愿成为你们学习上的指导者

距高考虽然只有一周的时间，但是每一天要干什么，干到什么程度，还是要有一个规划，最好每个人都能制订一个详细的学习计划，主动查漏补缺。这几天，老师们将按照学校的要求进班辅导，同学们有问题可以随时提问，借助老师们的指导使自己成为一个高效的学习者。

二、班主任愿成为你的心理辅导师

考前焦虑在所难免，适度的焦虑还有助于考试的发挥。如果你的确感到自己心绪不宁，不能安心学习，那么，班主任就是你最好的心理辅导师。如有必要，请同学们主动找到自己的班主任敞开心扉，一吐为快。

考试，毕竟是同学们自己的事情，但你绝不是孤军奋战，老师在关注着你，班主任在呵护着你，即使食堂做饭的叔叔阿姨也在按照学校的要求，千方百计变换花色品种，努力做出可口的饮食。希望同学们这几天生活规律，吃好自己喜欢的饭菜，按时休息，保证睡眠时间，使自己精神饱满起来，斗志昂扬起来，情绪高涨起来，带着必胜的信心，愉快而紧张地度过每一天，收获每一天。

“宝剑锋从磨砺出，梅花香自苦寒来。”请同学相信！有付出必有回报，只要有耐心、细心，有一颗平常心，你们就一定能够考好！

同学们，长叮咛，短嘱咐，万语千言难以诉尽老师对你们的依依不舍，就让我们把这份浓重的留恋之情化为对你们美好的祝福吧！祝你们高考顺利，梦想成真！学那梅花，争作“东风第一枝”。艰难险阻，我们师生共同承担；风霜雨雪，我们师生同舟共济。老师坚信你们的生命会因为你们的精彩绽放而灿烂夺目，一中的历史会因你们的奋力一搏而更加辉煌！

传承精神，满怀激情，用百倍信心和万分努力去开创辉煌

——在新学期开学典礼暨“赵王班”成立仪式上的致辞

老师们、同学们：

今天的开学典礼意义非凡，除了欢迎我们2016级2 200余名新生到来之外，一中“赵王班”的成立和2016年“勇士奖学金”的发放更是让我们对新学期充满向往与期待。在此，请允许我代表学校向出席大会的赵王集团总经理李继敏、“勇士奖学金”设奖代表关文明先生表示诚挚的欢迎！向他们长期以来对一中的关爱与支持致以崇高的敬意！同时，也让我们用掌声向初来中华校区的老师和全体高一同学们表示热烈的欢迎！

时间如白驹过隙，我们的中华校区从2011年8月29日启用至今已经走过了五个年头。五年来，在全校师生的奋力拼搏下，我们的学习和生活条件日臻完善，寄宿制管理水平不断提高，教学质量和育人水平稳步攀升，学校处处绿意盎然、诗情画意，充满了生机与活力，散发着光彩与希望。特别是2016年，我们举全校之力，尤其是在2016届高三全体师生的团结一心下，创造了清北录取人数的新纪录，16名优秀学子被清华大学、北京大学录取，名校生数、本一上线人数及录取率等各项指标均遥居全市榜首、名列

全省前茅。刚刚过去的河北省第十八届中学生运动会，侯少卿同学获得100米、200米两块金牌，男篮获得全省亚军，更是进一步展示了我校师生满怀信心、斗志昂扬的精神风貌和团结进取、创新务实的工作作风。从中可以看到我们自身的发展潜力，看到我们下一个五年、十年乃至更长久的发展希望。面对未来，我们应该传承办校精神，满怀激情，用我们百倍的信心和万分的努力去实现梦想，去开创新的辉煌。为此，我提以下两点要求。

一、管理从严，严中有爱，用满腔的爱去呵护教育事业

没有爱就没有教育，爱是教育的真谛。凡是质量一流的学校，无不是用老师们的爱心铸成；凡是赢得学生信任、佩服和喜欢的老师，无不是用自己的爱心获得。爱，能跨越一切距离，能冲破重重困难，能点石成金，能化腐朽为神奇。我以为，对学校的爱，是遇到困难时的团结齐心、投身工作时的全心全力，是不遗余力地对学校形象的维护和对教育事业的孜孜以求；对学生的爱，是布置任务时的信任、遇到挫折时的鼓励、犯了错误时的严格要求和适度宽容，是润物细无声地帮助学生走出困境，是对每一个敏感的灵魂细心的呵护和对每一个成功由衷的赞赏。我想，只要我们每一位老师、每一位教职员工用满腔的爱去投入事业，去呵护学生，我们的事业一定能够更上一层楼。新学期，我校确立了“从严管理，严中有爱，构建和谐良好的师生关系，促进办学质量大提升”的工作思路。希望老师们以爱为基础，认真践行邯郸市一中教师三项“核心师德”、四大“职业素养”、五种“敬业精神”的要求，潜心学习，精心备课，悉心辅导，倾心奉献，在从严管理上用真心，在备考研究上下真功，在教育学生上播撒爱，做一名深受学生爱戴的、光荣的严师、名师，用爱唤起斗志、托起人生，用爱浇灌事业、收获幸福。

二、励志博学，追求卓越，用虔诚的心去创造美好的未来

高中是一个人成长的重要阶段。高中阶段养成的学习力、意志力和创造力将直接影响个人的未来走向。“学会做人，学会做学问”，这是邯郸市一中的校训，也是我们一贯坚持的育人目标；“诚实、勤奋、自信、责任、感恩”是邯郸市一中学生做人的五项“核心品格”，是一中学生立身处世、成功制胜的法宝。因此，我们每一位一中学子都要用一颗虔诚的心去创造自己在邯郸市一中三年

的高中生活，为人生铸基，为历史开篇，激发自己的成长潜力，为美好未来积蓄能量、储备动力。同时，大家要知道，同学是一生中最重要的人脉资源，同学之间有着最为珍贵的友谊，同学之间应该互相宽容、互相爱护。要知道：同学、同窗岂能甘居人后；同题、同做岂能分比人低。同学之间就要你追我赶比进步，你学我拼比成绩。同学之间的友谊就是因为有你我才更努力，有你我才更精彩！珍惜同学之间的情谊，就是要互相激励，互相帮助，共同进步！

下面，我分别就不同年级谈几点希望：

高一年级：花开高三，根系高一。高一的同学们历经九年寒窗，终于如愿以偿走进了一中的校园，希望你们尽快适应高中生自理、自主、自动的要求，从立志开始，树立“为往圣继绝学，为万世开太平”的崇高理想，明确自己的奋斗目标；以坚毅为座右铭，努力学习，知难而进，自我加压，永不言败，为高三的华美绽放奠定坚实基础。

高二年级：高二的同学们，再有 4 个月，即 12 月 21 日，你们要参加除语、数、英之外所有学科全省高中学生学业水平考试，完成高中课程的学习，进入高考复习阶段。这一阶段的学习任务相当繁重。因此，你们应该严格要求自己，在各方面为高一的学弟、学妹们做好表率，升华知识，磨炼毅力，圆满完成“学考”并实现争 A、保 B、消灭 D 的目标，为明年全力冲刺高考、轻装上阵做好准备。

高三年级：高三的同学们，9 个月之后，你们将离开这里去高校深造。这短短的 9 个月足以改写你的未来，成就你的梦想。希望你们以咬定青山不放松的执着，以持之以恒的坚韧精神，以破釜沉舟的勇气，卧薪尝胆，珍惜时间，调整心态，注重细节，追求完美，不抱任何侥幸心理，以脚踏实地的投入、一点一滴的积累和“三步一叩首”的虔诚接近理想的圣殿，成为高考的英雄，实现心中的梦想！

老师们，同学们，时间的车轮在滚滚向前，今天过去就将成为历史。如何让我们的人生有价值，有意义？这是我们每一个人不能回避的问题。我想，通过投身教育事业，通过精心学习备考，我们每一位老师、每一位同学都能够体会到生命的意义，那就是用爱去呵护，用心去经营。只要我们全情投入，全力付出，我们就一定能不辜负自己，不喟叹人生，我们就一定能实现自己的人生梦想，把我们邯郸市一中这艘航船驶向更加光明灿烂的未来！

选择一所适合自己的高中学校

世界上没有绝对最好的教育，只有适合的，才可以说是最好的。因此，选择一所适合自己的高中学校就读，无疑就是选择了一所最好的高中，这对自己的一生都至关重要。下面我讲两个问题，一是帮助大家进一步增强对教育的理解，二是帮助大家选择一所适合自己的高中学校。

一、教育的目的是什么

教育的目的即生活的目的。生活的目的是追求幸福，教育的目的也就是追求生命的幸福成长。不同的人对幸福的理解不同，优质的教育无疑追求高尚的幸福，即“独乐乐不如众乐乐”，因我的存在而使大家感到幸福的我是幸福的，优秀的人首先是一个幸福的普通人。优质的教育所培养的人应该是善良的、有责任心的、敢于担当的。这样的人才是我们这个社会所需要的，他们的幸福才是真正的幸福。优质的教育绝不是培养利己主义者，不能因个人的幸福而不惜破坏环境、损害他人。邯郸市一中的校训是教学生“学会做人，学会做学问”，邯郸市一中的教育就是要培养一批纯粹的人、有道德的人、脱离了低级趣味的人、有益于人民的人。这样的人胸怀天下，心中有他人，这样的人能吃苦、意志坚强、朴素善良、勇于担当，他们会成长为这个社会各行各业的领袖人物。这就是邯郸市一中教育的目的、育人的目标。

二、选择一所适合自己的学校

我省的高中学校存在着一个比较严重的问题，就是同质化严重，过于追求分数，过于追求升学率。有的学校就像是一个标准模式的加工厂，学生都是生产线上的产品，每天什么时候干什么，应该做什么，不应该做什么，都有严格的规定。它造就了一批考试机器，却扼杀了一个又一个充满活力和创造力的灵魂。每个学生都有不同的天赋、不同的兴趣爱好，学校应该是他们的灵魂自然生长的地方，学习应该是他们丰富内心世界、增长见识和才干的过程。成才需要一个相对宽松的环境。而在那种学校标准线下，灵魂被铸上了枷锁，学习成了做题和考试。他们整天想着竞争，想着独占鳌头，因此，他们丢失了和谐的人格，忘掉了做人的社会责任，缺乏应有的担当精神，这样的人与我们的社会格格不入，纵然有高分也难以走远，更谈不上成为社会的栋梁之材。因此，我建议家长和同学们在选择一所学校时，要了解这所学校的历史和文化，了解这所学校的方向和校风，最终选择一所适合自己的学校。

那么，邯郸市一中是一所什么样的学校呢?

邯郸市一中的教育是升学预备教育，就是要为高水平研究型大学提供拔尖创新人才。我们的学校精神是“一切为了生命的幸福成长”，我们的培养目标是“学会做人，学会做学问”。我们认为，善良比聪明更重要，成长比成功更重要，做人比做学问更重要。我们欢迎那些立志走进邯郸市一中，想给自己一个无悔的青春，给父母一个温暖的回报，想在未来的人生征途上，显示自己的实力和个性，渴望拥有幸福人生的同学们。

高中阶段是同学们形成人生观、价值观，养成良好习惯、掌握知识技能的黄金时期，也是为未来发展奠定坚实基础的关键阶段。无论什么样的时代和背景，每一位学生都应该是鲜活的生命，我们坚持有教无类，因材施教，坚持给所有一中的学子们提供适合的教育。

——你喜欢按部就班、稳扎稳打吗?邯郸市一中有完备的国家计划课程和丰富的阅读课、优秀的教师团队，让你奠定扎实的基础。

——你在理科竞赛方面有天分?邯郸市一中有数、理、化、生、信息技术竞赛辅导班和金牌教练员队伍，带你在理科竞赛的海洋遨游。

——你学有余力在课上吃不饱？邯郸市一中有完备的北大清华等大学先修课程，为你做好高中和大学的过渡衔接，同时提前修到大学学分，为自主招生和大学学习打下基础。

——你想学习国外的高中课程，高中毕业直接申请国外学校？邯郸市一中有先进的中美课程班和中加阳光班供你选择，有优秀的外教为你上课，让你申请到理想的国外大学。

——你希望参加社团活动锻炼和丰富自己？邯郸市一中有模拟联合国、机器人科技创新小组等几十个学生社团等着你，其中总有你中意的。

——你希望在高中期间能与大师交流、开阔视野？邯郸市一中有“名师大讲堂”等着你。两院院士、火箭专家、驻外大使等知名教授、社会名流会轮番登台，让你从成功人士身上感受社会、感知人生。

——你有强烈的体育爱好，希望在球场一展风采？邯郸市一中有完整的体育课程，每学期都要举行班级篮球、足球等对抗赛，而且每场赛事都要打三节，第一、三节男生对男生比赛，第二节女生对女生比赛，相信你的球技在体育课及比赛中会突飞猛进，尽展青春的风采。

——而且，邯郸市一中的学子有一个非常好的传统，就是“薪火传承”。毕业的学子往往在踏上新的征程后，还牵挂着母校和在母校就读的学弟学妹们，会通过各种方式以自己的亲身经历告诉大家该怎样度过在邯郸市一中的高中生活。有了这样的传帮带，你的高中时代就不会迷惘。

因此，我想说，邯郸市一中就是能够提供适合你的教育的优质学校，她除了能帮助你考取高分数，还能帮助你找到自己喜欢的东西，帮助你学会把握自己的选择……归根到底，能帮助和支持你成就梦想，使你健康成长；能提供给你更多、更长久的回忆和念想！

第五部分　教学篇

理想的课堂

理想的课堂是学堂而不是教堂。在这样的课堂里，学生是学习的主体，教师导演、导航。在这样的课堂里，教师的引导如春风化雨，润物无声；学生的思维如大江奔流，波涛汹涌。在这样的课堂里，教师是一名播火者，触发每一名学生大脑中的火把熊熊燃烧。在这样的课堂里，教师激情四射，学生跃跃欲动，时时闪现思维的灵光。这样的课堂，不是教师个人表演的舞台，而是拉开大幕的话剧，师生每一个人都是主角，都在积极地思考，都不可替代。这样的课堂，不是大家都明白了还在装模作样地讨论，而是在一个真实问题的驱动下每一个人都在深度思考，体验欲说不能的冲动、茅塞顿开的喜悦、讲出来的淋漓畅快。这样的课堂里，小组是解决困难的团队，每一个人都有自己的思路和见解，都乐于用自己的智慧攻坚克难；小组又是交流的平台，每一个人的感悟都有机会与大家分享；述说是分享，倾听也是分享。每一个人的智慧都有人欣赏，每一个人的困难都有大家帮忙。这样的课堂，活而不乱，静而不死，讲、练、读、说，有法有章。这样的课堂，教师因学生的成长而倍感职业的神圣，学生因饱饮知识与思想的琼浆而满心欢畅。这样的课堂是教师备课时从学生出发的精心设计，是承前启后，知识不断生成、建构的真实过程。这样的课堂，再也没有教师一讲到底，甚至拖堂；再也没有学生昏昏欲睡或思想放羊。我以为，这才是理想的课堂。

让课堂更加关注生命的质量

哥伦比亚大学教育学院终身教授莱维尼认为，教育的应有之义，在于关注人的生命质量；教育是为了使人们过上更加美好的生活。苏联教育家苏霍姆林斯基也忠告我们：“在教学大纲和教科书中，规定了给予学生各种知识，但却没有给予学生最重要的东西——这就是幸福。理想的教育是：培养真正的人，让每一个从自己手里培养出来的人都能幸福地度过自己一生。这就是教育应该追求的恒久性、终极性价值。”印度著名的哲学家克里希那穆提在《我们需要怎样的教育》一书中指出：“生命并不只是一份工作和职业而已，生命是极为广阔和深奥的，它是一个伟大的谜，在这个浩瀚的领域中，我们有幸生为人类。如果我们活着只是为了谋生，我们就失去了生命的整个重点。”因此，我们的教育、我们的课堂要更加关注生命的质量。

一、尊重每一名学生

在许多次学生问卷调查中，绝大多数学生都把“尊重每一名学生”列为喜欢老师的第一个理由。可见，尊重是开展一切教育活动的基础前提。

尊重学生关键是体现在教育的每一个教育细节上，是让学生认识到自己是一个独立的、有能力克服困难和解决问题的勇敢的人，是让学生感觉到同学之间、师生之间人格上的平等。比如，要让学生知道他们天天生活在其中的教室是他们自己的，在这里遇到的问题就是他们自己的问题，而不是教师的问题，这些问题需要自己去解决。这样，他们的责任心也会随之而来。

二、让学生成为问题讨论的主人

课堂讨论的着眼点是解决问题而不仅仅是寻找正确答案，如果教师大部分时候以某一个学生的正确答案为跳板，跳到下一个环节，并不去认真关注大部分学生中隐藏的困惑和问题，那他们就没有感到被尊重，他们的主动性就大打折扣。同时，这些困惑和问题也不会自动消解。在真正的课堂讨论中，讨论的规则不是“教师—学生甲—教师—学生乙”那样进行，而是“教师—学生甲—学生乙—学生丙—……”多站式进行的。也就是说，教师引导学生开始讨论，一位学生提出问题讨论的线索，第二、三位学生加入。只有当讨论陷入僵局或误入歧途时教师才做一些引导性的介入或者修正。这些教学讨论的特征是：无论从教师角度还是学生角度看，彼此的发言是复杂地交织在一起，每个人的表达都是有机会的、受尊重的，彼此之间也是具有内在联系的。这样的讨论中，学生对问题的关注、思维的活跃、满足感等都是一般课堂难以达到的。表面上看，这样一个可以一带而过的教学环节用去了不少宝贵的时间，甚至使原本设计好的一些精彩的环节也没有时间进行。但是，它却以一当十，让学生由此认识到自己的能力，认识到“可能性”的本质规律，获得成功的愉悦，起到了深化学生思维、落实教学重点、突破教学难点、使学生获得自信心的作用。

三、教师在学科知识中倾注自己的生命

学生最喜欢、最尊敬那些对教学充满激情，对学科知识倾注着热情，能联系活生生的现实，能阐释出知识生命力的教师；最讨厌枯燥乏味，就事论题，自己对学科知识都没有兴趣、没有热情的教师。其实，这样的教师也是痛苦的，他不可能感受教学的幸福，不可能建构幸福的课堂。要感动别人首先要感动自己。每一门学科的背后是活生生的生命，都激荡着勃勃的生命力。教师要享受教学，创建师生幸福课堂，就必须深入、真切地体味学科知识之美、学科历史之美、学科问题之美，从而激发学生踏上寻美之旅。感受课堂的幸福、成长的幸福。

四、给学生一些犯错误的机会

在许许多多的课堂里，教师并不放心学生。一开始提示学生们“用已有的知识尝试解决问题”，本来说到这里就说多了，可是并不放心，生怕学生失败，又补充说：能否用某某办法解决这个问题？一下子就给学生固定了思维路线和方向。这样的课堂，学生是没有办法犯错误的，因为教师不给学生犯错误的机会。其实，要想真正掌握一样知识或一项技能，最好犯一点儿错误。学生只有在课堂里不断地犯错误，才能不断地发现问题。

有首小诗说得好：“让他做事，让他在做事中明白责任；让他受苦，让他在受苦中懂得珍惜；让他失败，让他在失败中获得失败的免疫；让他流泪，让他在流泪中体会泪水铸造的坚强；甚至可以让他受伤，让他学会体悟舔舐着伤口匍匐前行的伟大与悲壮……”

五花八门的结论本身就是教学资源，错误的答案更应该成为师生共同解决问题的跳板。课堂本身就是允许学生犯错误的地方。如果我们能这样认识我们的教育，认识我们的课堂，我们就有理由让孩子们更多地暴露一些学习本该有的“美丽”的错误，从错误的解决过程中感受到教育的幸福、课堂的幸福。

五、对学生多一分理解

只有理解，才能宽容；只有理解、宽容，才能让孩子感受到教师的爱；只有爱，才能让孩子感受到幸福。课堂上应该杜绝指责，因为指责必然产生对抗，对抗就将销毁教育的成果。

反思我们的教育，我们一直更多地从道德评判的角度来看待学生，总喜欢把学生用简单的两分法分成好的和坏的，对孩子们一些不良行为，总是习惯戴着道德的有色眼镜看，把他们想象为专跟老师作对的“眼中钉”。面对着这样一些问题学生，我们更多的可能是心烦、冷落、歧视、指责，甚至把他们排斥在我们的教育视野之外，爱和关注从此远离这些孩子。

其实，课堂里的许多问题，原因并不在教师和学生身上，而说不定在一个不起眼的地方。坐在椅子上的时间超过十分钟，就可能对身体造成消极影响，心理对身体知觉和情绪知觉的意识也会降低到最小的程度，学习也就开始出问题了。因此，教师要用更宽的思路去想事情、找方法。

什么时候，我们能设身处地体谅学生的处境，以科学的态度，探索出改变他们不良行为的方法；什么时候，我们的教育多一分耐心，多一分理解，多一分宽容。那时，会有更多的孩子在课堂获得幸福体会，从学校走向幸福人生。

六、给孩子一些赞赏

赞赏一个孩子就等于给了他动力，给了他信心，给了他幸福。我们可以找到表扬孩子的 101 种方法，你可以随便使用、随时使用。

创设服务学生成长的新课堂

从本质上讲，教育的目的是人的成长和社会的进步，其核心价值是对人的尊重，对生命的敬畏和期待。从方法上看，适合的教育才是最好的教育。因此，肩负重大责任和使命的教师，应当领悟教育的真谛，努力创设全身心服务学生成长的课堂教学。

一、创设有生命力的课堂

对人的热情，对知识的热情，对探究未知的热情，应该是教师最主要的教学品质之一。教师要赢得学生的心，给学生们美好的影响和教育，首先就要懂得学生，而懂得学生的前提，是给予学生尊重、平等、民主、理解、信任、宽容，创造有生命力的课堂。

所谓有生命力的课堂就是唤醒生命、师生互动、充满生命成长的激情和律动，既有知识的成长，又有情感体验的课堂。这种课堂以育人为出发点，以“为学生终身学习打下基础”为目标，充分重视学生自主学习的过程，激发学生学习的兴趣，着意培养学生良好的学习习惯。这是一种高效的课堂，其构建的关键在教师。

二、确立“三个服务”理念

教师为学生发展服务的理念。教师不是教材的使用者，而是教材的开发者，是给予教材鲜活生命的人。课堂不是教师展示个人魅力的舞台，而应该是学生生命成长的沃土。教学不仅是解决问题，更是发现问题、研究问题的过程。教师要尽可能把最多的时空留给学生。高明的教师总是从问题出发激发学生的学习热情，引领学生一起去探究未知的真理，为学生的发展导航。

教材为学生发展服务的理念。教学目标就像目的地，而教材只是载你到达目的地的车或船。教学的原点是问题而不是教材，教学要从问题出发，而不是从教材出发；师生不是教教材、学教材，而是用教材。要深刻理解教材，要超然于教材之上，以达成教学目标。在当今新课程背景下，教材五花八门，辅导资料更是俯拾皆是。优秀的教师要能从学生的发展需要出发，实事求是地选用教材，合理充实教材内容，不受其束缚，使教学能够真正贴近学生的实际，为他们的成长服务。

教案为学生成长服务的理念。学生是有鲜活生命的个体，知识也不仅仅是结论，教师更应该关注其产生的过程。因此，课堂的教学过程，应该是师生互动，学生在教师的“导演”“导航”下自主探求、感受知识生成的过程。作为课堂教学要素的教案，不应该仅仅是教师预设的教学蓝本、信息库、参考本，更应该是促进学生自主学习的蓝图，实现学生学习目标的导航仪，引导学生成长的路线图。因此，闪烁在教案中的首先应该是一个个活生生的学生而非罗列的知识点。课堂上有效的、鲜活的知识生成与情感体验是新课程教学的灵魂，教案不仅是为教师的教学服务，它更应当服务于课堂教学的全过程，服务于学生的成长。

三、维护学生的“四种权利”

参与的权利。学生课堂学习的参与可分为课前、课中、课后三个阶段。课前参与是前奏，包括查资料、找实物、列问题等；课中参与是关键，包括思考、讨论、提问、发表意见等；课后参与是延伸，包括整理、反思学习内容，独立完成作业，合作研究等。课前参与使学生带着有准备的头脑和问题来上课；课中参与是知识生成、情感体验、价值判断的关键所在；课后参与是巩固学习成果、温故知新的必然要求。

质疑的权利。学生学习过程中的质疑是其思考的表现，成长的开始，也是创造的前提。教师要努力保护、激发学生质疑的积极性，鼓励学生质疑。教师任何时候都没有评价学生质疑水平的权利。

出错的权利。学生是未成熟的求知者，他们在学习过程中出错，甚至屡次出现同一种差错，是“认识过程的反复性”的体现，不足为怪。展示问题才能解决问题。优秀的教师总是让每一个敢于回答问题的学生都毫无遗憾地坐下，即使回答的内容完全是错误的也会在解析错误中有所收获，让每一个敢于质疑的学生都在表现欲的满足中、自我展示中得到发展。

越“规”的权利。所有的规矩都是成年人制定的，学生的世界可能并不以为然。面对学生的越“规”，优秀的教师绝对不会暴跳如雷，而是首先尊重学生的想法、做法，在争论观点的过程中平等地、和风细雨地交流，合情合理地、恰当地处理好问题。

教育的过程是师生心灵感应、共沐人性与科学光辉的精神之旅。教育的真谛本真而质朴，教师只有领悟教育的真谛，才能走进学生的心灵，融入学生的生命，才能让生命之花开得更加绚丽。

对高效课堂的认识

一、什么样的课堂是高效课堂？

高效课堂是学生学习效率高的课堂，是以学生领悟到什么、学到多少知识为衡量标准的。这样的课堂一定是师生互动的课堂，是学生知识生成的课堂，是突出学生学习主体的课堂。在这样的课堂里，老师一定十分注重学生已有的知识基础，并在此基础上精心建构新的知识，就像在学生的大脑里一砖一瓦建设一座精美的知识大厦；在这样的课堂里，学生个个积极主动，对进一步学习知识怀有浓厚的兴趣，对新知识的生成和建构饱含激情，对获取到的新知识满怀成就感。这样的课堂就是高效课堂。

二、怎样实现高效课堂？

要实现高效课堂，就要从灌输式教学转型为建构式教学。灌输式教学基于客观主义理论，以为只要学生经过听、看、读的练习，就能习得教师传输的微言大义，于是衍生出一套以教师讲授为中心的填鸭式的教学方法。灌输式教学认为，知识是客观存在的，如课本中的知识，是万古不变的，教学的目的就在于让学生熟记这些真理。建构主义并不认为知识是独立于学习者之外的客观的东西，而是认为，知识是学习者主动建构起来的。要使得课本中的文字符号本身具有意义，就必须借助教师的讲解或者由学习者凭借个人的经验去领悟。所以，建构式教学认为，学习者必须有假设、预测、操作、提出问题、追寻答案、想象、发现和发明等经验，借以产生新的知识建构。这意味着学生学习方式的改造：从被动接受现成知识的学习方式转型为主动建构新知识的学习方式。教师一言堂的时代过去了。

建构式教学是尊重差异的教学。学生之间的差异是客观存在的。所谓差异，即学生的多样性。学生中存在着不同的思维方式、不同的学习风格：有偏于直觉的或感知的，有偏于图像的或语言的，有偏于归纳的或演绎的，有偏于线性的或非线性的，有偏于外向（同他者合作）或内向的（反思型）等。差异也表现为不同欲望、认知差异、情感差异、文化差异等。学生差异绝不是课堂教学的困惑或者负担。我们可以进一步说，没有差异就没有对话，没有对话就没有教学。教学不是告知与被告知的事情。教师上课的本质恰恰在于如何尊重学生的差异，尽可能地调动学生活跃的思维，发现不同的思路，激活认知冲突，展开集体思维。学生的疑难、困惑、冲突以及学生之间的差异，不是课堂教学的困惑与阻力，恰恰是教师指导的出发点，是课堂教学的原动力。

要实现高效课堂，路漫漫其修远兮，让我们上下求索，闯出一条新路来！希望老师们努力探索，大胆实践，用激情点燃课堂，让每一名学生的大脑都成为熊熊燃烧的火炬，使每一名孩子在您的指导下都能够成为学习的主人，都能够真正地、积极地、有效地成长、成功！

高效课堂要讲求“四个有效”

学校的中心工作是教学，教学的中心工作是提高教学质量，使学生人人学有所获，学有所长，达到理想的高度，实现人人成才的目标。教学的效果如何、成功与否，取决于“四个有效”，即“有效预习、有效课堂、有效作业、有效评价”。

一、有效预习

教学过程中的教是为了学，教是过程，学是目标，教是外因，学是内因。有效预习就是设法让学生提前进入学习状态，了解课堂学习内容，有准备地参与课堂学习。“凡事预则立，不预则废。”只有师生都有准备的课堂才可能是有效课堂、高效课堂。因此，常规教学中预习这个环节千万不能丢。为了确保学生课前进行有效预习，我校坚持课前一天将学案发给学生，要求学生课前完成学案中“学习目标”和“预习及检测”两个环节，为高效课堂打好基础、做好准备。希望老师们不断总结经验，高度负责地做好每一节课的学案，精心设计“预习及检测题”，课上以灵活多样的形式认真检查学生预习情况，并不断激励学生做好课前预习，带着问题和思考，有准备地进入课堂学习。

二、有效课堂

长期以来，我校一直贯彻“两导一点”双主体课堂教学理念，把高效课堂规范为“六环节”模式，取得了一定效果，课堂效益有了明显提高。随着新课程的深入实施和首次新课程高考的来临，高中阶段培养学生自主学习、独立思考、创新精神和实践能力的要求更高，高考命题也更加灵活，能力立意愈加凸显。“传道、授业、解惑”式的传统教学和课堂已不能适应时代的要求，“自主、合作、探究”式的学习方式和课堂教学必须真正落到实处。否则，学生的能力和创新素质就无法达到应有的高度，我们的教育就将落后于时代的要求。教是为了学，学才是目的，老师应该把知识转化为有吸引力的问题呈现给学生，运用富有启发性的语言，引导学生思考、探究、讨论，不断交流收获，生成知识，形成能力，养成习惯。理论是行动的指导，这就有必要对我们一直探索的课堂教学理念和模式再反思、再完善、再提高。“两导一点”课堂教学理念突出了教师的角色和作用，但对学生的要求不够明确。为此，经过思考和研究，我们决定把我校的课堂教学理念由“两导一点”扩展为“两导一点三自主”双主体课堂。即，教师是课堂“导演”，设计好课堂教学的每一个环节，引导学生积极参与到知识的学习、发现和生成过程之中，并及时“导航”，引领学生独立思考，合作探究等学习活动的正确航向，对学生遇到的疑惑、知识难点等及时精讲、“点拨”。同时，要求并指导学生课前“自主预习”，课上不等不靠，在课堂学习过程中积极发挥自己的主观能动性“自主交流”，使老师和同学都成为自己的学习伙伴；课上，教师还要安排“自主反思”的时间，引导学生归纳本节课的知识线索、重点、难点、学习收获、心灵启示等。一节课上，如果老师能做到“两导一点”，学生能够做到“三自主”，这节课就应该是高效的、至少是有效的课堂。

三、有效作业

作业是巩固所学知识、培养学生习惯、训练科学素养、提高学习能力的手段，是学生学习过程不可或缺的重要环节。作业的有效性直接影响着学习效果、习惯的培养和能力的提高，老师们务必要认识到这一点并想方设法提高学生作业的有效性。

学校经过反复研究，决定实施“作业试题化”和“作业训练系列化”工程，在传统做法基础上再强化。具体做法是：

（一）作业试题化

1. 要求：①每节课后必须留作业，作业题为课本和我校自编的“课时作业本”上的练习题和习题，要求学生书写在规定的作业本上，老师全批阅。②每周一次大作业，以试题考试的形式，定量、限时完成，全批阅，集中讲评。

2. 安排：①周一至周五、周日每晚第一节晚自习 7:00—8:00 考一科，每周高考六大学科各考一次；②头一天晚自习考的科目，第二天上午不安排课，老师们集中阅卷、教研；③每次考后出分数、排名次，并在讲评前张贴到班内固定的公告栏内。

（二）作文训练系列化

有效的学校教育应该是对学生“有意培养”与“有序训练”的科学组合，优质学校应该有自己优良的教学传统与合理、规范的教学安排。语文，相对而言是我校的薄弱学科，而作文作为中学语文教学的重要内容，我们必须高度重视，把高中三年的“有意培养”与“有序训练”科学组合，贯彻始终，以求突破。为此。我校提出作文训练系列化和随笔写作经常化的思路。要求：

1. 规划好高中三年作文教学方案，每学期初一次性安排好作文训练的内容，要求学生每周写一次作文。

2. 使用统一作文纸。专用作文纸上注明“写作时间”“本学期第×次作文”“文体”“训练要点”“师评”“互评或自评”“分数”“是否展评”等。

3. 每个月“师评”的作文不少于一篇，力争两篇。

4. 每一次作文都要求记分、统计、公布、留档。要求学生保存好自己的作文原件，期末评优。

5. 每一次作文都必须在班内固定的地方展评，展评作文不少于 3 份。

6. 随笔是一种散文体裁，随手笔录，抒情、叙事或评论不拘，篇幅短小，易于激发学生写作兴趣，特别是我校高一年级语文学科组长李哲峰老师创造的“随笔跟帖”，极大地激发了学生的写作热情。兴趣是最好的老师，只有喜欢写作才可能写出好文章。学校希望李老师和语文组的老师们一起齐心协力总结概括出我校学生写作训练的有效方法，落实我校作文训练系列化和随笔写作经常化的要求，以写作为突破口，大幅度提高学生语文学习的水平。

四、有效评价

教师对学生的评价不仅是为了分出A、B、C，更重要的是使学生了解自我，激励进步，健康成长。变终结性评价为过程性评价是新课程的重要理念，是评价方式的变革。为此，我们提出素质评价过程化。要求如下：

1. 每个月必须进行一次学生基础素质评价主题班会，通过自评、互评、师评、班主任评等方式，就每一名学生基础素质的7个维度72小项进行评价，使每个人都明白自己一个月以来的进步、特长、优势和不足，以便增强信心，及时改进，健康成长。建议班主任将每个月最后一次班会安排为基础素质评价主题班会，由班主任和学生干部共同主持，力争给每一名学生展示自我、评价自我的机会。

2. 学生基础素质评价表中“教师评”一栏由每一名学生的“导师”负责填写评价意见并签名。

3. 学生基础素质评价表中“总评”一栏由班主任综合“自评”“互评”“师评”等意见确定A、B、C、D等次并填写、签名。对进步幅度较大的学生及时给予鼓励，对C、D等次的学生及时谈话、指导。

4. 每个月的学生基础素质评价表填写完毕后由班主任负责装入学生成长记录袋，并在班主任处保管。学生毕业，作为高中阶段最重要的档案和其他材料一起转入学生考入的大学。

5. 希望老师们对每个学习小组表现及时评价，要求班主任每个月组织一次优秀学习小组评选活动，并由学习小组推选“三自主”学习标兵，激励学生独立思考、合作学习，学会沟通、交流，成为学习的主人。

老师们，市教育局一号文件内容丰富，我们将结合学校实际认真贯彻，比如学校正在研究成立“名师工作室”的方案，待条件成熟后实施，其他方面也在研究制订落实措施。希望老师们鼓足干劲，充满信心，专注于教书育人的伟大事业，争当教书育人的名师、楷模，用勤劳和智慧谱写不平凡的教育人生。

抓实教学常规，提高课堂效率

一所成熟的、优质的高中学校，其核心工作是教学，而课堂是教学的主渠道。课堂教学效率的高低不仅取决于其师资水平、生源质量，更取决于其教学常规管理制度以及由此积淀而成的学校教学文化。日常必须以过硬的常规教学来持续地保障教学质量这一根本。在长期的办学实践过程中，我校总结出“常规固本，教科研创新，突出主体，狠抓质量，促使学生人人成才”的教学工作指导方针，教学思想的核心可以概括为常规教学“五部曲”，即：学案式集体备课、小组式合作学习、“两导一点”双主体课堂、规范化课时作业、周练月考阶段性检测。

一、学案式集体备课

学案式集体备课是以教师的集体智慧去点燃学生头脑中思考的火炬，其成果是学案，其实质是更加关注学生如何感悟知识生成过程、如何激发学习兴趣、如何自主地学习。这要求学科组全体教师在认真研究教材、深刻把握教学内容的基础上，形成交给学生的学案和教师课堂使用的教学预案。我校学案的基本环节是：

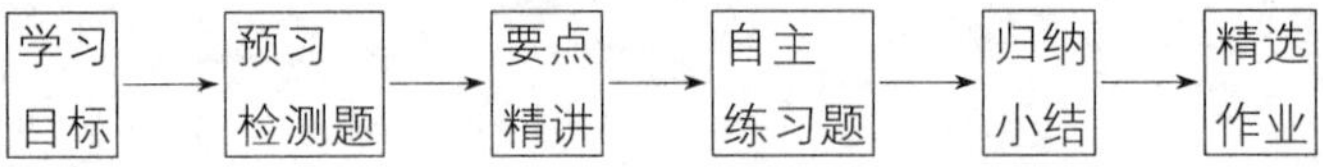

在学案制作过程中，老师们应坚持因材施教的原则，围绕教学目标，紧扣教材，从整体上体现教材的知识结构和知识间的内在联系，使知识条理化、系统化；以疑带读，针对重点知识，设计几个能够激发学生破解谜底愿望的具有梯度性的问题，尽量降低所学内容的知识跨度，在重、难点处要创设一定的阶梯性问题，满足不同层次学生的需求，最大限度地调动学生学习的积极性。

我校规定每周四分时段、分学科用半天时间集体备课，提前讨论并审定下周将要使用的学案。每个学科组分成若干学案制作小组，由 2—3 人组成，2 人编制，1 人审核。学科组长组织的集体备课活动，首先听取各学案制作小组汇报每一份学案六个环节的编制情况，随后同学科组教师逐一发表修改意见，确保学案的制作质量并使每一名教师都参与下一周教学内容的讨论，相当于提前备课。经过集体修改后的学案周五前必须交印，确保下周教学使用的学案提前 1—2 天发到学生手里，使每一名学生都能在学案要求和指导下提前预习，上课时有备而来，为提高课堂的有效性打下基础，为高效学习提供保障。

二、小组式合作学习

小组式合作学习的具体操作办法是把学习水平相当的同学 4—6 人编为一个小组，小组内民主推荐一名组长，并自主命名自己的小组名字，小组成员随机编号，便于有序活动。人手一份的学案，同学们预习后带进课堂。小组式合作学习课堂的第一个环节是教师明确本节课的教学目标，各小组在老师的指导下成员之间交流学案预习成果，并展开讨论，提出问题。第二个环节是各小组派代表（也可以老师指定或按编号轮流担任）展示学案的预习成果，包括对学案中问题的解答或感悟等，并提出遇到的困难或质疑相关问题。第三个环节是对小组发言的补充、点评和对问题、困惑、质疑的梳理和解答。第四个环节是练习、深化，要求学生对学案中的“自主练习题”独立完成。第五个环节是归纳、总结，要求老师用精练的语言归纳、概括本节课的知识、能力与方法要点，对教学目标的达成情况予以评估，对表现突出的小组或同学予以表扬，对课后的作业及下一节课的学习内容提出要求。这一环节一般在 10 分钟左右。这样，一节课中间的近半个小时是师生互动，并以学生的自主学习和探究为主。具体流程图为：

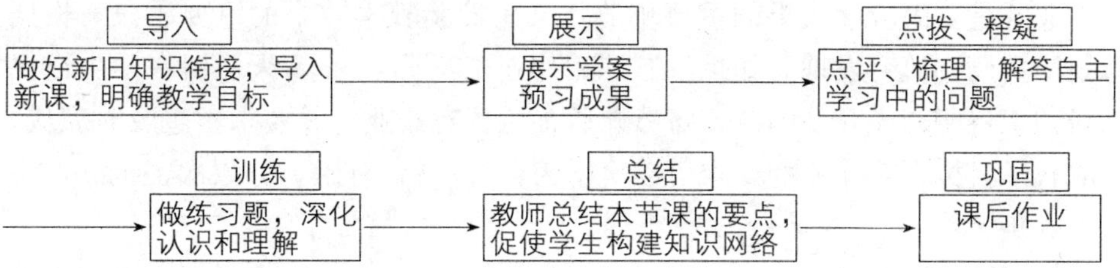

三、“两导一点”双主体课堂

“两导一点”即教师在课堂上的角色是“导演”，职责是“导航”“点拨”，通过教师在“教”中主体作用的发挥引导、激发学生在“学”中主体作用的落实，实现双主体的共鸣、交互，从而构建充满生命力的高效课堂。“两导一点”双主体课堂要做到“三个必须”：

（一）必须坚持以学生发展为本

必须坚持以学生发展为本。课堂教学必须基于学生当前的知识水平和真实生活，学生应当成为课堂的主人、学习的主体。

（二）必须彰显教师的主体性

新课程在强调学生主体性的同时并不排除教师的主体性。教师的主体性主要体现在如何为学生发展创造条件上，体现在如何与学生进行交流中发挥引导作用上，更体现在对学生的尊重和自我反思上。所以说，一节课展示的不仅是教师的教学基本功、教学艺术，而且展示的还是一位教师的教学思想、教学智慧和独特的教学风格。

（三）必须关注师生生命成长、智慧的生成

评价一节课质量的高低，关键应看教师怎样促进学生主动地学习，怎样在师生的课堂交流中激发学生的求知欲和创造动机，以此形成师生的幸福感、归属感。只有智慧的教师才能创造出智慧的课堂、培养出有智慧的学生，也才能使课堂充满生命活力。

四、规范化课时作业

作业既是巩固教学成果的重要环节，又是检验教学效果的重要手段。根据遗忘规律并调查研究发现，如果没有课后作业的巩固，3—5 天后留在学生记忆中的新知识将所剩无几。因此，每节课后都应留有作业，并要求学生及时完成，以达成教学目标。对作业的要求可以概括为：“及时，有限，分层次；批阅，讲评，立规矩。”

（一）及时性原则

指每节课都要布置作业，且要及时批阅、讲评。教师在每节课前五分钟都必须回顾已学过的知识，并简要讲评上节课后作业情况，以达到复习旧知、建构新知的目的。

（二）有限性原则

学生每天用在学习上的时间是有限的，在有限的时间内还必须使各门功课均衡发展。作业太多，学生必然承受过重的课业负担，还可能破坏学科间的均衡；作业过少，起不到巩固、深化教学成果的作用。教师应经常了解学生的状况，倾听学生的意见，在作业的数量和难度上实事求是，及时调整以达最佳效果。

（三）层次性原则

知识具有系统性，每一节课的内容都不是孤立的，而是广泛联系的，且学生的学习基础和能力具有层次性。因此，给学生选择课后作业时，一定要注意分开层次，最好每次都留一个选做题，给学生的能力发展留有自主空间，既巩固考查学生对本节课的知识掌握情况，又训练学生知识的迁移能力，有意识地构建学生的知识网络。

五、周练月考阶段性检测

高效课堂要确保教学质量稳步上升，周练月考正是巩固学习效果、调控课堂教学的有效手段。为此，必须明确周练月考各环节的具体要求，确保课堂教学效果。

我校对周练的基本要求是：

1. 周练的试题要覆盖一周的教学内容，也可适度联系已经学过的知识，但总的题量不宜过大，要能使80%的学生在40分钟内独立完成——有限性。

2. 周练试卷要有1—2道选作题，适度挑战学有余力的同学——层次性。

3. 周练结果要准确而快速地反馈给学生，并能在第一时间讲评，尽量不要因为周练而使教学内容出现交叉——时效性。

对月考的基本要求是：

1. 月考是评估学生一个月左右的学习状态和效果的手段，月考命题要严谨、规范，试题要有覆盖性、层次性和同一性。

2. 确保月考结果的诊断性。月考结果要分析到每一名学生，使其对自己的真实情况有客观的认识，以便及时查漏补缺，调控状态，明确努力的目标和重点，避免出现大起大落。

教育是科学，科学的可爱之处在于有章可循；教育是艺术，艺术的魅力在于不断创新。“因材施教”“循序渐进”等两千多年前孔子发现的教育规律，今天仍是我们教育人奉行不悖的原则。为此，我们做教育的人一定要有百年树人的意识，遵循规律，循序渐进。同时，要有探求真理的欲望与夸父追日的精神，为找到具有时代意义的教育的内在规律而孜孜不倦地追寻。市教育局领导提出的“新课堂”概念就是时代的命题，需要我们结合本校实际积极实践，不断揭示教育的真谛，不断推动学校的内涵发展，为邯郸市的教育腾飞做出应有的贡献。

以生为本，精讲多练，努力实现高效课堂

课堂教学的目的是让学生听懂学会，掌握应有的知识。因此，评价一节课是否成功，不能以教师讲得是否精彩来判断，而应以学生是否学得到位、知识能否掌握来判定。高效课堂是有效课堂的最高境界，强调学生自主、合作、探究式学习，即课堂教学以学生为本。这样的课堂体现了以学生发展为本位、以学生主动学习为本位、以开放生成为本位，以提高学生综合素质和学习能力为目的；这样的课堂相信学生、解放学生，让学生参与，发展学生。这是当前课堂教学改革的基本走向。精讲多练则是高效课堂的具体表现。精讲就是教师在教育教学中对学生进行适时、适量、适度的指导；多练就是让学生多读、多思、多说、多写，让学生参与课堂教学，养成动脑、动手的习惯。这样，学生的精神状态就会积极，自主学习意识就会增强，交流合作有效高效，语言表达思路清晰，各种训练认真规范，学生的各种能力得到潜移默化的提高，久而久之，精讲多练便能打造以生为本的高效课堂。

一、高效课堂教学应遵循“三个六”

1. 六个讲好：讲好重难点；讲好规律；讲好方法；讲好易混点；讲好易错点；讲好易漏点。

2. 六个不讲：学生已经会的知识不讲；学生自己能看懂、学会的不讲；学生怎么也学不会的不讲；在学生思考或做题时不讲打岔的话；在学生发表不同见解时不讲刺激的、挖苦的话；在学生思考过程中不要急于讲话。

3. 六个不得：只需要 2 分钟就能讲清楚的问题，不得讲 3 分钟；应该紧扣主题引入新知，不得戴大帽子；不得绕圈子；应该留给学生思考和训练的时间，不得占用；在学生思维过程中，不得打断思路；学生能自主解决的问题，不得包办代替。

二、抓好课堂训练，打造高效课堂

课堂训练是教学过程中不可缺少的一环，它既是检查学生掌握知识的策略，又是教师教学效果的反馈。好的课堂训练，既能使学生在课堂上所学的知识得到巩固，又能活跃课堂，提高课堂效率。一是训练目标明确：突出重点，突破难点；明确解决什么问题，达到什么要求。二是保证训练时间：一节课不少于 10—15 分钟。三是训练内容科学：难度适当，练习适量，既有针对性，又有典型性。四是训练形式多样：多题型、多层次；慢生与好生同行，基础与能力并重，经典与探究共存。五是训练评价规范：明确要求，引导监督；独立思考，教师巡查。落实好“有效训练”要求，促进知识深化。

三、把握教师角色，做好“两点一导”

高效课堂要求教师不再是课堂上的“演员”，而是“导演”。“导演”要干该干的事，要做好课堂设计，明确教学目标，设计好一个又一个问题，引导学生主动学习，步步深入。在学生困惑之处、教学重点难点的地方适时“导航”和“点拨”，发挥好“导演”的作用，帮助学生顺利渡过难关，实现知识上的成功突破。夸美纽斯说：“寻求并找出一种教学方法使教师可以少教，但是学生可以多学。”叶圣陶先生说：“教是为了不教。”大师的话一定程度上代表着真理，是我们追求的方向，希望老师们潜心研究课堂教学，从“一言堂”“满堂灌”的传统教学模式中走出来，努力实现以生为本、“两点一导”和“精讲多练”的高效课堂。

在山东泰安举行的全国目标教学研讨会，我校将选送录像课参评，并派老师参加现场讲课比赛，派名师担任大会评委等，希望老师们在先进的课堂教学理念指导下，积极准备，向教务处进斌主任报名参加录像，抓住机会，争取获奖。

四、加强过程管理，让每一名学生都能够超越自我

目前，我们坚持每周每科一测，其目的就是为了加强过程管理，使学生及时巩固学过的知识，了解自己的学习状况。希望老师们对周测试卷及时批阅，及时公示成绩，同时，督促学生及时反思，及时查找问题、弥补不足。建议班主任让学生每周认真填写“周反思表”，直击问题，总结反思，及时改进，提高成绩，挖掘潜能，超越自己。

周反思表：

1. 本周周测成绩

2. 直击问题

（1）上课能否专心听讲？能否积极回答问题？

（2）作业能否独立完成？

（3）老师所授知识能听懂多少？如有不懂能否做到不懂就问？

（4）能否充分利用边角余料的零散时间？

（5）本周最大的进步？

（6）本周最大的问题？

3. 总结反思

（1）值得肯定的；

（2）需要改进的；

（3）下周需要特别努力的。

青年教师撰写教学反思从何处下手

一、写成功之处

如，教学过程中达到预先设计的教学目的、引起教学共振效应的做法；课堂教学中临时应变得当的措施；层次清楚、条理分明的板书；某些教学思想方法的渗透与应用的过程；教育学、心理学中一些基本原理使用的感受；教学方法上的改革与创新等。将这些“亮点”详细地记录下来，供以后教学时参考使用，并可在此基础不断地改进、改善，推陈出新，达到光辉的顶点。

二、写不足之处

即使是成功的课堂教学也难免有疏漏失误之处，对失误进行系统的回顾、梳理，并对其做深刻的反思、探究和剖析，使之成为一个教训，提醒自己在今后教学中避免失误。

三、写教学机智

课堂教学中，随着教学内容的展开、师生的思维发展及情感交流的融洽，往往会因为一些偶发事件而产生瞬间灵感，这些“智慧的火花”常常是突然而至，若不及时利用课后反思去捕捉，便会因时过境迁而烟消云散，令人遗憾不已。

四、写学生创新

在课堂教学过程中，学生是学习的主体，学生总会有“创新的火花”闪现，教师应当充分肯定学生在课堂上提出的一些独特的见解，这样不仅使学生的好方法、好思路得以推广，而且对学生也是一种赞赏和激励。同时，这些难能可贵的见解也是对课堂教学的补充与完善，可以拓宽教师的教学思路，提高教学水平。因此，将其记录下来，可以补充今后教学的材料和养分。

五、写“再教设计”

一节课下来，静心沉思，摸索出了哪些教学规律；教法上有哪些创新；知识点上有什么发现；组织教学方面有何新招；解题的诸多误区有无突破；启迪是否得当；训练是否到位等。及时记下这些得失，并进行必要的归类与取舍，考虑一下再教这部分内容时应该如何做，写出“再教设计”，这样可以做到扬长避短、精益求精，把自己的教学水平提升到一个新的境界和高度。

如何搞好“一课一研”

一、搞好“一课一研”，关键在学科组长

学科组长是学科教学的组织者、领导者。如果把教师看成一支队伍，每个学科组就是一个方面军，组长就是学科方面军的将领，使命十分重大而光荣。学科组长要做到“在其位，谋其政，扛其旗，行其令”，做好学科教学的领头雁，带领大家步调一致向前进。学科组长要以身作则，把学科教师召集起来，把任务分配下去，民主管理，发挥每一名老师的聪明才智，引领学科组的老师们认真贯彻好“九研一反思”，研究好教材、教法、学案、教学设计、作业、试卷，研究好学生，努力做到因材施教，努力提高教学效率，努力提高学科教学质量，把学科组搞得红红火火、和和谐谐，使大家像亲人一样相处，使学科组像家一样温暖。

二、搞好“一课一研”，核心在一个“研”字

大家要知道，学科教研不仅是学科组长的事情，更是我们每一名老师的责任，是我们的职责所在，是分内的事情。因此，大家要按时参加教研活动，认真落实组长分配的任务，踊跃发表意见，积极参与研究，不当旁观者，不当观众，在集体活动中努力贡献

自己的智慧，做出自己的贡献。教研，教研，就要真研、细研，就要研之有物，就要研出结果。因此，大家一定要珍惜教研时间，专心致志搞好问题研究，避免走过场、搞形式、劳民伤财。

三、“一课一研”，生命力在于一个“恒”字

“一课一研”活动，如果用来迎接检查、作秀表演，我们完全可以搞得有声有色，左右逢源，滴水不漏。但那是没有生命力的教研，也不是我们需要的教研。真正的教研活动应是一种常态，是一种研之有物、研之有法、能研出一法解百惑的真教研，学校也要求教务处和年级工作组认真做教研活动的检查和指导工作，帮助学科组长和老师们解决难题，改善条件，使我校的“一课一研”活动作为制度持之以恒坚持下去，走上健康发展的道路。

当前各学科组正在命制期中考试题。对此，学校要求命题前一定列出“期中考试双向细目表”，对考试范围、每一部分所占的分数、题型等列出详细的表格，科学命题，不出差错，不出偏、难、怪题。同时，要把“双向细目表”提前一周告知学生，张贴到班内，让学生知道期中考什么，怎么考，各部分知识占多少分，便于学生主动复习，自主复习。

如何说好一节课

说课是指教师运用口头语言，向其他教师或专家述说在课堂教学中如何以教育教学理论为指导，依据课程标准和教材，根据学生的实际情况进行教学设计的一种教研活动形式，是说课教师在制定教学方案后向听课人讲述教什么，怎么教，为什么这样教；是教师对教案本身的分析和说明，是一种口头叙述为主的教学方案展示。

因此，说好一节课的基础是熟悉教材，了解课程标准，在分析学情的基础上写出教案，并把教案转化成“说课稿”。关键是把握好说课的几个环节，在有限的时间里让听课人明白无误地了解你的教学思路、方法等，以便相互交流、点评。

笔者根据多年的课堂实践和教研经验，认为说好一节课关键是抓住以下几点：

首先是说好开场白，让听课人了解你说的课题是什么，选自哪一版本教材，在教材中处于哪一册、哪一课时。

接下来是按顺序说好以下主要内容：

一、说教材

1. 教材分析（教材的地位和作用）

本节教学内容是在学生已学知识的基础上进行的，是前面所学知识的应用，又是后面将要学习的知识的基础；在整个知识体系中地位如何，在学生的知识能力方面有哪些作用，对将来的学习有什么影响等。

2. 教材处理

根据课堂教学需要，不盲目地依赖教材而循规蹈矩，创造性地对教材内容进行授课顺序调整和补充，以纵横知识联系，降低学生认知难度。把有关知识、技能、思想、方法、观点等用书画、字符等形式加工整理，转化为导向式的教学活动。教材处理的目的是使学生容易接受、融会贯通，体现教师熟悉教材的程度和把握教材的能力。

3. 重点难点

指出本节的教学重点和难点以及确定重点和难点的依据。

4. 教学目标

教学目标包括：①知识目标；②能力目标；③德育目标。要阐述确定教学目标的依据。

二、说教法

“教学有法，教无定法，贵在得法。”常用的教学方法有讲授法、谈话法、演示法、读书指导法、参观法、实验法、实习作业法、练习法等；近几年来随着教学方法的改革，提出了情境教学法（发现法）、启发式教学法、程序教学法、多媒体教学法等。

选择教学方法的基础依据是：①教学目标；②教学内容；③学生的年龄特征、学生的认识水平和发展规律。选择教学方法不要局限于某种方法，要灵活多样，对症下药，一把钥匙开一把锁。目的是使学生掌握知识，培养能力，发展智力。要说明如何发挥教师的主导作用，通过什么途径有效地运用这些教学方法，要达到什么效果。

选择教法的指导思想是：想方设法引起学生注意，引导他们积极思维，热情参与，独立自主地解决问题。具体做法如下：

1. 情景设置法——激发情感，引起兴趣。

2. 提问法——逐步引导，逐渐深入。

3. 点拨法——展开联想，拓展思路。

其中点拨法是最基本的方法。所谓点拨法，就是在关键处进行恰到好处的启发引导，让学生展开联想，拓展思路，把问题引向深入，高质量地完成课堂教学任务。可以说，点拨法是开启学生智慧，点燃思维火花，提高教学效率的有效方法。

三、说学法

一个差的老师只会奉献，而好的老师则能教会学生发现真理。教学生学会学习已经成为课堂教学的重要任务。学生获得知识有一个循序渐进的过程。现代课堂教学很重视让学生主动参与和相互学习，调动学生的多种感官参与学习过程，强调一些学习习惯的养成，在兼容并举中力求最大限度地发挥学生的主动性、合作性、发展性、创造性，从而达到激发兴趣、陶冶情操、启迪心智、感悟积淀的四重境界。在学生的学习中，注重知识与能力、过程与方法、情感态度和价值观三个方面的共同发展。

具体做法如下：

1. 阅读法——积极读书，勤动笔墨，勾画圈点。
2. 讨论法——积极参与，总结规律。
3. 主动探究法——学生实践，巩固提高。
4. 悬念法——带着问题，巩固提高。

其中，讨论法很重要，讨论的基本要求，就是在教师的指导下，就教材的重点和疑难问题进行集体讨论以求明确重点、解决疑难。这种教学方法的最大特点是训练学生的思维能力，养成当众说话的良好习惯，培养学生的口头表达能力。

四、说教学程序

说教学程序是说课中最重要的环节。新的课程教学理念认为：a. 教学过程是知识生成的过程；b. 教学过程是师生交往、积极互动、共同发展的过程；c. 教学重结果更重过程；d. 注重学生的发展而不是单纯注重学科知识。

因此，说教学过程一定注意程序严密，讲练结合，师生互动，生生互动，充分体现教学的三维目标并努力达成这些目标。

教学过程一般方法分为以下几个环节：

1. 导入新课

导入新课的方法很多，温故知新式、悬念式、提问式、谈话式等都是巧妙的方法。阐述采用什么方式导入新课，这样导入的好处是什么。

2. 讲授新课

讲授新课是教师主导课堂教学的全过程。怎样引经据典、循循善诱、循序渐进、精心设疑，引导学生积极思维。怎样启发学生踊跃参与，进入角色充当主体。哪些答疑让个别学生独立完成，哪些答疑群策群力来实现。要学生掌握哪些知识，培养哪些能力，达到什么目的。学生在课堂上有哪些思维定式，需要采取哪些措施克服。如果学生的活动脱离教师的思路轨道，怎样因势利导，采取哪些应变措施稳妥地引上正轨。如何引导学生主动活泼地学习，不仅学会，而且会学；既学到知识，又掌握了学习方法，一举两得。

讲授新课是课堂的重中之重，是精彩之处、关键所在。要阐明怎样让课堂运作起来，体现教师的主导。怎样规范板书和口头表达，既设疑又答疑，既突出重点又分散难点，既注重教学程序又运用教学手段，既正常发挥又采取应变补救措施，既正确地叙述和分析教材，又做到思想性和科学性的统一、观点和教材的统一。

3. 例题示范

根据教学内容的需要，安排有针对性、实用性、有目的性的例题示范，以巩固和强化教学内容。要说明例题的出处、功能和目的，学生可能出现的反应等问题。

4. 反馈练习

分析学生在解题时可能出现的情况，针对学生暴露的问题，用什么应变措施。做好练习反馈工作。

5. 归纳总结

教师说课即将结束时应着重综合归纳本节课的教学目标，总结传授了哪些知识，并且将其纳入原有知识的体系之中。加强知识之间纵横联系的复习，培养各种能力，培养辩证唯物主义思想。同时提出一些思考性的问题，既激发学生的求知欲望，又为下一节课教学做铺垫。

6. 布置作业

作业适量，限时完成。

五、说板书设计

好的板书设计就像一份微型教案。板书要力图全面而简明地将授课内容呈现给学生，清晰直观，便于学生理清知识脉络，便于学生理解和记忆。

优秀的板书设计，要具有明确的目的性、鲜明的针对性、高度的概括性、周密的计划性、适当的灵活性、布局的美观性、内容的科学性、形式的直观性。这样，才能给学生以清晰、顺畅、整洁、明快的感受。

说课为上课提供了可靠的理论，说课是上课的升华，说课的最终目的是为了更好地上课。说课与上课不能有大的反差，怎样上课，就怎样说课，如出一辙。

但说课又有别于上课。它要遵循说课的程序，说明怎样分析和处理教材，怎样选择教学方法，怎样运用教学手段，怎样设计教学程序，总体介绍这节课在哪些方面做出大胆的尝试和探索，为什么这样教，有什么理论依据。说课要体现真实性、科学性、逻辑性、系统性。说课不能变成上课，说课只能画龙点睛，时间一般为15—20分钟。说课结束时，评委可以提出许多问题，说课教师应该胸有成竹地当场逐一答辩，对答如流。说课和答辩实际上是“即兴演讲”，它考核的是教师的口语表达能力。

如何上好试卷讲评课

高三进入第三轮复习后，课堂教学的主要内容就是试卷讲评。课上，有的老师简单对对答案，一带而过，粗枝大叶；有的老师又讲得过细，用时太多。再看学生的反应：有的萎靡不振，有的无精打采，效率低下。看来，如何上好试卷讲评课很值得研究。

一、试卷讲评的教学目的

试卷讲评课起着帮助学生进一步理解知识、熟练技能、查漏补缺、总结经验、拓展思路、揭示规律、提高能力的重要作用，其教学目的是：

1. 分析每一道试题考查的目的，所覆盖的知识点及学生答题基本情况；

2. 总结解题的思路与方法，归纳考题的各种解法并从中比较出最新颖、最简练的最优解法，从而拓展学生解题思路，使学生学会寻找解题的捷径；

3. 指出解题中普遍存在的问题及典型的错误，分析解题错误的主要原因及防止解题错误的措施，使学生今后不再出现类似的错误；

4. 帮助学生学会对一些比较重要的、典型的题目从不同角度进行思考和解答，并从中总结出解题的一般规律和方法，使学生能够触类旁通、举一反三，提高分析、解决问题的能力；

5. 通过讲评，促进师生之间的交流与理解，有利于老师改进教学方法，促进教学默契，提高教学成绩。

二、试卷讲评应该遵循的基本原则

（一）目标明确原则

明确教学目标是备课选题时首先要斟酌的问题，它既是一节课的起点，又是一节课的归宿；它是一节课要努力的方向，是高效课堂的前提和保障。试卷讲评课的教学目标由老师根据总的教学目标和学生试卷上暴露出的问题（知识、能力、非智力因素等诸方面）有的放矢地确定。落实这一原则，要求老师们做好课前的充分准备，认真阅卷评分，做好成绩统计分析，算出平均分、各分数段的人数分布情况，统计好每题的得分率，弄清楚每题的解答情况（包括独特的解法、典型的错误）等。最好课前通过课代表了解学生对试卷讲评的要求，做到心中有数。

（二）重点突出原则

试卷讲评课必须讲在重点、难点、疑点和关键点上，要具有导向性，能激发学生的求知欲望。其实试卷上大多数题目学生可以自行解决，个别问题一考完就已发现并已经解决了，讲评时再胡子眉毛一把抓，学生自然会厌烦，觉得浪费时间。试卷讲评一节课要讲的内容一定很多，老师应根据课前准备精心安排，将主要精力、时间集中在学生中存在问题最突出、最主要和最想知道的重点内容上来，为学生解惑、释疑，引导思考、探究。

（三）针对性原则

讲评试卷的教学内容要根据学生考试情况来确定，要找准学生答题中出现失误的关节点，透彻分析，解疑纠错，防止类似错误的再次发生。这就要求老师们备课前多了解学生对做错的题是怎样思考的，多问几个“为什么在这道题（这类问题）上出错”，找出学生在理解基本概念和基本规律上存在的问题，在思维方式、方法上存在的缺陷，这样讲评时才能击中要害。

另外，对学生非智力因素方面的问题要找得准、敲得狠，注意集体引导和个别辅导相结合，使学生形成严谨的学风。

（四）情感激励原则

1. 欣赏性

老师要学会欣赏学生。课上要对成绩好、进步快的学生提出表扬，对学生的答卷优点大加推崇。如卷面整洁、解题规范；思路清晰、解法有独到之处、有创造性等。要善于点燃学生智慧的火花，激发其内在更大潜能。讲题时可以将试卷中出现的好的解题方法等投影到屏幕上，也可由学生上台讲解，供全班同学效仿、借鉴。

2. 鼓励性

对成绩暂时落后的学生要善于挖掘他们答卷中的闪光点，肯定其进步，鼓励其克服困难，奋起直追。要让他们能在赞扬声中获得满足和愉悦。对他们的错误解法要指出其合理成分并指导他们怎么修正为正确答案，增强其信心，激发其兴趣，消除其压抑感，增加其成就感。

总之，试卷讲评课要以肯定、赞扬的基调，切忌出现“这道题我都讲过好几遍了，你们怎么还不会?”等语言；切忌挖苦、训斥、侮辱学生人格，应让学生达到胜不骄、败不馁的境界。

（五）主体性原则

主体参与是现代教学论的核心要素。学生是学习的主体，教学效果要体现在学生身上，只有通过学生的自身操作和实践才是最有效的。

调查结果发现，对一个较难的问题，学生最希望的形式是教师把问题摆出来，让他们自身独立思考或通过同学间的相互讨论而获得解决。因为这样做印象会更深刻，不易忘记。因此，试卷讲评课要发挥学生的主体作用，切忌老师一言堂，要让学生有回答、板演的机会，培养学生的创新意识和敢想、敢说、敢做、敢于标新立异的人格意识，使学生真正成为讲评课的主人，让他们在动脑、动口、动手的过程中收获知识、发展智力、培养能力。

（六）归类分析原则

一张试卷所覆盖的知识点总是有限的，试卷上每一道题目所考察的知识点也是明确的。老师讲评试卷时，不能只是按照题号顺序讲，而是要站在命题人的高度，对试卷涉及的知识点分析归类，让学生对考卷上的同一类问题有一个整体感。这样有利于学生的总结提高。具体可按三种方式归类：

1. 按知识点归类

就是把试卷上考查同一知识点的题目归在一起进行分析讲评。这种归类可在老师的指导下学生自主进行，教师可选择其中的典型题目进行分析讲评。

2. 按解题方法归类

就是把试卷中涉及同一解题方法、技巧的题目归到一起进行分析、讲解。

3. 按试卷中出现的错误类型进行归类

一般可分为：a. 对概念、规律理解不透甚至错误；b. 审题时对题目中的关键字、词、句理解有误；c. 思维定式的负迁移；d. 模型建立失当；e. 过程分析错误；f. 数学运算错误。

以上三种归类不能孤立进行，要善于交叉渗透。

（七）开放性原则

一方面是指课堂教学形式上的开放，变一言堂为群言堂；另一方面是指课堂教学中设计的问题要具有开放性。课堂上，教师不要就题论题，孤立地逐题讲解，要善于抓住问题的本质进行开放性、发散式地讲解。一般可以从三个方面进行发散引导：①对解题思路发散——一题多解。②对情景发散——一题多联。③对问题发散——一题多变。进行一题多变，可将试题中的情景、已知条件、设问……进行改动，然后再重新分析求解。如，可将静态的情景变为动态，或改变命题条件，或将题目中的因果关系颠倒等。这样的讲解由浅入深，步步推进，使不同层面的学生都有收获。

（八）矫正补偿原则

试卷讲评课后必须对学生提出明确的补偿要求，如要求学生将答错的题全部订正在试卷上，或将典型错误的试题收集在错题本中，并做好答错原因的分析，给出相应正确解答。教师要及时精心设计一份有针对性的练习题，作为讲评后的矫正补偿练习，让易错、易混淆的问题多次在练习中出现，达到矫正、巩固的目的。

三、试卷讲评课中常见的问题

（一）拖三拉四，讲评不及时

考试结束后，大部分学生急于知道自己的成绩，情绪比较高，而且对试题及自己解题思路记忆犹新，此时讲评会收到事半功倍的效果。有的老师好长时间阅不完试卷，或种种原因统计分析不及时，迟迟不讲评，等到学生把试题忘得差不多了，而且情绪懈怠了，再来讲评，效果可想而知。因此，每次考试后，老师一定要抓紧时间批阅，迅速统计数据，做好试卷分析，越快越好，及时讲评。

（二）准备不足，评讲随意

有人认为试卷讲评课无关紧要，甚至根本没有把试题讲评看成一种课型，课前不做准备，上课拿起试卷就讲，无的放矢，信口开河，想到哪儿讲哪儿，讲到哪儿算哪儿，一节课下来，到底讲了些什么，自己也说不清楚，更不用说学生了。试卷讲评课的准备工作，在批阅试卷时就应开始。要将学生答题情况做好记录，记清哪些试题答得好，哪些试题失分多；哪些是因知识性失分，哪些是技巧性失分；哪些是普遍现象，哪些是个别现象；等等。通过统计和分析，写好试卷讲评课教案，讲评时才能做到有备无患，切中要害。

（三）平均用力，没有重点

一份试卷中各道题的难度是不一致的，学生出错的数量和程度肯定也是不一致的。讲评试题，没有重点，面面俱到，从第一题按部就班地讲到最后一题，这是出力不讨好的事情。试卷讲评课应该分类进行。一般来说可分三类：第一类，没有或很少有差错的试题，通常不讲或点到为止；第二类，部分学生有差错的试题，视具体情况适当讲评；第三类，绝大多数学生有差错的试题，这类试题往往属于迷惑性、综合性较强的考题，应重点讲评。

（四）不重视过程和方法

试题的讲评要给学生正确的答案，更要重视对解题思路、方法、步骤和技巧的讲解，这样才有利于教学的深化和扩展。

讲评中加强对学生答题方法的指导，一般来说可以从以下三个方面入手：第一，指导学生学会读题、审题、理解题意，正确把握答题方向；第二，指导学生理清答题步骤，注意答题的条理性和规范性；第三，指导学生掌握答题速度，并能在试题难度较大的情况下，机动灵活地予以解答。

（五）单讲独评，不注意联系

所谓单讲独评，是指讲评试题时，只是孤立地说这个题如何，那个题怎样，好像它们跟别的试题和知识毫无联系。试题总是根据大纲的要求来设计的，与课本知识有着密切的、系统的联系，单讲独评往往不利于学生全面理解和掌握。因此，批阅试题时，就应留意学生能否正确运用课本上的基本概念和基本规律答题；讲评试题时，应把每个试题都归纳入知识体系中，紧扣课本分析讲解。要让学生根据课本的知识和原理对号入座，同时，找出自己试题中的错误，并当堂纠正。这样的讲评能给学生留下深刻的印象，促使他们系统牢固地掌握和灵活地应用课本知识。

（六）方式单一，搞“一刀切”

有些老师讲评课喜欢自己唱独角戏，读题、分析、解答自个儿全包了。试题是一样的，但学生是不一样的。如果从头至尾都是一种讲评方法，好像面对的只有一类学生，这样即使讲得再仔细再好，也难保全部学生都能听懂弄通。因此，不同的学生应该有不同的方法。试题讲评之前，应仔细分析和研究试题，并征求不同程度学生的意见，以便对症下药，试题讲评结束后，应对自己的教学方法和教学内容进行反思，特别是对学生错误相对集中的试题，要反思自己是否讲漏，是否讲透，并主动了解同学们对讲评的反应，以便课外个别辅导和实施补偿性教学。

（七）教师独霸课堂，缺乏学生参与

试卷讲评课一般是以教师的分析讲解为主，但教师包打天下、一讲到底的“一言之堂”，是应尽力克服的。讲评中教师要积极创造条件，为学生搭建交流的舞台，发挥学生的主体作用。要倡导自主、合作和探究的学习方式，多让学生自己讲，要给学生表述思维过程的机会，增加教师与学生、学生与学生讨论问题的时间；允许学生对试题的评价做出反评价。对跨度大、综合性强、学生完成普遍感到困难的试题，也可以先让学生讨论，在讨论的基础上由教师综合、点评，形成一个参考答案，这样有利于充分调动学生的积极性和敏捷性，提高其分析问题和解决问题的能力。

（八）批评挖苦，缺乏激励表扬

有的教师把试卷讲评课变成对学生的批评课，一味地责怪学生，甚至冷嘲热讽，导致学生情绪紧张，思维迟缓，注意力涣散，进而厌恶试卷讲评课。其实，学生答错了题目，既反映了学生学习的问题，也反映了教师教学的问题，教师既要从学的角度分析，也要从教的角度分析。教师要有一个平和的心态，认真分析，是自己的责任要主动承担，对稍有进步的后进同学，要在讲评时给予适当的表扬，这样可以鼓舞士气，提高其学习的积极性和主动性，并能激发其潜力的挖掘和能力的发挥。

如何提升高中教学质量

一、科学安排教学时间

（一）规划好每一天的作息时间

学校一般都是上午安排 5 节课，下午 2 节课，然后上 2 节自习。其实这样的安排极不科学。下午后两节课，学生一般都很疲惫，此时再上自习课，学生很难进入学习状态，极易放松、散漫，课堂纪律很难控制。我们采取的办法是在学生疲惫的时候给予新的刺激。一般安排每天上午 4—5 节正课，下午 2—3 节正课。上午第五节为“限时训练”，在 40 分钟里要求学生完成一小篇试题，当堂交卷，老师批分。下午 4：30—5：30 为一个小时的周测时间，每学科每周一次，把上一周学习的内容用一张试卷概括，要求学生一个小时完成，5：30 老师收卷，第二天阅完出分在班内张贴。在学生最疲劳的时候用新的刺激激发学生新的潜能，提高学习效率。

（二）培养学生的习惯

好的学校教育一定致力于培养学生终生学习的能力、阅读的能力和热爱读书的习惯。我们在高一年级开设了阅读课，每周连排两节课让学生在图书馆阅读，语文老师陪伴、答疑。图书馆有不同主题的八个阅览室，同学们可以选择自己喜爱的书目自由阅读，期中、期末召开读书报告会介绍自己的读书心得。以此来拓宽学生的视野，放飞学生的心灵，让学生在阅读中有所悟、有成长。目前，阅读课已成为最受学生欢迎的课程。

（三）合理安排考试时间

激发学生的潜能，变“要我学”为“我要学”，培养自主学习、独立思考的能力，是我们教育的追求。为此，我校把月考都放在放假之后，甚至将期末考试也放在第二学期的开学之初。让学生放假带着问题回家，在家里主动复习、反思，逐渐养成良好的自主学习习惯和自主学习、自主反思的能力。

二、培养优秀的教师队伍

（一）开展好教学研究活动

主要是规范开展“一课一研”活动，使教学研究成为常态化。

（二）开展好“三大工程”建设

每年开展名师、优秀教师、教坛新秀评比活动，通过课堂教学、学生管理、教学成绩、学生评价等方面，给不同层面的老师树立不同要求的标杆，使大家在事业上都有追求，都有奔头，与职称评审配合，成为教师持续发展的不竭动力。

（三）培养学科带头人，发挥领头雁作用

组建学科中心组，把最有群众基础、最具创新精神、最有学术研究能力的人任命为学科中心组长，同时给他们压担子，如命制高考模拟题，组织学科学术活动等，促使他们带领学科组老师营造学术氛围，加快成长步伐。同时，在自主申报的基础上，成立了名师工作室和名班主任工作室，为优秀教师的快速成长和扩大影响力搭建平台，提升学校整体育人环境。

三、探索科学高效的课堂教学模式

教无定法，教必有法。课堂教学有其内在的规律性，我们在全校倡导“常规教学五部曲”“课堂教学六环节”和“两点一导三自主”课堂教学模式，同时，又针对当前高三二轮复习时间紧、课堂容量大、重点突破难等特点，提出课堂教学“四环节两要点”模式，“四环节”是：明确目标；解读考纲和课标要求；呈现历年高考真题和模拟试题，做到多题归一，一题多变，一题多解；分层精留作业，做到留必收，收必阅。“两要点”是：课前让学生做好知识点梳理；课上设计问题让学生动笔书写，提高书面表达能力。要求课堂教学有章法，忙而不乱，步步提高，点点突破，总分提升。

四、建设严明、规范的教学纪律

世界上怕就怕“认真”二字，要提升教学质量，教学纪律是保障，从教师层面上说，教学纪律就是认认真真备课，规规矩矩上课，严严谨谨地批阅作业，完成辅导，遵守学校制定的《教育教学事故及处理办法》。从学生层面上说，就是遵守课堂纪律，按时完成作业，如有违犯，到“反省室”反省。用严明的教学纪律保障教学效果。

五、开展丰富多彩的教学活动

教学是人与人的交流，是灵魂对灵魂的碰撞，不能死气沉沉，一成不变，而应丰富多彩，灵活多样。比如三月份是我校的“高效课堂教学月”，四月份是我校的“生命教育月”，每个月都有丰富多彩的活动。如我们正在开展的“我最喜爱的老师”课堂教学展示活动，和即将开展的青年教师“汇报课”活动，使得一开学，大家都把关注点和精力集中到课堂教学活动中来，提升课堂效益，实现高效课堂，提高教学质量。

课堂决定教学质量

学生的学习活动主要在课堂，课堂教学有效和高效决定了教学质量的高低。追根究底，提高教学质量必须从改善课堂教学开始。2017 年 9 月 8 日，教育部部长陈宝生在《人民日报》撰文，就“努力办好人民满意的教育”做了深入阐释，提出要深化基础教育人才培养模式改革，掀起“课堂革命”。要坚持教为学服务，要创建“以学习者为核心”的课堂。因此，课堂教学就要以学论教，以学促教，以学评教，彻底改变“一言堂”和“满堂贯”的传统课堂，努力实现促进学习者主动学习、释放潜能、全面发展的高效课堂教学。

高效课堂的实施，关键是教和学要结合起来，核心是学生的学，但学是在老师教的基础上进行的。从这个意义上说，教师是课堂教学的主导者，教师必须有明确、清晰的课堂教学理念，并具备把这种先进理念落实在课堂具体活动中的能力。

一、确定“以学论教、明确目标、师生互动、讲练结合”的课堂教学理念

美国认知教育心理学家奥苏贝尔曾说过：“假如让我把全部教育心理学归结为一条原理的话，那么，我将一言以蔽之曰：影响学习的最重要的因素，就是学习者已经知道了什么。要探明这一点，并据此进行教学。”

这是建构主义理论基础，是提高教学质量的关键所在。“以学论教”就是要了解学生的知识掌握情况，在已知的基础上开展教学。怎样了解学生呢？可以通过作业，限时练，周测试卷，学生的疑问，师生沟通中发现学生学习中存在的问题，从而认真研究学生，确定课堂教学的目标、策略和具体实施办法，在这个基础上开展教学才是有效的；“明确目标”：不管什么类型的课都有课堂教学目标。这一节课要干什么？实现什么目的？怎样实施？只有老师们认真总结思考才能明确。如果没有明确的教学目标，泛泛地讲课，学生会的已会，不会的可能还是不会。这样的课堂过后学生印象模糊，抓不住要点，学不到多少东西，只能是效率低下的课堂。所以，我们的课堂教学必须在了解学生的基础上明确教学目标，有了教学目标才能厘清我们的教学活动，在学生已知的基础上抓住重点和核心知识高效教学。

二、落实“师生互动，讲练结合”课堂教学过程

“师生互动，讲练结合”是确保学生课堂学习主体地位，贯彻“以学习者为核心”的高效课堂教学模式的根本举措。学生能否与老师互动，主导者是老师。老师要凭借雄厚的专业知识和丰富的教育智慧激发学生参与教学活动的主动性和积极性，最好的办法是给学生提出具有挑战性的问题。这就要求老师在备课和教研时，精心设计教学过程，适时抛给学生一个又一个问题，让学生思考、讨论，发表自己的见解，时时闪现创造的火花。老师及时点拨、引导、评价、肯定，使学生不断获得成功的喜悦。可见，要实现“师生互动”，教师就必须精心设计问题，把知识转化为问题呈现给学生，让学生在有挑战性的问题面前跃跃欲试，积极思考，大胆探索，感受成功，增强自信，促使学生人人成为积极的学习者。

“讲练结合”是让学生加深对知识和方法的理解、及时巩固所学内容的有效手段，是高效课堂教学必需的策略。但是，练什么，怎么练，却很有讲究。它需要老师们精心选择与所学知识相关度高的、难易适度的、不同类型的练习题，让学生在解决这些问题的过程中感悟知识的内涵、方法的魅力和摘到“桃子”的成就感和成长感，使课堂学习的新知识能够及时得到巩固和深化，促使学生人人成为成功的学习者。

老师们要相信，贯彻“以学论教、明确目标、师生互动、讲练结合”的理念就能改善我们的课堂，提升学生的成绩！老师们更要行动起来，在每一节课

上认真落实这个理念！备课是高效课堂的基础。课前应了解学生所学知识的掌握情况，了解学生的问题所在，在这个基础上开始备课。这就要求老师们在个人备课和“一课一研”的时候首先要研究学生，从了解学生已有知识情况出发，从课堂教学设计、学案制作开始，明确每一节课的教学目标，突出重点，讲练结合，切实提高学生课堂学习效率。

下面，我给大家介绍“试卷讲评课型”的“弓式教学法”：弓何云老师的课堂设计分三步：第一步向学生展示试卷上每道题的得分率，挑出得分率最低的题目详细讲解。第二步，让学生说一说自己的问题所在、困惑所在。同时，请同学帮助解答，使问题得到解决的同时，更多学生的能力得到锻炼，信心得到提高。第三步，变式训练。对关键、易错、高频考点，老师再给出变式训练题，让学生自己动手，完整、快速、准确书写解答过程，在强化巩固知识点的过程中提升得分的能力。

我再给大家介绍一节杨海斌老师的数学复习课。杨老师讲高三一轮复习的立体几何，课间的时候他让两个学生把两道题的解答过程写在的黑板上，这是杨老师上一节课留的作业。上课后他让同学们看一看这两道题的解法，简单做了点评，总结这部分知识点中的重点和难点，强调画图的重要性，然后点了四道题，请四个同学上台画图展示，其他同学在自己的笔记本上完成。杨海斌老师的课堂分成了四个环节，分别是：

(1) 课堂作业检查：两名学生课间在黑板上展示自己的解题过程；

(2) 围绕教学目标，抓住教学重、难点，让四名学生上讲台在黑板上做图，其他同学自己在笔记本画图；

(3) 教师点评，精讲，变式训练；

(4) 作业明确，并告诉学生明天数学课的教学内容。

杨老师的课是在充分了解学生的知识掌握情况下，以学论教，目标明确，重点突出。上课过程中师生互动，讲练结合，紧紧抓住学生的注意力和兴趣点，使得学生在整堂课精力集中，思维碰撞，时时显现智慧的火花，顺利完成教学目标，不仅让学生本节课学有所获，而且明确了课后作业和预习任务，为下一节课的成功奠定了基础。

三、抓好作业，及时巩固，让学生把每一个知识点学扎实

作业是巩固所学知识的重要环节，德国心理学家艾宾浩斯发现的遗忘曲线

告诉我们，遗忘在学习之后立即开始，而且最初遗忘速度很快。因此，我们要为学生布置明确的作业，通过及时的复习巩固达到对知识能力的真正掌握。

1. 布置作业要做到三个明确

（1）明确具体题目。如某一本资料多少页的第几道题，哪些是必做题，哪些是选做题，都要说清楚。

（2）明确完成时间。让学生根据各科作业完成时间做好规划，确保完成作业。

（3）明确检查办法。可以通过同桌、小组、课代表或老师批阅等方式加强检查，确保作业检查落到实处。

2. 加强作业的检查力度，强化落实

抓作业落实就是抓知识巩固，就是抓考试成绩，老师们务必思想上重视，方法上具体，检查上到位。

3. 每节课结束的时候告诉学生下一节课的教学内容

鼓励学生课前预习，做到有备而来。凡事预则立！

四、实现“高效课堂”关键是学生的“学”

课堂教学的核心是学生的“学”。当老师“教”的方法改变以后，学生“学”的方式必须改变。否则，高效课堂不可能达成。因此，课堂教学中老师的一项重要任务是指导学生有效地学习，要让学生从传统课堂中知识的被动接受者转变成主动的学习者。

学生的“学”主要涉及到三个方面的因素：学习品质、学习方法和学习评价。好的学习品质具有积极主动的学习态度，这样的学生学习过程中专注、认真、积极、热情、乐于助人，对学习充满兴趣。他们能专注地处理自己学习中所发现的问题，有乐观的锲而不舍的求知心态，会自我检查学习效果，自我查漏补缺，有明确的学习计划和学习目标，能在学习中体验到获取知识的快乐。

培养学生良好的学习品质要注意抓住学生的认知结构，创设情境，有效激发学生探索新知的欲望，调动学生自主学习的积极性。要引导学生主动向他人请教、查阅资料，扩大知识面，完善知识结构，逐步形成良好的学习品质，为成绩的进一步提升打下坚实的基础。

任课教师要指导学生领悟学科思想，通过学科学习方法经验交流会和自我反思找到适合自己的学习方法；通过主题班会等形式教导学生勤奋刻苦，勤学多练，要让他们相信多练提成绩、多练长分数的道理！

学习知识是一个认识问题、分析问题和解决问题的过程。“学起于思，思源于疑”，学习的源头就是质疑。我们要紧扣学生的心理特征，帮助学生培养问题意识。在教学过程上，尤其要重视课前预习、课堂展示和课后反思，找出疑惑所在和知识的薄弱点，通过课后作业巩固知识，突破疑点，提高学生的学习积极性，促进教学质量的提升。

高效课堂的学生评价应以激励为主，通过适度有效的表扬进行评价，让课堂充满激情。表扬时要从具体问题出发，贴近学生的心理，关注学生需要，这样的肯定式、表扬式评价就会真正起到积极的作用。必要时才做委婉含蓄的批评，用一些充满爱心、智慧的话化解学生在课堂中的尴尬，让课堂洋溢温情，小心翼翼地保护学生的心灵，让他们没有任何心理负担地投入学习。要引导学生学会自评和互评，促进师生、生生合作；要引导学生用欣赏的眼光看待同学，从同学们的优点中找到自己的不足，促进同学共同发展。

总之，让我们统一思想，积极行动，贯彻“以学论教，明确目标，师生互动，讲练结合”的课堂教学理念，把我们的课堂变成成长的课堂、创造的课堂、幸福的课堂、高效的课堂，扎扎实实搞好课堂教学，向课堂要质量。

以高三的姿态备战高考

紧张的学考已经结束，从能力上来讲同学们可以算作准高中毕业了，同时我们的高中生活已经过去了一半，即将进入高中学习的第二个阶段——高考备考阶段。高考改变命运，高考决定未来！同学们，没有高考的人生是不完整的，没有高考的人生是不精彩的，面对高考，我们要豪情万丈，做好充分准备，在此我向同学们提几个希望。

一、遵规守纪是保障

纪律的好坏是高考成败的关键。不要以为高考备考除了学习就是学习，恰恰相反，严肃的纪律是高考备考的重要保障。我希望你们一如既往地规范仪容仪表，一如既往地呵护校园环境，一如既往地爱护公共财物，尤为重要的是你们要始终捍卫课堂的庄严和神圣，不迟到，不早退，不缺课，不睡觉，不玩手机，不听 MP3，不看无聊的闲书，用心听讲，用心思考，用心做好“限时训练”和周测考试，用心自习，只有这样，你才有资格说：我是一名邯郸市一中学生。我在此再次强调年级纪律的五条高压线：严禁打架、吸烟、旷宿、早恋、违规携带并使用手机。

二、科学备考讲方法

(一) 珍惜时间

对于高考，抓住了时间就抓住了一切。我希望你们从今天开始，从现在开始，科学规划自己的高考备考生活，向每节课要成绩，向每一个早晚读要成果，向每一节自习课要效率。不浪费每一分钟，不虚度每一秒，你就会从平凡走向卓越。“王侯将相，宁有种乎!”好学生都是培养出来的，卓越的人都是靠自己刻苦学习、拼搏出来的。

(二) 学会阶段性复习总结

学习过的每一章节都要进行总结复习，这是形成知识体系的良方，只有知识形成了体系，才能做到融会贯通，运用自如。

(三) 重视纠错

首先，要对暴露的问题进行归类，对每一类问题制定不同的解决策略。其次，要对错误进行定性分析。对错误不能笼统说成是“粗心”，要具体到是审题错误，还是计算错误；是知识概念不清楚，还是书写潦草扣了分，等等。再次，要确定纠错目标。准备专门的“捉错台”，逐次统计，看错误减少了没有，减少了多少，目标达成度如何。你把错误都克服掉了，高考备考就成功了。

(四) 要有严谨的学习态度

要把每次作业、练习看作高考。字要工工整整写，题要细心规范做。该有的步骤一步也不能省，该写的符号一个也不能错。只要这样，经过一段时间的磨炼，就能达到会做的题都能做对，该拿的分数都能拿到的备考最高境界。

三、要树立必胜的信念

信心是成功的基石，充满信心，是决战高考的前提。要相信自己的能力，相信老师、家长和学校是你们最坚强的后盾，勇往直前。拥有信心，才可能拥抱成功；树立信心，才能挥洒自如，超常发挥。

最后，我想给同学们说的是：提高晚自习的学习效率，这是制胜的法宝。因为晚自习是能够自我支配的黄金时间，学习效率将直接影响到各科的成绩。

(一) 晚自习第一阶段：知识复习

磨刀不误砍柴工。先复习再做作业，效率会更高。那么，如何复习呢?

1. 阅读老师白天讲解的教材内容，重新把思路理一遍。

2. 整理、补充、完善自己的课堂笔记。这样，既可以复习一遍重要内容，也可以方便以后再次复习。

3. 解决听课过程中遗留的问题。课堂上难免有些内容听不懂或者对某些知识点理解有些模糊，在进行完以上两步后，看看是不是都懂了。如果还是不懂，最好用本子记下来，课后去问老师或同学。

（二）晚自习第二阶段：完成作业

1. 挑自己不擅长科目的作业先做，在自己精力最好的时候去攻克自己的弱科，这对提高弱科成绩有显著效果。

2. 作业中努力尝试后依然不会的题目先放到一边，找其他时间去问老师或同学。

3. 作业量如果太大的话，那些重复次数多、抄写性的作业可以先缓一缓，等做完其他作业再做，当作放松大脑。

（三）晚自习第三阶段：课文预习

每天晚自习都要留一点时间来预习明天将要学习的内容，对新知识做到心中有数。

1. 阅读教材，了解明天要学的知识，看看那些地方感觉比较难，做好记号，上课时重点听讲。

2. 阅读完教材之后，如果时间充裕可以看看课后的练习，不会的题目做好标记。

3. 对照前面学过的内容以及预习的内容，看看哪些知识与明天学的内容有关联，必要时回看一下旧知识。

（四）晚自习第四阶段：总结与规划

每天反思自己那些做得好，哪些做得不好，才能持续改进。尤其是考试后，还要重点反思一下，哪些科要列入补弱的行列。

1. 总结一下今天完成了什么任务，学到了什么，解决了哪些问题，还有哪些困惑。

2. 规划明天的学习安排，做到时时有事做，不浪费点滴时间。

（五）晚自习注意事项

1. 切忌以完成作业为唯一目标。

2. 碰到难题，一定要有独立思考的过程，切忌一不会就马上问同学。

3. 在晚自习时要保持绝对的安静，不能因为讨论题目而影响他人的思考。

江平视野阔，风正好扬帆。你们就要从邯郸市一中起飞，带着同学姐妹弟兄般的情谊，带着老师真诚的祝福，在母校深情的目光中，踏上高中生活新的阶段。在此，我谨代表学校向你们表示最热烈的祝贺和最美好的祝愿！预祝2015级一中学子高考成功，人生辉煌！

统筹规划，明确责任，扎实搞好高三复习教学工作

教学是学校工作的核心，是提高教学质量和高考成绩的根本所在，学科组长是教学实施的组织者，直接决定了教学效果。因此，只有学科组长明确责任，统一思想，统筹安排，扎实工作，才能取得更加优异的成绩。

一、高三年级教学整体规划

1. 8月中旬请外校优秀教师到我校进行“同课异构”教学交流活动，并做“高考备考复习的做法与思考”学术报告。

2. 8、9月份重点进行考纲、考试说明、课标和真题的研究工作，8月底进行研究成果的中期汇报，9月底要进行研究成果汇报，届时邀请我校学科中心组主任和校外专家进行点评，表扬优秀成果，并对不符合要求的学科组提出改进意见。

3. 10月份进行高三教师全员命题工作，根据考纲、说明、课标和真题的研究成果独立命题，为二、三轮的复习提供充足资源。

4. 11月中旬到12月中旬为一轮复习收官考试强化月，将安排8次考试，逐一考察一轮复习的重点知识。8次命题相互关联，覆盖全面，查出复习成果和知识的薄弱点，为二轮复习摸清底数，明确方向。

5. 11月份开始命制二轮专题复习资料，共12个专题，确保12月中旬正式进入二轮复习。

6. 12月中旬到1月中旬开始整理一轮和二轮复习中的易错试题，按照要求印制规范化的寒假作业。

7. 2月底到3月中旬编制三轮复习微专题资料，确保3月底前印制完成。

8. 3月中旬到4月初进行4次密集考试，作为二轮收官考试周，强化专题复习效果。

9. 4月份作为三轮复习的第一阶段，每周一次大考，两个微专题。

10. 5月份作为三轮复习的第二阶段，每周两次大考，一个微专题。

从时间上看，各阶段安排都比较紧张，要求我们不能浪费一节课，不能浪费点滴时间，务必抓紧抓实，按时完成每一个阶段的任务，力争学生考试成绩跨上一个崭新的台阶。

二、学科组长的职责

高三备考的成功关键在于学科组长。学科组长是落实教学工作、开展教学研究和提高教师业务水平的最直接、最基层的管理者，负责年级的学科教学、教研和队伍建设等系列工作。高三年级学科组长的职责主要在以下几个方面：

（一）切实加强教学研究工作

教学研究是教学实施的前提，是保障教学质量的关键。教学研究包括对考纲、说明、课标和真题的研究；易错题、经典题和新题的研究；学法、教法和考法的研究；教学内容规划和实施的研究；学案、限时练、周测和大考试题的研究；学情和关键生的研究；考试试题和数据的研究；培优补差的研究；自主招生试题的研究；尖子生单科突破的研究；高考答题规范的研究等。

教学研究的重要抓手是搞好“一课一研”，为全组教师搭建支持教学的有力平台。要保证时间地点，保证人员齐全，保证教研效果。提前安排主讲人和教研内容，做到一人主讲，多人补充，共同探讨，深挖教学难点和过程方法设计，确定作业内容，形成教学定案。每次教研要全员到位，关闭手机，集中精力研讨次日教学。把教研内容归纳为“九研一反思”，即研教材、研学生、研教法、研学案、研例题、研作业、研限时练、研周测、研学法，认真反思上节课的教学过程，总结得失，改进方案，提升效果。

对考纲、说明、课标和真题的研究是高考取胜的关键。考纲、说明和课标要经常看，反复看，带着问题看，看出新问题，解决新问题；对历年尤其是近五年高考试题的研究要下真功夫，做细做实，做真题，真做题，不要留在表面，不要拘于经验，多比较，常总结，研究成果融入教学过程中。

（二）深入打造高效课堂

学科教学的核心在于课堂，组长要守住课堂教学的主阵地，加强教学的针对性，确保每一位教师的每一节课都是充分的、高效的。“一课一研”是高效课堂的前提，而精讲多练则是高效课堂的具体表现。精讲就是教师在教育教学中对学生进行适时、适量、适度的指导；多练就是让学生多读、多思、多说、多写，让学生参与课堂教学，养成动脑、动手的习惯。这样，学生的精神状态就会积极，自主学习意识就会增强，交流合作有效高效，语言表达思路清晰，各种训练认真规范，学生的各种能力得到潜移默化的提高，久而久之，精讲多练便能打造以生为本的高效课堂。

学校提出的高效课堂教学应遵循的“三个六”原则，就要求我们遵循规律，讲好方法、重难点和易错点；不讲学生已经会的、能看懂的或根本学不会的知识；不得戴帽子、绕圈子，浪费学生时间，影响教学效率。

各组要确定一轮复习的课堂模式，建议抓住以下几个环节：①明确本节课的教学目标。②课前检查预习和作业完成情况，课上简短点评。③概述本节知识要点，解读《课标》和《考纲》要求。④重点讲解高频考点和重难点知识。⑤呈现经典试题和相关的历年高考真题或模拟题。要求一题多变，多题归一，归纳总结；要求激情课堂，师生互动，让学生动手规范书写。⑥分层作业，留必收，收必阅，通过作业使知识及时巩固。

（三）组织好示范课讲评

示范课要提前组织，充分准备，常讲常新，给师生启迪和收获；组长维持好示范课听课纪律，要求听课教师提前 2 分钟进班，关闭手机，认真听讲；组织好示范课的打分和点评工作，大胆指出问题，相互借鉴学习，促进业务提升。

加强与兄弟学校的联系，开展六省名校以及省内外其他兄弟学校的交流。积极组织教师参加讲课比赛、同课异构、听课评课和专家讲座等活动，形成岗位练兵、内外交流、广泛学习的浓厚氛围。

（四）加强命题研究工作

考试命题是检测教学质量的重要手段，命题质量是教学质量的关键，命题越科学、实用，教学反馈效果就越明显，教学质量提升也就越明显。

命题要符合高考大纲的要求，体现新课标的科学性、思想性以及知识的主体结构；试卷上要标明命题人、审核人；自命题、改编题、新题至少要占50％，严防只参考一本资料出题；命题中无错误，考试中无更正，答案详细准确，答题纸规范无误；易、中、难系数比例为3∶5∶2，试题难度系数0.8左右，区分度在0.3以上。试题命制完成后要经过组长和包科主任审核，按时把试题和答案传送到工厂印刷，做好试卷的核对工作。

重视考试成绩的反馈功能，从中了解教学实情，做好对学生的个别指导。开好学科组的成绩分析会，明确优势，查找不足；分析每名学生的成绩，落实指导关键生的要求，有针对性落实帮扶要求。

（五）重视教师队伍管理工作

学科组长是一个学科的核心灵魂。业务精湛，关心教师，积极主动，众人信服，这样的组长就是一名好组长。学科组长要努力成为全组老师的专业伙伴、人生知己，用自己的情感力量把大家凝聚起来，团结在一起。学科组长要谋事在前，主动担当，用心待人，真诚待人，把学科组建设成一个温暖的大家庭。

没有完美的个人，只有完美的团队，而组长就是这个团队的组织者、协调者。希望组长关注每一位教师的上课状态和考试成绩，帮助教师找准每一名学生的短板，尽力为他们补齐，尽心竭力一对一指导学生，帮助学生弥补学科知识缺陷，鼓励他们相信自己，挖掘潜能，做最好的自我。

严格要求各位教师遵守工作纪律。要求备课充分，教案规范，提前候课、认真讲课、批改作业，严格执考，细心改卷，分数准确，按时参加大型活动，服从学校和年级管理。经常进行组内教案、作业展览，使师生互相学习、借鉴，共同提高。每周要听一位同组老师的课，并及时指导。禁止上课迟到或拖堂、命题出现错误、网络购物、上班炒股等违纪行为。

（六）加强资源搜集工作

积累高三备考资源，建立试题档案，加强习题集、学案、试题等教学资源库建设，形成系统，更好地服务于高三后期的教学需要。加强对各类核心卷、信息卷和测试题的研究，从中汲取有益信息，制定提升和强化措施，促使学生考取优异成绩。

老师们，学科组长是一个团队的领导者，任重道远。一轮复习时间紧迫，任务艰巨，就像是大厦的底座，是需要我们一点一点筑牢夯实的。希望大家发扬我们一中老师“特别能吃苦，特别能战斗，敢于胜利”和“肯干，多干，能干，干好”的工作作风，排除困难，顽强拼搏，上好每一节课，搞好每一次教研，注重细节，精准突破，努力实现2017年高考新的胜利。

加强管理，夯实基础，全力搞好一轮复习

一、班级管理方面

（一）狠抓学生早恋问题

对于青春期的高中生而言，感情问题往往要耗费很大的精力，尤其是早恋，更具有极大的杀伤力，陷入其中无法自拔，荒废学业，害人误己。作为班主任，一定要细致观察，及时处理，防患于未然。我们这个年级，出入成双成对者有之，具有暗恋倾向者更有之，必须引起我们高度的警惕。特别是假期补课期间，如果班级管理松懈，极易滋生这种苗头。希望班主任从严管理，从细观察，尽心竭力保持班级稳定，发现问题迅速处理，避免造成不良影响。

（二）狠抓学生励志问题

我们这个年级在励志楼学习了两年，如果学生两年时间还没有为自己确定一个大学目标的话，现在我们搬到了卓越楼，离高考还有 300 多天的时间，今天就必须为自己确立一所心仪的大学了。因为没有目标的学习生活是盲目的，没有大学召唤的高三生活是枯燥的、低效的。班主任要尽快要求学生必须确立一所大学作为自己理想的目标，并把它张贴上墙，请同学、老师监督，也时时鼓励自己，使自己不懈怠、不彷徨、不浪费光阴，当回首往事的时候，不因虚度年

华而感到羞耻。每天上、下午第一节课，都要组织学生高呼口号，以鼓舞斗志，增强信心，朝气蓬勃地度过每一天。

（三）开展感恩教育活动

暑期补课，酷热难当，很多同学会感到委屈，认为自己受了很大的罪。然而，他们不知道父母为了生活都在辛苦地打拼，老师为他们成才都在坚持岗位，备课、上课、批阅作业，放弃了休息时间，顾不上照顾家庭。希望班主任认真组织一次感恩教育专题班会，请有代表性的家长来讲一讲，请任课老师代表来讲一讲，让学生知恩、感恩，珍惜时间，刻苦学习，使暑期补课能够收到良好的学习效果，成绩上能够提高一步，能够给父母、老师一个良好的回报。

（四）切实开展生命教育、安全教育

“一切为了生命的幸福成长”是我校的办学精神。在知恩、感恩的氛围中，让学生知道，人是社会关系的总和，生命不仅仅属于个人。尊重生命，感恩生命，做最好的自己，既是一个人的天良，又是一个人的责任。身体受之父母，不可损伤，学有所成，考上理想的大学是一名高中生最大的孝心、最高的成就。要教育学生时时处处注意安全，包括个人饮食安全、交通安全、运动安全、宿舍安全、人际交往安全等。任何时候都不要把自己置身于危险之中，学会自我保护，学会避险逃生。

（五）邀请优秀校友到班级做报告

校友是我们学校的最大资源，也是老师们最大的财富，暑期还是邀请校友回校的黄金时期。希望班主任花点功夫请优秀校友到班为学生讲讲自己的故事，讲讲学习，讲讲为人处世，传递正能量，借力搞好学生思想教育工作，使班会内容丰富多彩，教育形式多种多样，想方设法激励学生，端正学风，鼓舞斗志，取得良好的学习效果。

二、教学方面

当前，我们正在进行一轮复习，一轮复习的总体思路是：夯实知识基础，激发自主意识，研究高考方向，加强分层指导，注重实际效果，实现知识网络化和能力提升的目标。

（一）夯实知识基础

近几年高考试题突出了考查基础知识和应用知识解决问题的能力。从考生实际情况看，好高骛远、注重偏难往往适得其反，而基本概念清楚，基本规律熟悉，基础训练扎实，以不变应万变往往胜券在握。因此，本届高三复习从第一轮开始，就要注重基础，让学生把每一个概念、规律的来龙去脉搞清楚，把练习题穿插在每一节课中，落实在巩固每一个知识点上。学会分析、归纳、演绎、举一反三、类比、化归等基本方法，训练解决问题的基本思路，让题目为巩固概念、开拓思路、训练方法、提高能力服务，千万不能再出现概念和做题两层皮，就做题而做题，陷入茫茫的题海中。

复习中注意遵循教学原则，如温故知新、由浅入深、循序渐进、启发诱导、因材施教，注意系统性、发展性和规范性，联系实际等。

夯实基础的根本在教师，关键在备课。第一轮复习的路子怎么走主要靠教师的引导和要求。如果教师课上只选择“有意思”的题目讲，学生就会去偏攻难题，忽略基础；如果教师一节课全“串概念”，把概念摆地摊式地罗列为一片，下几节课全是讲题。这样机械教学就容易形成概念、题目两层皮，就容易把学生陷入题海中，最后事倍功半。奥斯伯尔说过：“如果让我把教育学的全部要义用一句话概括，那就是：在学生已有的知识基础上开始教学。”因此，老师们要了解学生的实际，精心备课，以知识点、基本概念、基本规律为纽带精选题目，让每一道题都为明晰的概念、明确的方法服务，课堂上做到讲练结合、主题突出、思路连贯，把学生引导到一个较高的境界俯瞰课本，让他们“站在岸边高地看大海”，这样就能够做到视野开阔，知识网络清晰，为第二轮的复习打下良好的基础。

从以往的经验教训看，夯实基础对于我校的高三复习绝不是小题大做，而是实实在在的薄弱环节。高考时，丢分的不是大题难题，而是基础部分。费了很大劲，付出与收获不成比例。因此，我们必须统一思想，从第一轮复习开始，就从实际出发，按规律办事，循序渐进，让学生把基础夯实，把字练好，今年的理科状元胡竞元同学就得益于一手好字。

（二）激发自主意识

第一轮复习能否达到预期效果，关键在课堂教学。教师永远是课堂上“教”的主体，是实现学生“学”的主导。为此，我们必须十分重视讲课，要把每一节课的教学目标和能力突破点了然于胸，精选习题，在20分钟至30分钟的时间内讲得精当、精炼、精彩。要切实落实课堂中学生“学”的主体地位，让学生的思维跟着老师走，给学生留有一定的思考和练习时间，保证教学目标能够在学生的知识体系中重现、强化，使能力能在学生原有的水平上提高、突破。尽量避免满堂灌，力争不浪费一节课，努力提高每一节课上学生学习的实际效果。

激发自主意识，必须让学生认识到学习是自己的事情，是老师和家长无法替代的劳动。今天全靠自己把握，明天也只有努力才能更美好。但他们毕竟还不成熟，还要靠老师们不断提醒，及时指导和帮助。因此，老师们要加强情感投入，关心爱护每一个学生，鼓励他们发表自己的见解，加强学生课堂的思维活动，让学生动起来，让课堂活起来，让他们人人都能尝试成功，人人感到“我能行”。

（三）把握复习节奏，注意科学有序

高三复习是一项强度很大的脑力劳动，要提高劳动效率就必须有一个合理节奏，张弛有度。这就要求每一个学科的备课组长根据自己的学科特点制订一个合理的复习进度表。限时练练什么，周测考什么，都要精心组织，确保试题质量，及时批阅，及时讲评，发挥应有的作用，达到应有的效果。

把握复习节奏的另一个重要意义是各科要有大局观念，注意班集体的总分意识和教学效益，不能无节制发给学生过多的资料，抢占学生有限的时间。学校倡导老师们少发资料，多进班辅导，精选作业留必做，做必阅，阅必讲，摒弃那种笨而又笨的“抢时间，大题量，高投入，各顾各”的低水平做法，用我们的智慧和付出去赢得学生高效率的备考复习。

（四）加强分层指导

我们每一个班的学生在知识、能力、意志、品质和思想心理等方面都有若干个层次，课堂教学在他们身上所产生的反应和效果各不相同。统一的课堂教学不可能实现同步走，因材施教永远是教育的一条原则。为此，我们必须加强个别辅导，分层推进，“一把钥匙开一把锁”。第一轮复习学校研究不再统一安排培优补差，实行“带研究生”“谁的孩子谁抱”即“全员导师制”政策。老师们可以利用课前、课后把学生叫到办公室“单兵教练”，加强人文关怀，也可以把三五个学生集中起来统一讲练。但要注意，这种做法必须有的放矢，征得学生同意，切不可一次叫出太多的学生而影响班级的自习状况。

“单兵教练”“分层指导”是“实现学生人人成才”和高考大面积丰收的必由之路。但却需要老师们付出许多许多。希望大家克服困难，教书育人，为了托起明天的太阳，不负神圣的职业责任，尽我们之所能。

（五）研究高考方向，注重实际效果

每年高考后，都有一些令人遗憾的地方。这反映出我们把握高考信息不准，用了许多“笨劲”，做了一些无用功。我们要引以为戒，认真研究高考大纲和近三年高考题，起码认认真真地把近三年高考题做一遍，明确常考的知识点和不考的知识点。第一轮复习不要过早拔高，在认真夯实基础上做文章，在提升能力（包括阅读—表达、审题—分析、推理—判断、运用规律等）上下功夫，真抓实干，一点一点突破，一步一步提高。补课期间的每一次辅导都要按时进班，和学生奋斗在一起；每一次上课都准备充分，精神饱满，给学生做出示范；每一次考试都详加分析、讲评，师生互动，注重实际效果。要切实加强以班主任为核心的任课教师之间的协调，把研究学生、抓弱科、提高总分落到实处。班主任更要专门研究学生特点、研究学法指导，研究如何提高班内每一名学生的整体素质。

第一轮复习 11 月底就要结束，时间紧，任务多。因此需要发扬“只争朝夕”的精神，今天的教学任务今天完成，做到日日清、周周结、月月考出好成绩，以阶段性的成绩保障最终的成绩。希望各学科组长按照年级的要求，列出详细的教学进度表，搞好“一课一研”活动，并保质保量落实到位。

老师们，一个人的一生只有三天：昨天、今天和明天。昨天已经过去，永不复返；今天已经和我们在一起，但很快也会过去；明天就要到来，但也会消逝。让我们放眼明天，把握住今天，扎扎实实，苦干，巧干，运筹帷幄，团结一心，以辛勤的劳动去夺取事业更大的辉煌！感谢老师们暑假为学生辛勤补课，大家辛苦了！

高三二轮复习的几点意见

二轮复习的时间紧（从现在到 4 月中旬仅两个半月 10 周左右）、内容多（每学科都有十几个专题，外加 5 次左右的模拟考试）、任务重（专题突破，查漏补缺，提升能力，追求高分），必须科学应对，提高效率（益）。为此，提出以下几点意见。

一、确立高效课堂模式，提高每一节课的效益

二轮复习每一节课都很宝贵，都要抓住以下几个环节：①明确本节课的教学目标。②概述知识要点，解读《课标》和《考纲》要求。③呈现相关的历年高考真题或模拟题，要求一题多变，多题归一，归纳总结。要求激情课堂，师生互动，让学生动手规范书写。④分层作业，留必收，收必阅，通过作业使知识及时巩固。同时把下节课要讲的内容告知学生，使学生提前有所准备。每个学科都要根据本学科的特点，尽快研究出本学科的课堂教学模式，以此保证每一节课结构科学、内容充实、讲练结合、提升能力。学校要求学科组长牵头提出具体方案，组织学科组老师深入研究，尽快提炼出具体学科的二轮复习高效课堂教学模式，备课、教研、上课都要依据此模式进行，打造基础教学平台。从目前看，语文、政治、地理学科课堂模式较好，其他学科组要尽快完善，尽快确定下

来并坚持不懈地按照这个模式进行教学，让学生每一节课都有收获、有进步、有提高，实现每一节课都是高效课堂的目标。

二、抓细节，每一节课都要让学生动手书写，提升得分能力

高考题的解答要落实在答题纸上。老师们要深刻认识学生从理解题目、会做题目到做在纸面上不丢分还有一定的距离，特别是优秀的尖子生，不下动手书写的硬功夫，不雕琢动手书写这样的细节就很难拿到满分，很难圆满。要克服老师满堂讲、重理解、重思路、不重书写，重思考、重表达、不重演练的弊端，凡让学生回答的问题，都要求学生写出来再回答；凡能理解、有思路的问题都让学生演练出来，重书写的过程，更重准确的结果，把课堂当作学生考试的演练场，把课堂上老师提出的问题当作考题一样做出来，展示出来，讨论起来。这样做课堂讲解的题目可能会少一点，在课堂讲解题目的数量和质量这对矛盾上，要重质量轻数量，“伤敌十指不如断敌一指”，把一个题讲透、做精、不丢分，比讲三个题蜻蜓点水、不深不透要好。因此，提倡老师们每一节课都提出问题，安排学生书写回答的环节，训练学生准确、全面的书面表达能力。特别是每一次考试后的试卷讲评课，一定要求学生把做错的题目再重新做一遍，把规范的解题过程书写在纠错本上，做到考后满分。通过如此精细打磨，提高学生的应试水平。

三、引导学生梳理知识清单，主动查找知识漏洞，使老师备课和教学更具针对性

希望老师们在每一个专题复习前列出一个知识清单交给学生，让每一名学生都对照知识清单检查自己知识掌握的情况，列出自己的问题交给老师，使老师们了解学生的情况，以便有的放矢，备课和教学更具针对性。知识清单一定要前置，可以作为学案的补充，提前几天印发给学生，让学生课前梳理，把梳理出来的问题整理后交给老师，以便老师备课时充分考虑，教学时提高针对性。同时，要让学生明白，梳理知识的过程也是建构自己知识网络的过程，发现了问题就找到了增分点。教育学生高度重视梳理知识、查找问题这个环节，提高他们的主动性。

四、适时开展专项训练，力求突破，向高分进军

二轮复习的限时训练和周测，要依据学生的出错情况、问题所在和教学进度适时开展专项训练，如选择题专题训练、填空题专题训练、主观题专题训练、动能定理专题训练、电学实验专题训练等。可以按题型分专题，也可以按知识点分专题，一张试卷只针对一类问题或一两个知识点进行专题训练，以求一点一点突破，积小胜为大胜。这样的专题训练试卷或学案要精心命制，不用套题、成题，而是通过老师们的精心组编使训练的目的性更强，火力更集中，冲击波更有力，对学生具有一定的震撼力、提升力。通过连续的专项训练，使学生向更高分挺进。

五、坚定"优秀生是培养出来的，潜能是挖掘出来的"信念，树立高考必胜的信心

实践证明，优秀学生、考高分的"尖子生"，都是在一轮又一轮的复习中，逐渐打磨出来的，都是老师们培养出来的。人是有很大潜能的，老师的伟大之处就在于能够激发学生这种潜能，挖掘这种潜能，把平庸的学生造就成出色的学生、优秀的学生。希望老师们，特别是班主任，能够潜下心来认真分析、研究自己所教的每一名学生，欣赏自己的每一名学生，激励他们的精神，激发他们的干劲，量身定做每一个人的提分方案，对尽可能多的学生的试卷面批面改，分析他们每一次考试的得分、失分情况，一路追踪，鞭策他们成长、进步，使他们成为最好的自己。二轮复习要适当加大训练题量，让学生见识各种题型。学生的潜能就是在反复训练中释放出来的，优秀的学生就是在反复训练中考出高分的。

六、没有完美的个人，只有完美的团队

要成就每一名学生，使他们在高考中能够实现梦想，跨上人生理想的平台，需要的是总分的突破，是各科教师的通力协作，是每一名教师的贡献。作为老师，我们的成就在学生的身上，我们的荣誉也在学生身上。要造就优秀的学生，单单一门学科，再高分也不可能成功。我们当中没有完美的个人，只有完美的

团队，而班主任就是这个团队的组织者、协调者。希望每一次考试成绩出来后，班主任都要高度负责，认真组织任课老师一起研究学生，找准每一名学生的短板，由任课教师尽力为他们补齐。老师们也都要有大局观念，自觉接受班主任分配的任务，尽心竭力一对一指导学生，帮助他们弥补学科知识缺陷，鼓励他们相信自己，挖掘潜能，做最好的自我。总之，只有以班主任为核心的任课教师团队团结起来，无私奉献帮助学生，全心全意为了学生，同心同德成就学生，高考才能成功，光荣才能属于我们。

教学研究上也是如此。“三个臭皮匠顶个诸葛亮”，我们都要把自己看成“臭皮匠”，教研时，知无不言，言无不尽。送人玫瑰，手留余香，你贡献了自己的智慧，也必然会收获其他老师的智慧，而智慧碰撞时又会产生新的智慧，只有这样，我们每个人才会都成为睿智的人、高考备考的专家，才能引领学生走向胜利。

老师们，二轮复习时间紧迫，稍纵即逝；二轮复习任务艰巨，搞不好就会做“夹生饭”。希望大家发扬我们一中老师“特别能吃苦，特别能战斗，敢于胜利”和“肯干、多干、能干、干好”的工作作风，排除困难，顽强拼搏，上好每一节课，搞好每一次教研，注重细节，严格管理，每节课都给学生布置确切的、具体的学习任务，精准突破，引领学生科学复习，让学生忙起来，忙到提分的关键点上，力争成绩明显提升，实现 2016 年高考的奋斗目标。

高三二轮三轮转段期教学的任务与策略

现在高三二轮复习已经结束，三轮复习马上开始。目前正处在攻坚阶段，师生都十分疲惫，唯有用目标鼓舞人心，咬牙坚持，才能够取得最后的胜利。在此，需要进一步统一思想，明确我们教学的任务和策略，以便有的放矢，优质高效。

一、任务

（一）知识方面

查漏补缺，精化知识网络，达到触类旁通、举一反三的目标。

（二）能力方面

使学生独立审题、独立分析、知识链接和选择策略与方法、快速准确地解题的能力明显提升。理科尖子生向700分、文科尖子生向660分进军，本一上线人数有明显提升。具体主要包括以下五个方面：

1. 审题能力

把原题交给学生，让学生独立阅读、思考2分钟。要求捕捉住相关信息点，读懂题意，能够构建问题的景象，知道已知什么，隐含条件是什么，要求是什么。审清解题要点与过程，明确答案的形式与得分点（如6分的问答题一般要答2点或3点），以便思考作答。

2. 知识链接能力

在构建起清晰的问题景象的前提下，做到知识网络了然于心，能够把相关的知识进行链接，在未知和已知之间架起桥梁，见树成林，描绘出解题的大致路线。三轮复习过程中只有让学生自主归纳，梳理知识，总结套路，广泛联系，独立剖析试题，才能提升这种能力。

3. 策略与方法选择能力

当解题的大致思路清晰之后，解题的方法往往并不唯一，即所谓一题多解。这时就需要选择适当的策略和路线，以求用最简洁的办法迅速求出答案。高考题没有重做的时间，方法选择尤为重要。策略和方法的选择能力靠平时做题时注意发散思维，反复思考，追求一题多解，才能逐步达成。同时要让学生明白，只有不会做的题，没有不得分的题，对个别确实做不出来的题目，也要把可能的步骤和公式写上去，以求得到部分分数。

4. 计算能力

会的做对、书写清晰、计算不出差错是对学生的基本要求。快速、准确的计算能力在后期复习中一定要强化训练，确保不在计算中出现不应有的差错，造成不必要的丢分。因此，本阶段特别要求认真做好每周“易错题规范训练试卷”，希望老师们能够及时笔阅点评。

5. 规范作答能力

高考试题解答不规范，必然要吃哑巴亏。平时训练要严格要求，会的做全，做规范，该有的步骤一步不少，可以省略的步骤不去啰唆，能得的分数一分不丢。解题的过程、书写的内容既条理清晰，又简明扼要，让“阅卷官”一目了然，自然就会给出高分。

二、高考试卷除知识性、技巧性问题之外，就是能力性问题。针对不同问题解决的办法也不同

进入三轮复习，学生大量刷题是必要的。刷题的目的一般有三种，分别是：巩固新知、查漏补缺、训练手感。对于现在的高三学生来说，主要是后两种。

查漏补缺：以查漏补缺作为刷题的目的，是希望通过做题来发现自己知识的盲点。对于不能准确判断出对错与否的选项，或者判断出的选项是错误的，恰恰说明学生在这个问题上存在知识盲点。

训练手感：以训练手感为目的，关键在于模拟考场的情况进行刷题。一方

面要训练答题的速度和准确度，把握好时间；另一方面要熟练运用各种答题技巧更快更准地完成答题。为此，老师们务必让学生重视每一次考试，把“模考”当“真考”，考一次提高一步。同时注意以下几点：

1. 知识性和技巧性问题靠日常的小篇幅训练来解决。

2. 能力提升从提高审题能力开始，实施课堂“1＋3 模式”。即每节课用 10 分钟的时间，给学生一道高考“真题”，让他们独立审题、独立分析、链接知识、选择策略，展示解题的规范过程，优秀学生或教师及时点评。一定要让学生动笔，提升应试能力。课堂另 30 分钟专题讲练。

3. 深入研究近三年河北省高考试题和 2016 年高考试题分析甲、乙两套试卷，学科组做好分工，利用教研活动或集体备课时间逐题剖析，探寻规律。

4. 利用网络及其他渠道广泛收集资料，研究高考信息。

5. 精心制作学案和微专题，把研究成果体现在学案和微专题上。后期学案可以安排针对高考题型的专项纠错和强化训练，针对考卷中的每一道题在同组教师中认真教研，精制学案，努力把每一节课都上成目标明确、准备充分、内容充实、师生互动，充满激情的高效课。

以上主要是针对理科而言，文科要依据自身特点，对学生进行针对性训练。只要方向正确，落在实处，功夫用到，就一定能够产生良好的效果。

三、好的状态决定好的结果

目前是高三阶段最关键的时期，也是冲破黑暗的黎明之前，考试频繁，讲解不够全面深入，学生内心恐惧紧张，老师每天疲惫不堪。如何越过这个“高原期”，迎来高考前的曙光，老师们都要努力调整状态，做到以下几点：

（一）充满信心，鼓舞学生

一次又一次考试，分数提高并不明显，老师迷茫，学生焦虑。此时，我们一定要相信量的增加会促进质的飞跃，要鼓舞自己同时更要鼓舞学生树立必胜的信心，一分一分提升，对学生的点滴进步都要及时给予鼓励。功夫不负有心人，相信我们的每一名学生都能考出理想的分数。

（二）科学规划，加强教研

进入三轮复习，做好时间规划特别重要。每一次模拟考试都要有明确的考试目的，都要重点解决某一个或某几个问题。时间越是宝贵，越要科学规划。为此，必须加强教学研究，学科组长要负起应有的责任，把每一次教研任务分配好，活动组织好，研究教与学，解决真问题，特别要研究好2016年高考试题分析中的甲、乙两套试卷，从中悟出考试的方向、考题的类型、出题人的思路等，依靠学科老师的智慧和力量，人人争做备考专家，不做试卷的奴隶。

（三）珍惜时间，上好每一节课

三轮复习只有50天的时间，其中考试大概十二三次，留给讲课的时间十分有限，为此，要上好每一节课，不能浪费课堂的点滴时间，这就要求我们要充分备好每一节课，要遵循讲练结合的原则，除了老师的精讲，还要设计问题让学生当堂训练，培养良好的解题习惯，提升应试能力。每节课后都要留一套试卷或其中的几个典型题目作为作业和下一节的活动内容，要求学生把本节课的要点整理在笔记本上，避免犯重复的或类似的错误。要增加课堂容量，做到师生互动，总结提升；老师的讲解一定要针对题目，广泛联系，一题多变，让学生把知识学活，见树成林。切忌空对空，离题太远，耗时低效。

（四）抓住关键生，一对一过关

2017年，河北省二三本合并。每个班要抓住关键生，首先是本一线上下的十几名学生，尽最大努力把他们推到本一线上，提升我校的本一录取率，向家长、社会、领导有一个交代。除此之外，实验班、尖子班的关键生是有希望上清北名校的学生，他们更是邯郸市一中办学水平的标志、全校师生的期待。抓关键生必须有针对性，要一对一地过关，这需要老师们付出艰辛的劳动。为此，班主任要定期召开任课教师协调会，把抓关键生的任务分配给每一位老师。老师们要愉快地接受任务，真抓实干，一对一精准帮扶，实实在在地帮助学生查漏补缺、提高分数。

（五）克服困难，确保全身心投入工作

除了事业，老师们都有各自的家庭和诸多的问题需要处理。然而，高考的日子日益逼近，迎接高考的重担别人无法替你承担。在这关系到学生们一生前途和命运的关键时期，在这关系到邯郸市一中声誉和发展的决定性阶段，作为一名有责任心的教师，我们别无选择，只有奋不顾身，克服各种各样的困难，全身心投入到工作之中，才能不负历史的使命，不负人民教师的尊严。我们一定要尽职尽责，在成就学生的同时成就自己的事业。

希望老师们再接再厉，在高考前的最后60天时间里不惧困难，齐心协力，奋勇拼搏，努力做出自己突出的贡献，绽放自己教育人生的无限光彩。